KB267438

애슐리 파이퍼 지음 | 박선령 옮김

삶을 가볍게 만드는 '새 물건 안 사기' 챌린지

Day 1	✓	
Day 2	✓	
Day 3		
Day 4		
Day 5		
Day 6		
Day 7		

밴조에게 바친다

목차

오늘도 '결제 완료'한 우리에게

나는 얼마 전까지만 해도 지금과 완전히 다른 삶을 살고 있었다. 이름만 들어도 알 만한 클라이언트를 여럿 거느린 정치 전략가였고, 좋은 연봉을 받으며 번화한 도시에 살았다. 만족스럽다고 느껴야 마땅한 삶인데 실제로는 그렇지 않았다. 일의 특성상 24시간 내내 대기 상태였기 때문이다. 크고 작은 비상 상황마다 호출됐고, 잠을 잘 때조차 베개 밑에 휴대폰을 넣어두고 "당장 프레젠테이션이나 캠페인 내용을 수정해야 한다"는 한밤중의 전화를 기다려야 했다. 물론 나쁘기만 했던 건 아니다. 스트레스가 심했고 때로는 길을 잃은 기분이 들기도 했지만, 그럼에도 감사할 일들은 많았다. 내 노력이 결실을 맺을 때 느끼는 짜릿함과 만족감도 있으니까. 하지만 더 이상은 업무의 빠른 속도감과 항상 긴장해야 하는 상태를 견딜 수 없었다. 나는 이미 번아웃 상태였고, 스트레스를 견디기 위해 쓸데없거나 별로 원하지도 않던 물건들을 구경하고 사들이며 스스로를 무감각하게 만들고 있었다.

공감되는가? 당신도 아마 고개를 끄덕이며, 마음을 달래려 오프라인 매장이나 온라인 쇼핑몰을 전전하던 순간을 떠올리고 있을지 모른다. 소비주의의 문제는 소비가 마치 치료제인 것처럼, 우리가 필요하다고 여기는 걸 가장 빨리 얻을 수 있는 방법인 것처럼 느껴진다는 데 있다. 하지만 잠시 멈춰서 스스로를 돌아봤다면, 내가 진짜 갈망하는 건 어떤 물건이 아니라 삶과 관계에서의 깊은 평온과 실질적인 의미, 지향점이었음을 깨달았을 것이다. 하지만 당시의 나는 '일하고, 벌고, 소비하는' 악순환에 갇혀 있었던 탓에 어찌할 바를 몰랐다. 심지어 내가 원하는 것이 무엇인지 말로 표현하지도 못했다.

그때의 나는 아울렛에서 흥청망청 쇼핑을 하거나, 집에서 고작 500미터 떨어진 식당에서 매일 배달을 시키는 식으로 위안을 얻었다. 그러다 보니 내 인생의 문제를 해결해 줄 거라 믿고 사들인 물건들 때문에 불어난 빚을 갚기 위해 끊임없이 일해야 하는 악순환에 빠지고 말았다. 그러다 현대인들이 흔히 입에 올리는 "시간이 없어서 어쩔 수 없다"는 변명에도 빠져들었다. 서른 몇 살의 나이에 직장에 다니고 아이는 없는, 어쩌면 이 사회에서 부담감이 가장 적은 내가 시간이 없다고? 웃기는 얘기지만 사실이었다. 당시 나는 쓰러질 때까지 일을 하거나 쇼핑을 했기 때문이다. 불만의 뿌리를 찾아 해결하려 하기보다 문제를 덮으려고 아주 아주 많은 물건을 사들이고 있었다.

빚쟁이들이 당장 문을 두드릴 지경은 아니었지만, 스스로 자초한 그 상황은 결코 편안하지 않았다. 돈 때문에 늘 불안했고, 건강하지 않았고, 마음은 불안정했다. 그런데도 쇼핑을 멈춰야겠다는 생각은 하지도 못했다. 아니, 그렇게 간단한 방법이 효과가 있을 리 없다고 여겼다. 게다가 뭘 새로 사지 않고 버틴다고? 그런 엉뚱한 말은 처음 들어봤다! 그냥 더 저렴한 물건을 사면 해결된다고 생각했다. 그러면 분명히 효과가 있을 거라고.

얼마나 우스운 상황인가. 그렇지만 소비주의 문화에 너무 길들여진 탓에 나는 이 상황의 해결책이 단지 더 저렴한 물건을 사는 것이라고 진심으로 믿고 있었다. 그렇다고 내 정신이 어떻게 된 것도 아니었다. 나는 옥스퍼드 대학에서 석사 학위를 받았고, 이름난 정치인 클라이언트들이 선거에 이기기 위해 내 조언을 믿고 맡길 정도였으니까. 나는 중독된 줄도 모른 채 어떤 '약물'에 푹 빠져 있었다. 그저 너무 익숙해서 미처 마약이라고 인식하지도 못했던 '소비주의'에 말이다. 그리고 당신과 나, 사실상 모든 사람이 자기도 모르게 중독되어 있다. 위로가 필요할 때나 축하하고 싶을 때, 거의 모든 순간에 반복적으로 무엇인가에 기댄다는 것, 그리고 그 사실조차 의식하지 못하고, 그것이 자신을 해롭거나 심지어 더 불행하게 만든다는 걸 알면서도 계속한다면, 그게 바로 중독이다.

당시 내가 살던 집을 봤다면, 누구라도 내가 행복하지 않을 이유가 없다고 생각했을 것이다. 하지만 옷장 뒤에는 가격표도 떼지 않은 채 걸려 있는 작은 사이즈의 옷들이 빼곡히 걸려 있었다. 내가 살고 있는 삶이 아닌 '동경하는 삶'을 위한 옷들이었다. 솔직히 말해 그때의 난 가까스로 살아가는 상태였다. 일하고 쇼핑하고, 쇼핑하고 일하고. 그게 전부였다. 선반에는 먼지 쌓인 쓸모없는 장식품과 '읽을 시간이 도저히 없다'고 변명했던 책들이 즐비했다. 갚아야 할 신용카드 청구액은 쌓여만 가고, 예금 계좌는 늘 초과 인출 위기였다. 거실에는 장식용 쿠션(도대체 스팽글 달린 베개에 어떻게 누워 쉴 수 있을까?)과 내 인생을 바꿔줄 거라고 기대하며 산 운동기구들이 널려 있었다.

하지만 결국 깨달은 건 하나였다. 물건은 우리 삶을 바꿔주지 못한다는 것. 되려 물건들 때문에 스트레스를 받았고, 더 많은 물건을 향한 집착은 내 시간과 재정까지 고갈시키고 있었다. 그리고 무엇보다 괴로운 것은 이 모든 상황이 전부 내 손으로 만든 결과라는 점이었다. 이제 정말 정신을 차려야 할 때였다.

이 이야기 중 어느 한 부분이라도 자신의 얘기처럼 느껴진다면, 먼저 부끄러운 마음을 내려놓길 바란다. 이 책은 나를 바꾼 변화의 기록이자, 여러분의 소비 습관을 근본적으로 되돌려줄 다정한 안내서니까. 불편한 순간을 마주하고 나면 그 너머에 엄청난 자유와 뿌듯한 기분이 기다리고 있다고 장담할 수 있다.

또한 당신이 혼자가 아니라는 사실에 위안을 얻기를 바란다. 미국인의 54퍼센트는 "내가 가진 물건 때문에 스트레스를 받는다"고 답했고, 60퍼센트는 "늘 시간이 부족하다"고 말했으며, 80퍼센트는 어떤 형태로든 소비자 부채를 지고 있다.[1] 하지만 이런 현실

들어가며

에도 불구하고 우리는 '쇼핑 치료'라는 용어를 마치 진짜 실제 치료 과정이라도 되는 양 아무렇지도 않게 쓴다. 소비주의가 우리의 정체성의 일부가 되고, 우리의 가치를 정의하는 방식에 깊게 뿌리를 내린 현실은 정말 우스꽝스러운 동시에 통탄스러울 정도다.

다행히 이 무렵 나는 지속 가능한 삶에 관심을 갖게 되었다. '지속 가능'이라는 목표가 무분별하고 무의식적인 소비에 강력한 해독제가 되어 주었다. 덕분에 내 삶이 어디에서 좌초했는지 그리고 궁극적으로 어디로 향하고 싶은지를 냉철하게 점검하게 되었다. 다니던 회사를 그만두고 지속 가능성 분야에서 커리어를 쌓으면서 깨달은 건, 지구에 좋은 습관이 내 평화로운 일상과 재정에도 똑같이 좋은 영향을 준다는 사실이었다. 그래서 나는 가진 물건을 간소화하고, 소유물의 거의 98퍼센트를 중고로 구입하면서 훨씬 더 신중하고 의도 있게 선택하게 되었다. 집에 산더미처럼 쌓여 있던 스트레스 해소용 구매품들을 전부 팔아 치워 빚을 갚고 공간을 정리하자 마음이 한결 가벼워졌다. 그리고 이 과정을 통해 내 안에서 은근하게, 그러나 결정적인 변화가 일어났다. 내가 쇼핑과 맺고 있던 관계가 달라진 것이다.

예전의 나는 친구들과 만날 때에도 쇼핑몰을 돌아다녔다. 쇼핑이 곧 나의 놀이였고, 대부분의 쇼핑이 온라인으로 바뀐 뒤에는 잠자리에 들기 전 휴대폰을 들여다보며 인플루언서가 추천하는 '인생을 바꿔줄 아이템'을 찾는 것이 가장 큰 즐거움이었다. 하지만 요즘은 거의 정반대다. 여전히 물건의 가치를 인정하고, 아름답거나 향수를 불러일으키는 것들, 실용성을 지닌 것들, 업무 효율을 높여주는 것들을 애정한다. 하지만 예전처럼 물건을 숭배하지는 않는다. 그리고 무엇보다 중요한 건, 더 이상 최신 제품이 나를 치유해 주거나 스트레스를 덜어줄 거라고 기대하지 않는다는 것이다. 물건은 그저 도구일 뿐이고, 좋은 도구는 유용하지만 그 도구가 나를 잡아먹도록 두어선 안 된다.

2013년, 이 새로운 삶에 서서히 자리를 잡고, 과소비에 짓눌리지 않는 삶이 주는 분명한 이점을 체감하던 어느 날, 나는 문득 이렇게 생각했다. '한 달 동안 새 물건을 사지 않고도 살 수 있을까? 직접 시도해 보면 재미있지 않을까?' 그렇게 해서 '새 물건 안 사기No New Things' 챌린지가 탄생했다. 하지만 대부분의 사람은 이런 걸 재미있다고 여기지 않을 것이다. 하지만 한 달 동안 새 물건을 사지 않는다고? 그게 가능하기는 할까? 비참하고 슬프지 않을까? 남들의 도움과 동정을 받아야 하는 지경에 처하면 어쩌지?

가장 많이 받았던 질문, "대체 왜 그런 일을 하는가?"부터 시작해 보자. 내 대답을 한 단어로 요약하자면 '안도감'일 것이다. 하지만 사실 '새 물건 안 사기' 챌린지를 시작한 동기는 그로부터 얻은 효과만큼이나 여러 갈래였다. 이 챌린지는 지구에 주는 부담을 덜고, 집 안의 잡동사니를 줄이고, 돈을 아끼고, 쇼핑 탭을 닫은 뒤 소중한 시간을 되찾을 수 있는 아주 간단한 방법이었다.

나는 몇 가지 예외 조항을 두긴 했지만, '한 달 동안 어떤 새

● 미 전역에서는 'No New Things'라는 이름으로 알려져 있으며, 원서 제목 또한 동일하다. 새 물건을 사지 않는 행위가 이 챌린지의 핵심이며, 인스타그램에서 해시태그 '#nonewthings'를 검색하면 챌린지 참여자들의 게시물을 볼 수 있다.

   들어가며

물건도 사지 않는 것'을 목표로 했다. 이런 얘기를 하면 사람들은 내가 헌 속옷을 입거나 딱딱하게 굳은 화장품을 덕지덕지 바르고 다닐까 봐 걱정한다. 단언컨대 그런 일은 없었고 앞으로도 없을 것이다. 오히려 나는 좋아하는 옷을 입을 수 있었고, 평온한 집에서 쉴 수 있었고, 통장 잔고 때문에 더 이상 불안하지 않았다. 현재에 대한 만족감과 미래에 대한 기대감도 함께 느끼며 말이다.

챌린지를 시작하고 몇 주쯤 지났을 때 스스로 점검할 수 있는 시점을 설정해 두었다. 정 힘들다면 그때 규칙을 좀 조정하거나 아니면 그냥 배에서 뛰어내리면 되니까 말이다. 하지만 첫 주를 지나 적응을 마치자 예상치 못하게 그 챌린지가 정말 정말 마음에 들었다. 물론, 새 물건을 사지 않는 것은 내 한계를 시험하는 일이었다. 그래서 미리 계획을 세워야 했고, 필요한 물건을 구하는 방식은 더 창의적이어야 했다. 하지만 그보다 이 챌린지의 이점이 훨씬 컸다.

무엇보다 가장 즉각적인 변화는 비용 절감이었다. 쓸모없는 물건에 돈을 낭비하지 않으면 돈을 모을 수 있다는 걸 누가 알았겠는가? 덕분에 부채도 갚았고(빚을 갚으면서 빚을 새로 만들지 않으니 일이 훨씬 수월했다), 인간관계나 목표, 순수한 여가 활동에 쓸 시간이 훨씬 많아졌다. 나무에 앉은 새를 관찰하거나 좋은 책을 읽으면서 보내는 그런 느긋한 시간 말이다. 그리고 스트레스가 훨씬 줄었다. 이건 단순한 느낌이 아니었다. 물건으로 뒤덮인 햄스터 쳇바퀴에서 내려오면 실제로 스트레스를 덜 받게 된다. 그러면서 얻은 보너스는? 나는 전보다 창의적인 사람이 되었고, 문제를 재빠르게 해결할 수 있게 되었다. 예전 같으면 '협탁을 새로 사는 대신 무엇을 대체품으로 쓸 수 있겠느냐'는 질문에 괜찮은 답을 생각해내는 데 꼬박 한 시간은 걸렸을 것이다. 그런데 지금은? 여러 가지 물건을 업사이클링해서 세상에서 가장 근사한 협탁을 만들 수 있는 아이디어가 벌써 여섯 가지나 떠오른다.

아, 그리고 생각지 못한 친구들도 생겼다. 내게 밀대를 빌려주고 비스킷 만드는 법을 가르쳐준 이웃과는 친한 친구가 되었다. 동네에서 위탁 판매점을 운영하는 사람들과는 서로 별명을 부르는 사이가 되었다. 지금이 어떤 시대인가? 외로움이 너무나 만연하고 공중보건당국에서는 하루에 담배를 열다섯 개비씩 피우는 것만큼이나 해로운 전염병[2]이라고 낙인을 찍은 이 시대에, 새로운 인연이 생긴 것만으로도 내 마음은 충만해졌다.

기존의 관계들도 더 확장되고 발전했는데, 무엇보다 나 자신과의 관계가 그랬다. 내 자존감이 새로운 물건을 사들이는 데 묶여 있다는 사실을 깨달았기 때문이다. 그리고 그런 악순환에서 조금씩 자유로워질수록 나의 본질, 아무것도 소유하지 않은 나의 진정한 모습을 선명하게 보게 되었다. 감사한 일이었다.

그래서 계속했다. 거의 2년에 가까운 총 683일 동안 기존에 가지고 있던 옷을 잘 조합해서 입고, 선물해야 할 일이 있으면 경험 기반 선물이나 의미 있는 중고품을 선물하고, 업사이클링으로 집 안을 꾸미고, 끊임없이 밀려오는 광고 메일이나 영수증으로부터 완전히 벗어난 메일함을 누렸다. 그 기간 동안 나는 물건을 사지 않고, 또 필요 없는 물건을 팔아서 약 3만 6,000달러를 절약했다. 신용카드 빚도 모두 갚았다. 물론 신용을 쌓으려면 신용카드가 있어야 하는 자본주의 사회에서 빚은 도덕적으로 중립적인 존재라고 생각한다. 하지만 그렇다고 해서 빚이 주는 스트레스가 덜하거나 덜 해로운 것은 아니다. 그리고 영양가 있는 음식을 직접 만들어 먹고 규칙적으로 몸을 움직일 시간이 생긴 결과, 나는 어느 때보다 건강해졌다. 쇼핑에 쓰던 시간을, 인간관계를 발전시키고 오랫동안 미뤄왔던 목표를 달성하는 데 투자했다. 챌린지를 시작한 직후에 첫 번째 출판 계약을 했고, 예상치 못한 승진을 했으며, 자원봉사도 시작했다. 전에는 "시간이 없어서" 못했던 일이다. 소비와 물건에 얽매이지 않게 되자 집중력이 높아지고, 생각이 명료해지고, 부담감이 사라졌으며, 꿈꾸던 삶을 살 수 있게 되었다.

그 뒤로 해마다 '새 물건 안 사기' 챌린지를 해왔다. 습관을 유지하고 챌린지가 안겨주는 근사한 안정감을 다시 느끼고 싶어서 한두 달씩 짧게 진행하는 가벼운 챌린지였다. 오랫동안 나는 이 챌린지를 홀로, 순전히 나의 풍요로운 삶을 위해 진행해 오면서, 다른 사람은 아무도 관심 없을 거라고 생각했다. 그러던 어느 날, 팔로워가 얼마 안 되는 내 인스타그램 계정에서 가벼운 버전의 챌린지를 새로 시작한다고 언급하자 여기저기서 참여 의사를 밝혀왔다. "내게도 이런 챌린지가 필요해요"라든가 "저도 챌린지에 동참할래요" 같은 메시지가 쇄도했다. 그리고 챌린지를 함께 한 사람들이, 필요할 때마다 참고할 수 있도록 책으로 써 달라고 요청하기 시작했다.

2022년 7월에는 1만 2,000명의 사람들이 한 달간 이 챌린지에 참여했는데 그중 나와 직접적으로 관련이 있는 사람은 단 두 명뿐이었다. 그리고 2024년 2월, 정리 마법사로 이름난 쉬라 길 Shira Gill이 세 번째로 챌린지에 도전하면서 거의 10만 명에 이르는 자기 커뮤니티 회원들도 동참시켰다. 내가 거의 2년 동안 챌린지를 진행했던 것에 비하면 한 달이라는 기간이 짧다고 느껴질 수도 있지만, 이 챌린지의 이점을 누리고 변화를 주도하는 사고방식을 기르기에는 충분하고도 남는 시간이다.

이 작은 실험이 세상에 공개되자, 그 파급력은 내 예상치를 훌쩍 넘어섰다. 무거운 빚을 갚고 관계를 유지할 수 있었던 사람들, 정신 건강을 최우선으로 여기게 된 사람들, 이젠 멀어졌다고 생각했던 삶의 목표를 마침내 이룬 사람들까지. 참가자들은 챌린지를 시작한 지 단 일주일 만에 정신적, 정서적, 신체적, 재정적 건강이 놀랍도록 변화했다고 말하곤 했다. 그들은 "애슐리, 난 슬플 때는 특히 야간에 쇼핑을 많이 해요"라든가 "남편이 죽은 뒤 지하실에 처박아 둔 유품 정리를 미루느라 계속 인터넷으로 물건을 사는 것 같아요" 같은 깨달음을 내게 나눠주었다. 그렇다, 이 챌린지는 정말 깊은 곳까지 건드린다. 우리 대부분은 이런 연결고리를 알아채거나 이해할 여유조차 없이 살아가니까.

아마 '새 물건 안 사기'의 가장 큰 장점은, 이렇게 엄청난 보상을 제공하면서도 방법은 아주 간단하다는 데 있다. 자, 내가 간단하다고 말하기는 했지만 그렇다고 해서 반드시 쉬운 건 아니라는 걸 명심하자. 그러나 가장 단순한 방법이 가장 좋은 해결책이다. 이 챌린지는 문제를 복잡하게 만들지 않고, 그냥 새 물건을 사겠다는 생각을 잠시 접어둔 채 그 과정에서 좋은 습관을 기르는 것이 목표다.

이 챌린지에는 어떤 술책도 없다. 많은 이들의 마음을 아프게 할지도 모르지만, 나는 '새 물건 안 사기'라는 브랜드를 만들어 상품팔이를 하려는 게 아니다. 어쩌면 로고가 박힌 수많은 물병이나 토트백 때문에 이 책을 집어 든 사람들도 있을 테니까. 이 챌린지는 특별한 준비물이나 거창한 인맥 없이도 참가할 수 있다. 그저 지금의 자신 그대로, 열린 마음을 가지고 오면 된다. 그리고 단 4주 동안 당신의 삶과 재정 상태, 감정에 혁명을 일으킬 작은 과제들을 매일 실천하게 된다.

이 책, 특히 종이책으로 출간된 이 책도 엄연히 '새로운 물건'이라는 사실은 나도 잘 알고 있다. 하지만 이 챌린지를 조금만 깊이 들여다보면, '영원히 새로 사는 것을 금지하는 운동'을 하려는 게 아니라는 사실을 알게 될 것이다. 특히 그 물건의 효용성이 매우 큰 경우에는 더 그렇다. 감히 말하지만 '한 번 산 뒤 주변 모두와 공유할 수 있는' 이 책은 결코 일회용품이 아니며 실제로 당신 삶을 더 좋은 방향으로 이끌어 줄 것이다. 물론 종이책 대신 오디오북이나 전자책, 혹은 친구나 지역 도서관에서 빌려 읽으면 '새 물건 안 사기'라는 슬로건에 좀 더 가까이 다가갈 수 있다.

그리고 혹시 이 책이 단순히 '쓸데없는 물건을 덜 사게 해주는 책'이라고만 생각했다면, 실제로는 당신이 기대했던 것보다 훨씬 많은 것을 얻게 될 것이다. 이 책은 페이지를 넘기면 금방 잊어버릴 소소한 하루치 체크리스트를 모아둔 얄팍한 책이 아니다. 우리가 어떻게 이런 상황에 처하게 되었는지 역사적 배경부터 제대로 짚어주고 싶었다. 과소비는 태어날 때부터 우리 정신에 깊이 각인될 정도로 만연해 있기 때문이다. 예를 들어, 대공황 시대에 살던 조부모들은 은박지도 씻어서 재활용하고 셔츠 한 벌을 수십 년간 소중히 아끼면서 수선해 입었는데, 어떻게 요즘 사람들은 매년 불필요한 물건을 사는 데 1조 2천억 달러를 쓰면서[3] 50년 전보다 두 배나 많은 물건을 소유하게 되었는지 생각해 본 적이 있는가?[4] 답은 조상들이 우리보다 의지력이 강했기 때문이 아니라, 제2차 세계대전 이후 미국이 급진적으로 발전하면서 물건을 사는 것이 애국적인 의무로 여겨졌기 때문이다. 그리고 마케팅은 마치 사람들의 피를 먹고 자라는 괴물처럼 번성해 오늘날 우리 삶의 모든 부분에 스며들었다.

수십 년에 걸쳐 우리는 자신의 가치를 성격적 본질이 아닌 집 안의 물건과 동일시하도록 길들여져 왔다. 매일 접하는 수천 개의 광고가 이런 메시지를 더욱 믿게 만든다. 그러니 구매 버튼을 누르는 데는 어느 정도 개인적인 의지가 필요하긴 하지만, 이 챌린지를 진행하는 동안 꼭 기억해야 한다. 본인의 계좌 한도 이상으로 구매 버튼을 누른 것이 전부 자기 잘못만은 아니라는 것을. 이 챌린지를 통해 많은 것을 배운 사람으로서, 또 수십 년간 연구자, 마케터, 교수로 활동해 온 사람으로서, 나는 이런 과소비, 마케팅, 생산의 삼위일체가 우리 삶에 미치는 부정적이고 심각한 영향을 밝히고 싶었다. 왜냐하면 그 기원부터 이해하지 않고서는 절대 우리의 습관을 바꿀 수 없기 때문이다.

이런 역사적 토대를 다졌다면, 본격적으로 챌린지에 참여할 준비가 된 것이다. 이후에는 이 챌린지를 시도해야 하는 수많은 이유와 진행 방식을 살펴보고 챌린지 준비와 실행, 마무리 단계까지 안내해 줄 것이다. 좋은 운동 프로그램처럼 성공을 위한 감정적, 논리적 준비 운동을 하게 될 것이다. 나를 당신의 개인 트레이너라고 생각하면 된다. 30일 챌린지는 지침과 상황별 안내(예: "곧 언니 결혼식인데 옷을 어떻게 준비하지?"), 이 챌린지를 실천한 실제 인물들의 사례를 바탕으로 한 매일 실행할 수 있는 과제로 구성되어 있다.

또 주마다 주간 테마와 성찰 코너가 있어, 당신의 성과를 수치화해서 기념하고, 어려운 순간을 이해하며, 다음 한 주를 위한 활력을 얻을 수 있게 도와준다. 그리고 챌린지 기간을 연장하거나 서서히 줄여가는 방법도 알려주어, 이 챌린지의 습관과 사고방식을 삶에 오래 붙잡아둘 수도 있다. 30일 캘린더는 당신이 원하는 대로 맞춤 설정이 가능하므로, 중요한 인생 사건이나 좋은 시간을 놓치지 않으면서도 챌린지를 지속할 수 있다. 애초에 우리가 챌린지에 참여하려는 이유가 바로 그것 아닌가. 물건에 짓눌린 삶에서 벗어나 훨씬 근사한 시간을 보내는 삶을 사는 것 말이다.

지나치게 많은 정보와 사방에 존재하는 인플루언서들 때문에 돈을 아끼고 지구를 살리고 정신 건강을 지키는 일이 너무 힘들어진 이 시대다. 그 속에서 '새 물건 안 사기' 챌린지는 1석 3조의 기능을 해낸다. 그리고 나는 이 책을 통해 더 많은 사람들에게 다가가 그들의 사고방식과 습관을 바꿀 도구와 지침, 지원을 제공하고,

그들이 타인과 지구를 위한 바람직한 삶을 살도록 도울 수 있기를
진심으로 바란다.

1

비울수록 채워지는
'새 물건 안 사기' 챌린지

단 30일 만에 감정과 습관,

재정을 혁신하는 방법

당신에게 소비 해방이 필요한 7가지 이유

챌린지를 처음 구상할 때는 겁이 많이 났다. 실제로 이 챌린지는 스스로 주도한 실험 중에서도 최고 난이도였다. 6개월간 독하게 커피를 끊어본 내가 하는 말이니 믿어도 된다. 그리고 지금 당신도 아마 두려울 것이다. 순간적으로 일어나는 욕망을 장기적인 만족감으로 바꾸려면 마음을 단단히 먹어야 한다는 걸 알고 있을 테니 말이다. 야속하게도 그런 만족감은 나의 가치관과 부합할 때만 얻을 수 있는 법이다.

하지만 이 여정을 시작했던 이유들을 하나씩 되짚고, 내가 무엇을 얻을 수 있을지 깨닫고 나니 마음이 차분해지고 오히려 설레기까지 했다. 처음에는 '새 물건 안 사기' 챌린지가 나를 소진시키고 좌절시키지 않을까 생각했는데, 실제로 해보니 나를 더 괜찮은 사람으로 만들어줄 수 있겠다는 희망이 생겼다. 자, 이 챌린지가 본인에게 적합할지, 또 어떤 부분에 도움이 될지 궁금하다면 다음 과 같은 질문을 던져보자.

1. 물건 때문에 스트레스를 받는가?
2. 돈을 더 잘 관리하고 싶은가?
3. 기후 변화에 대한 두려움을 느껴본 적 있는가?
4. 항상 시간이 부족하다고 느끼는가?
5. 지금보다 만족스럽고 창의적이고 명확한 삶을 추구하는가?
6. 인생의 가치와 목적을 물건과 혼동하고 있는가?
7. 본인이 충동구매를 하는 이유를 이해하고 싶은가?

이 질문 가운데 하나라도 '예'라고 대답했다면 '새 물건 안 사 기' 챌린지는 당신을 위한 것이다. 흔히들 30일 챌린지를 시작하 려면 현재 심각한 재정적 위기에 놓였거나 쇼핑 중독 증상이 병적 인 수준이어야 된다고 생각하는데, 사실은 전혀 그렇지 않다. 현대 인은 모두 소비지상주의에 물들어 있기 때문에 대부분의 사람에 게 마법 같은 효과를 발휘한다.

[이유 1] 물건 때문에 스트레스를 받는다

우리는 자신이 가진 물건의 관리자라는 사실을 간과하곤 한다. 그렇다, 물건을 사면 그 순간부터 해당 물품의 유지와 수리, 최종적인 처분까지 책임져야 한다. 이건 생각보다 훨씬 힘든, 풀타임 업무에 가까운 일이다. TV에서 방영하는 집 정리 프로그램이 얼마나 인기가 많은지만 봐도 알 수 있듯이, 현대 사회는 인간이 만든 쓰레기의 무게에 짓눌려 휘청이고 있다. 비유적 표현이 아니라 진짜 현실이다.

오늘날 미국인들은 1950년대보다 거의 세 배 큰 집에 살고 있으며,[1] 넓은 다락방과 차고, 지하실, 드레스룸 등 수납 공간을 갖추고 있다. 그런데도 보유한 물건이 너무 많아서, 미국에는 스타벅스, 맥도날드, 서브웨이 매장 모두를 합친 것보다 더 많은 물품 보관 창고가 있다.[2] 현재 지구상에는 앞으로 여섯 세대가 입고도 남을 만큼의 옷이 있지만,[3] 우리는 여전히 매년 64벌의 새 옷, 7.5켤레의 새 신발을 구입한다.[4] "우리는 자신의 소유물에 소유 당한 상태다"라는 표현은 틀리지 않았다. 우리 스스로 얼마나 물건에 휘둘리면서 사는지 깨닫지 못하도록 길들여졌을 뿐이다.

무엇보다 중요한 사실은 현대인의 54퍼센트는 소유물이

스트레스의 근원이라고 믿고 있고, 70퍼센트는 물건을 덜 사고 싶어 한다는 것이다.[5] 한 연구에 따르면, 집이 지저분하다고 여기는 여성들은 스트레스 호르몬인 코르티솔 수치가 하루 종일 남들보다 훨씬 높았다.[6] 자기 주변을 둘러보자. 평온하고 만족스러운 기분이 드는가, 아니면 반환·정리·청소·폐기해야 하는 물건들이 주는 정신적 부담에 짜증이 나는가? 대부분은 후자다. 그러면서도 우리 중 78퍼센트는 부담감이 너무 심한 나머지 어디서부터 정리를 시작해야 할지도 잘 모른다.[7]

물건을 적게 사고 적게 소유하면 스트레스를 덜 받는다는 사실은 과학적으로도 증명되었다. 앞서 말한 소유에 따른 경제적·정신적 부담이나 청소·보관·수리·처분 문제에 시달리지 않아도 되기 때문이다. 게다가 우리 가운데 72퍼센트에게는 돈이 가장 큰 스트레스 요인인데, 특히 불필요한 물건에 충동적으로 돈을 쓰지 않으면 당연히 그런 걱정도 어느 정도 덜 수 있다.[8]

'새 물건 안 사기'는 새로운 물건이 유입되는 속도를 늦추고, 이미 가지고 있는 것에 시선을 돌리게 하며, 앞으로 물건을 신중하게 구매할 수 있는 마음가짐과 습관을 기르도록 도와준다. 그리고 무엇보다 좋은 점은 이 챌린지를 통해 소유물보다 마음의 평화를 우선순위에 두게 된다는 것이다. 이것만으로도 지금 당장 시작해야 할 이유는 충분하다.

당신 목표가 지출을 줄이는 것이든, 적극적으로 돈을 모으는 것이든, 아니면 수입을 늘리는 것이든 간에, '새 물건 안 사기'는 도움이 된다. 특히 인플레이션이 기승을 부리고 식료품 가격에 좌절하게 되는 요즘 같은 때에는 모두들 재정의 압박감을 느낀다. 하지만 그 스트레스가 불필요한 물건을 충동구매하는 것을 막아주던가? 그렇지 않다. 심각한 사실을 하나 알려주자면, 우리 중 80퍼센트는 소비자 부채를 안고 있는데도 불구하고[9] 계속 새로운 물건을 사들인다. 성인 1인당 필수품이 아닌 물건을 사는 데 연 평균 1만 8,000달러를 쓴다고 한다.[10] 뿐만 아니라 사회적으로 조건화된 물욕이 우리를 더 깊은 빚의 늪으로 몰아넣어서 안정적인 생활과 미래의 번영도 위협한다. 일례로 미국인의 56퍼센트는 긴급한 상황에 필요한 1,000달러를 충당할 수 있는 저축도 없고,[11] 25퍼센트는 노후 자금이 전혀 없는데, 놀랍게도 베이비붐 세대의 거의 절반이 그런 상황이라는 것이다.[12] 그런데도 우리 중 28퍼센트는 집세나 공과금 납부 같은 기본적인 재정적 의무를 이행하는 것보다 최신 테크 제품 구매를 우선시하고 있다.[13]

내가 통계를 쏟아내서 과하게 느껴질 수도 있지만, 더욱 놀라운 점은 그렇게 다른 많은 것을 희생해서 사들인 물건을 별로 오래 즐기지도 않는다는 것이다. 우리 중 64퍼센트는 만족감이 오래 가지 않는 물건을 구매하고 결국 후회한다. 하지만 그 후회도 불필요한 물건을 계속 사는 행동을 막지는 못한다.[14]

이 글을 읽는 독자의 절반은 '미친 짓이군' 하며 혀를 끌끌 찰 테고, 나머지 절반은 '근데 나도 그래' 하며 고개를 끄덕일 것이다. 하지만 이렇게 말도 안 되는 행동을 하는 게 우리가 상황을 인지하지 못해서도, 똑똑하지 않아서도 아니다. 아무리 건전하고 현명한 결정을 내리더라도 결국에는 계속 돈을 죽어라 쓰고, 또 쓸 수 밖에 없도록 강요하는 사회 구조 때문이다.

혹시 여러분이 위의 그룹 중 어디에 속하더라도, 영원히 그 자리에 머물러야 하는 것은 아니니 안심하자. '새 물건 안 사기'가 그런 고착 상태에서 벗어나도록 도와줄 수 있다. 물론 누구에게나 여러 사정이 있어 재정적 여유를 갖기 어려운 상황에 놓였을 수도 있다. 하지만 현재 아무리 빚이 많거나 저축 또는 수입 잠재력이 부족하다고 느끼더라도, 정말 필요한 것과 교묘한 마케팅 때문에 욕망하게 된 것을 구분하게 되면, 지금보다 안정적인 재정을 구축할 수 있다. 이 챌린지가 재정 상담이나 부채 상담을 대신할 수는 없겠지만, 해당 분야의 전문가들도 쓸모없는 물건을 덜 사는 것이 목표를 빨리 달성할 수 있는 훌륭한 보완책이라는 데 동의할 것이다. 그리고 이미 재정 상태가 탄탄한 사람에게도 이 챌린지는 여전히 유용하다. 과소비는 우리 삶의 구조에 깊숙이 스며들어 있어서, 재정적으로 여유로운 사람도 그 영향에서 완전히 자유롭지 않기 때문이다. 쇼핑 충동을 이해하고 잘 다루면 삶의 다른 영역에도 긍정적인 영향을 미친다. 그래서 평소 재정적으로 여유로웠던 참가자들도 삶의 모든 영역에 새로운 규율이 생기고 만족감을 느꼈다고 답했다. 그러니 이 챌린지는 누구에게나 열려 있다. 당신의 마음이 얼마나 돈에 가 있는지, 돈이 당신의 마음을 얼마나 점령하고 있는지와는 상관없이 말이다.

[이유 3] 과소비가 지구를 파괴하고 있고, 당신은 그걸 막고 싶다

어쩌면 당신은 기후 변화 문제를 고민하지 않을 수도 있다. 혹은 계속 기후 불안을 느끼는 62퍼센트 중 한 명일 수도 있다.[15] 어떤 입장이든, 우리의 소비주의적 행동과 지구 황폐화 간에 인과관계가 존재한다는 것을 열린 마음으로 바라보기를 바란다. 자녀나 손주가 있거나, 앞으로 이 땅에 살게 될 사람들과 식물, 동물이 살기 적합한 지구를 유산으로 남기고 싶다면 이제는 관심을 가져야 한다.

상품의 생산과 소비, 즉 수요와 공급은 공생 시스템인데,

다들 알다시피 이는 우리가 주도하는 수요에 달려 있다. 수요가 거의 없어도 의도적으로 과잉 생산하는 산업과 기업도 있기는 하지만, 일반적으로 이 공생 시스템이 기후 변화의 강력한 원인이다. 1945년 이후, 우리의 소비주의에 발맞추기 위해 상품·농업·서비스·연료 등 거의 모든 분야의 산업 생산성이 96퍼센트나 급증했다.[16] 그리고 이런 생산량 증가는 전 세계의 유해가스 배출량 급증으로 이어졌다. 예를 들어, 기후 변화를 가속하는 수많은 온실가스 중 하나인 이산화탄소의 대기 농도만 해도 제2차 세계대전 이후 무려 43퍼센트나 증가했다.[17] 우리의 구매 습관이 절제에서 과소비로 전환됨에 따라 산업계가 이에 발맞춰 많은 품목을 생산하면서 그 어느 때보다 많은 자원을 쓰고 많은 폐기물을 발생시켰기 때문이다. 사실 우리의 현재 소비 수준에 필요한 자원을 제공하고 폐기물을 전부 흡수하려면 두 개의 지구가 필요할 정도다.[18] 2050년이 되면 바다에는 물고기보다 플라스틱이 더 많을 것이라는 예측도 있다.[19] 이 글을 읽고 '그럴 리가 없다'고 생각한다면 지금 당장 자기 집과 쓰레기통을 둘러보며 플라스틱 찾기 게임을 해보자. 쇼핑백과 식품 포장 비닐, 탄산음료 병과 요구르트 병, 우편물 봉투, 뽁뽁이, 랩, 스티로폼, 테이프, 용기, 펜, 주방 도구, 합성 섬유로 만든 옷, 휴대폰 케이스, 샤워 커튼 안감, 광고를 보고 테무Temu에서 사들인 싸구려 필수품들이 보이는가?

휴, 잠깐 숨 좀 돌리겠다. 이 글이 플라스틱에 대한 통렬한 비난으로 번지는 건 원하지 않는다(물론 마음만 먹으면 주변 사람들을 질리게 만들 수도 있다). 하지만 소비재 시장에 등장한 지 겨우 70년 남짓 된 비교적 새로운 소재 치고는[20] 수요가 엄청나서, 산업계가 상당량의 플라스틱을 공급하게 된 것은 분명하다. 여기서 말하는 상당한 양이란 1950년 이후로 생산된 90억 톤의 플라스틱을 뜻하는데 그중 완전히 생분해된 플라스틱은 한 개도 없다.

무거운 주제라는 건 안다. 기후 변화는 사소한 문제가 아니므로 새 물건을 사지 않는다고 큰 영향을 주겠냐며 코웃음을 칠 수도 있겠다. 나도 예전에는 그렇게 생각했다. 하지만 단순함이 앞으로 나아가는 최선의 방법인 경우가 많다. 새 물건을 사지 않고 지금 가지고 있거나 이미 존재하는 것을 사용하면, 1) 새 제품을 생산할 때 사용되는 자원과 그 과정에서 발생하는 오염을 줄일 수 있고, 2) 기존 물건의 수명이 늘어나 매립지로 가는 것을 막을 수 있으며, 무엇보다 3) 절제된 소비 패턴을 통해 기업에게 당신이 기대하는 미래상에 관한 정보를 제공할 수 있다. 물론 당신 혼자만 이 챌린지를 한다면 좀 시시하게 느껴질 수도 있다. 하지만 그렇지 않다. 내가 이 책을 써야겠다는 생각을 하기도 전부터 이미 수천 명이 '새 물건 안 사기' 챌린지를 실천에 옮겼다. 자, 지금 당신과 함께 이 챌린지를 시작한 많은 사람들을 생각해 보자. 수많은 이들이 30일 동안 새 물건을 사지 않는다면 얼마나 큰 영향을 발휘할 수 있을까? 내 말이 과장되게 들릴지도 모르지만, 적어도 지구와 우리의 미래를 파괴하고 있는 후기 자본주의 시스템에 균열을 내기 시작할 수 있을 만큼은 된다고 생각한다.

아직도 자신을 그저 평범한 한 사람일 뿐이라고 여긴다면 그 생각도 맞다. 그러나 사실 한 명의 개인은 매우 강력한 힘을 지닌 존재다. 우리가 오존층이나 산성비 같은 거대한 생태 재앙을 바로잡을 수 있었던 이유는 개개인이 먼저 관심을 갖고 행동했고, 그 행동이 집단적 운동으로 이어졌기 때문이다. 그리고 그 흐름이 정부가 정책과 규제를 만드는 데 영향을 미쳤다. 만약 자신의 개인적인 선택과 습관이 중요하지 않다고 생각한다면, 당신이 오트밀크 대신 아몬드밀크를 살지, 전기차 대신 하이브리드 자동차를 살지 예측하기 위해 수십억 달러를 쏟아붓는 대기업을 떠올려 보자. 10년 전만 해도 우리에게 이런 선택지가 많지 않았지만, 소비자 심리와 구매 행태가 시장을 움직이면서 우리는 다양한 욕구를 충족하게 되었다.

이것이 바로 개인의 지닌 힘이다. 우리는 이 힘을 행사해서 지구에 해를 끼칠 수도, 살릴 수도 있다. 놀랍게도 이 챌린지는 당신 개인의 삶에 이로울 뿐만 아니라 우리가 살고 있는 이 소중한 지구에도 도움이 되는 결정을 내릴 수 있도록 이끌어 줄 것이다.

    1부   비울수록 채워지는 '새 물건 안 사기' 챌린지

[이유 4] **시간을 되찾고 싶다**

이 챌린지를 시도하는 가장 예상 밖의 이유이자 개인적으로 가장 중요한 이유가 있다. 바로 소비와 과소비에 낭비되는 시간이다. 시간은 우리의 가장 귀중하고 재생 불가능한 자원이다. 평균적으로 우리가 하루에 SNS를 들여다보는 시간이 2시간 30분, TV 앞에 멍하니 앉아 있는 시간이 3시간쯤 된다(참고로 두 가지 모두, 우리에게 뭔가를 팔아먹기 위해 최대한 돈이 되도록 설계된 시스템이다).[21] 하지만 우리가 매일 쇼핑에 거의 1시간 30분,[22] 물건을 찾는 데 55분을 쓴다[23]는 사실을 알고 있는가? 그렇다. 소유한 물건이 너무 많은 탓에 특정한 물건을 찾느라 다른 물건들을 뒤적이면서 1년에 거의 14일을 낭비하는 셈이다. 성별 데이터를 살펴보면 여성은 평균적으로 1년에 약 400시간을 쇼핑에 쓰는 것으로 추정되는데,[24] 이를 평생으로 환산하면 약 8년 반에 달한다.

쇼핑처럼 겉보기에 '무해해 보이는' 일에 이런 나쁜 꼬리표를 붙이는 것이 너무하게 느껴질지도 모른다. 하지만 날마다 몇 시간, 더 나아가 인생에 몇 년을 돌려받을 수 있다면 무엇을 할 것인지 스스로에게 물어보자. 가족들과 함께 더 많은 시간을 보내고 싶은가? 소설을 쓰거나 도전해 보고 싶었던 마라톤 대회를 대비해 훈련을 하는 건 어떨까? 학교에 다시 다니거나 흥미로운 새 직업을 시작할 수도 있을 것이다. 코스타리카로 여행을 떠나 인스타그램을 통해 지켜보기만 하던 나무늘보 보호센터에서 자원봉사를 하게 될지도 모른다. 아니면 그냥 부족한 잠을 보충할 수도 있고. 다만 그 여유 시간을 쇼핑에 쓸 사람이 많을 것 같지는 않다. 사랑하는 이를 잃어본 사람이라면 시간을 돌려받기 위해서 무엇이든 하려고 할 것이다. 그런데 물건을 사느라 소중한 시간을 허비하다니? 우리 중 80퍼센트는 항상 하루 24시간이 부족하다고 느낀다.[25] 당신도 그중 하나라면 쇼핑은 즐거운 일이라는 장밋빛 필터를 벗어던지고, 소비주의가 삶을 가치 있게 만드는 소중한 일과 순간에 쏟아야 할 시간을 어떻게 빼앗아 왔는지 나와 함께 확인해 보자.

[이유 5] 더 큰 만족감과 창의성, 명확성을 원한다

대부분의 날들이 하드 모드로 진행되는 듯한 기분이 드는가? 몸은 움직이는데 마음은 따라오지 않고, 감동이나 성취감도 잘 느껴지지 않는 상태인가? 일상의 번잡함에 압도된 나머지 모든 일이 그저 명확하게 진행되었으면 하는가? 아니면 창의성이나 만족감을 느끼지 못하고 있을지도 모른다. 이 챌린지는 우리가 삶의 방향을 틀 수 있도록 도와준다. '사지 못하는' 제약은 오히려 기발한 생각을 깨우고, 이미 내 곁에 있는 풍요를 발견하게 도와준다. 남과 비교하며 괴로워하던 마음을 잠재우고, 내가 진짜로 원하는 삶이 무엇인지 차분히 고민해 볼 시간을 만들어줄 것이다. 창의성과 자유를 끌어내기 위해서는 제약이 필요하다. 풍족함을 인식하고 만족감을 키우려면 균형 잡힌 관점이 필요하다. 상황을 명확하게 바라보고 안정감을 얻으려면 끊임없는 마케팅과 SNS에서 벗어나야 한다.

우리는 흔히 자본주의가 제공하는 무한한 선택권을 자유와 혼동하지만, 선택지가 너무 많으면 오히려 결정 피로와 무력감에 빠진다. 사람은 하루에 3만 5,000개가 넘는 결정을 내린다고 한다.[26] 매일 수천 가지 결정을 내리는 데 지적 능력을 쏟아붓는 셈이다. 그리고 사소해 보이는 이런 선택이 쌓여 우리의 한계치를 넘어서면 버거울 만큼 압도감을 느끼게 된다.

이런 '선택의 역설'은 우리에게 해롭다. 뇌가 더 열심히 일해야 하므로 스트레스와 우유부단함을 유발하고, 자제력을 발휘하기 어려워진다.[27] 우리는 경험을 통해 이것이 사실임을 알고 있다. 자녀들이 소리를 지르고, 상사가 완전히 바보 같은 짓을 하고, 아무리 손질해도 머리카락이 제멋대로 뻗치고, 그 무엇도 제대로 풀리지 않는 지옥 같은 날을 경험해 본 적이 있을 것이다. 이럴 때 갑자기 주유소 계산대 옆에 트윅스Twix 더블팩이 보이거나 인스타그램에서 봤던 스킨케어 광고가 뜨면 '아, 몰라, 될 대로 되라지' 하면서 그 망할 물건을 사버리는 것이다.

너무 많은 선택지에 압도된 상태에서는 생각을 명료하게 하기 어렵다. 따라서 쇼핑을 줄이면, 특히 끊임없는 제안과 선택지를 퍼붓는 온라인 쇼핑을 줄이면 일상적인 의사결정 부담 때문에 생각이 흐릿해지는 일은 눈에 띄게 줄어든다. 이 챌린지는 정신을 소모시키고 삶을 지나치게 복잡하게 만드는 소비 자극에서 벗어나게 해준다. 그 대신 보다 큰 명확성과 창의성, 만족감을 누리는 데 필요한 공간과 제약이 생긴다.

[이유 6] 물건과 자신의 가치를 혼동하고 싶지 않다

지금의 소비 문화는 물질을 우리의 정체성과 소속감, 사회적 지위의 기준으로 삼으라고 요구한다. 이런 구조에서는 아무리 가진 게 많아도 충분하다거나 자신에게 꼭 맞는 물건이라고 여기지 않아서 결국 괴로움에 시달리고 자아 감각을 약화시키는 유해한 비교·소비의 덫에 빠지게 된다.

인정하고 싶지 않겠지만, 현대의 마케팅은 우리를 불안감과 두려움을 쇼핑하는 존재로 만들었다. 예를 들어, 자신의 사회경제적 지위에 확신이 없는 사람은 지위를 높여줄 것 같은 물건을 구매하는 경향이 있고,[28] 사치품의 절반 이상은 저소득층이나 중간 소득층 사람들이 구매한다.[29] 피부나 체중 문제로 고민하는 사람은 그런 문제를 '해결'하는 데 도움이 되는 제품을 잔뜩 살 가능성이 높다. 우리 중 96퍼센트는 적절한 치료를 받기보다, 일시적으로 감정을 진정시켜주는 '쇼핑 치료'에 의존한다.[30] 하지만 소위 쇼핑 치료법은 오히려 문제를 일으킬 수도 있다. DSM(정신질환 진단 및 통계 편람)에서 인정하는 임상 질환인 충동구매장애와 저장강박증 같은 물건과 관련된 정신질환이 몇 년 사이에 기하급수적으로 증가했다.[31]

소비주의에 푹 빠진 우리는 쇼핑을 모든 문제의 해독제로 여긴다. 현재의 기분과 필요에 따라 물건을 사는 행위가 안정, 오락, 풍요와 혼동되기도 한다. 우리 중 거의 절반은 쇼핑을 취미로 꼽는다.[32] 정서적 고통, 재정적 압박, 환경 파괴를 유발하는 활동이 취미라니.

나아가 우리는 소비주의를, 마치 자신의 본질적인 가치나 성장을 증명하는 잣대인 것처럼 떠받든다. 로레알L'Oréal이 1971년부터 내세운 상징적인 슬로건 "나는 소중하니까"나 질레트Gillette의 "남자를 위한 최상의 선택" 같은 광고 문구를 생각해 보라. 이런 광고 문구는 소비자들이 적절한 면도 크림을 고르는 것만으로도 자신의 가치나 사회적 지위를 높일 수 있다고 착각하게 만든다. 고가의 물건이나 사치품에 돈을 물 쓰듯 하면서 "이건 나 자신에게 투자하는 거야"라는 말로 이를 정당화하는 이들을 종종 보지 않았는가? 하지만 정말 자신을 발전시키려면 기술을 배우고, 역량을 기르고, 좋은 인품을 지닌 사람이 되는 데 필요한 자질을 연마해야 한다. 물론 물건에 재미와 만족감을 줄 수는 있지만, 착각하지 마라. 물건은 당신을 더 나은 사람으로 만드는 투자가 될 수 없다. 이런 왜곡된 논리가 결국 우리를 더 괴롭게 만든다. 물건을 구매한 사람의 71퍼센트는 구매 직후에 오히려 기분이 나빠졌다고 느꼈다.[33]

내가 가진 게 충분치 못하고 내 존재가 충분치 못하다고 느끼는 이들을 통해 이득을 챙기는 제도 안에서, 물건을 가치와 성장의 척도로 삼는 것은 어리석은 짓이다. 쇼핑은 불안과 두려움에 대한 해결책이라는 착각을 안겨주지만 실제로는 아무런 효과가 없다. 우리가 진정으로 원하는 것은 상점에서 팔지 않기 때문이다.

[이유 7] 충동을 통제하고 싶다

충동을 통제하고 싶거나 혹은 적어도 충동을 잘 이해하고, 애초에 우리 사회가 어떻게 걷잡을 수 없는 소비주의 사회가 되었는지 이해하고 싶은가? 챌린지 참가자들이 가끔 좌절감에 젖어 "으, 난 의지박약이야"라고 말하곤 한다. 아니. 당신은 그저 조건화된 소비주의의 완벽한 산물일 뿐이다. 그리고 그건 의도된 설계다. 제2차 세계대전 후 진행된 산업화의 붐과 그에 따라 현대식 광고가 부상하면서 우리는 조건화된 소비주의(감정이 더 격해지면 강요된 소비주의라고 부른다)에 익숙해졌다. 쇼핑은 어느새 야구를 대신해 미국의 국민 오락이 되었고, 공황과 세계대전을 헤쳐 나가게 도와준 "가진 것을 수리하면서 오래 쓰자"는 정신은 더 크고 좋고 사치스럽고 미래지향적인 물건들에 자리를 내줬다. 그 결과 대규모 제조 시스템이 구축되어 더 이상 물건을 수리해서 쓰지 않아도 되는 상황이 되었고, 저렴한 가격으로 과잉 생산되어 주문하면 바로 도착하는 값싼 잡동사니를 갈구하는 소비자들이 많아졌다.

그리고 마케팅도 이에 보조를 맞추어, 오늘날 많은 회사는 수십 번의 노출(SNS, TV, 인터넷, 광고판, 휴대폰, 좋아하는 팟캐스트나 프로그램 중간에)을 통해 더 많은 물건을 사도록 유도한다. 그들은 당신과 당신의 기분을 잘 알고 있다. 그리고 그 정보를 무기로 활용해 당신이 더 열등감을 느끼게 하고, 물건을 더 많이 사도록 한다. 기분이 저조할수록 소비할 가능성이 높기 때문이다. 브랜드들은 소비자들을 잘 파악하려 애쓴다. 감정과 두려움, 심지어 날씨 상황 같은 겉보기에 무해한 데이터를 이용해서 구매를 부추긴다.[34] 정말 화나는 일 아닌가? 그렇게 수집한 개인 데이터를 이용해 당신을 조종하고 구질구질한 기분을 느끼게 하다니? 정말 최악이다. 그러한 관행은 하루 종일, 너무나 교묘하고 날래고 전략적으로 진행되기 때문에 당신은 그런 일이 벌어지고 있는 것을 알아차리지도 못한다. 당신이 아는 건 방금 틱톡에서 본 그 영양제를 정말 사고 싶다는 것뿐이다. 당신은 기업과 소비자 사이에서 벌어지는 이런 속임수에 완전히 통달해서 불쾌한 감정과 낭비 충동이 들기 전에 멈추고 싶지 않은가? 이 목표는 얼마든지 달성 가능하며, '새 물건 안 사기' 챌린지가 그 길을 안내할 것이다.

이렇듯 시간과 에너지, 통제력을 되찾을 수 있는 것이 나와 이 챌린지에 동참한 전 세계 수만 명에게 가장 매력적인 지점이었다. 내가 반자본주의적 비관론자가 되려는 것이 아니다. 하지만 쇼핑이 삶에 아무 영향도 미치지 않는 작고 무해한 활동이라고 믿고 있다면, 이 장을 다시 읽어보길 권한다. 원하는 것은 더 많아지고 원치 않는 것은 줄어드는 삶을 상상해 보자. 시간은 많아지고, 더 큰 평온과 안정감을 느낄 수 있을 것이다. 받은 편지함에 넘쳐나던 광고 메일이 줄고, 잡동사니가 줄고, 돈 걱정도 줄어들지 모른다. 이런 시나리오가 실현 불가능하다고 느껴지거나 어디서부터 시작해야 할지 모르겠지만, 어쨌든 시도해 보고 싶다는 마음이 드는가? 그렇다면 참으로 다행스러운 일이다. 당신은 지금 강요된 소비주의를 통제하고 부수적인 혜택을 모두 누리기에 딱 알맞은 출발선에 서 있다.

'새 물건 안 사기' 챌린지가 무엇일까?

이 챌린지에 도전해야 하는 이유를 알았으니 이제 이 챌린지의 원리를 살펴보자. '새 물건을 사지 않는다'라는 지침을 어디까지 적용해야 하는지 궁금할 것이다. 다음 식사를 준비하거나 명절 선물을 마련하려면 쓰레기통을 뒤져야 하는 것은 아닐지 걱정이 되는가? 내가 대담하긴 하지만 정신줄을 놓은 사람은 아니다. 나 스스로도 실현 가능하면서도 즐겁게 진행할 수 있도록 몇 가지 예외 사항을 정했다.

예를 들어, 식료품이나 칫솔 같은 필수 개인용품은 아무래도 새로 사는 게 맞다. 공과금도 내고, 필요하면 차와 집도 수리하고, 반려동물과 내가 아프면 병원에도 가야 한다. 그리고 이 챌린지 때문에 박탈감을 느끼는 것은 원치 않는다. 그저 습관을 바꾸는 경험이 되기를 바라므로, 머리 손질이나 손톱 관리, 운동 수업, 외식, 휴가 등 개인적인 관리와 즐거운 활동을 위해서는 자유롭게 돈을 써도 된다. 또한 '새 물건 안 사기' 챌린지는 당신이 마음 쓰는 공동체 활동과 사회 문제에 관대하고 지지적인 태도를 유지하기를 바란다. 따라서 돈을 기부하거나, 상품권 잔액을 사용하거나, 심지어 태그가 달린 새 상품을 중고로 구입하는 것 역시 가능하다.

요약하자면, 아래 표의 범주에 속하는 것에 대해서는 돈을 쓰거나 구입할 수 있다. 괄호 안의 내용은 예시일 뿐, 모든 것을 포괄하는 건 아니다. 여기에 일일이 언급되지 않았더라도, 당신의 생활에는 이 범주에 속하는 다른 활동과 지출이 있을 수 있다. 그러니 상식적이고 신중한 태도로 어떤 것이 이 기준에 맞는지 판단하자.

청구서 & 투자	• 청구서와 꼭 필요한 금전적 지출(신용카드 대금, 융자금, 공과금, 집세, 주택 담보 대출, 자동차 할부금, 학비, 보험[건강보험, 생명보험, 자동차보험, 반려동물 보험, 주택보험 등], 법무 관련 수수료, 법원에서 부과한 납부금, 교통 패스) • 투자(퇴직연금, IRP, 연금저축, 주식, 은퇴 자금, 재무 설계, 세금 신고, 회계 소프트웨어, 앱, 서비스) • 상환 프로그램(파산 지급, 부채 상담, 재무 자문)
엔터테인먼트 & 체험	• 나들이(놀이공원, 롤러스케이트, 노래방 등) • 체험(공연, 콘서트, 연극, 뮤지컬, 발레, 오페라, 박물관 등) • 레스토랑(외식, 술) • 교통(승차 공유, 렌터카, 대중교통, 기차, 버스, 항공료) • 휴가(항공료, 호텔, 여행 경비)
필수품	• 식료품 • 위생상 새 제품을 구매하는 것이 바람직한 품목(칫솔, 속옷 등)

선물 & 기부	• 경험 선물
	• 금전적 선물(기프드카드 · 상품권 포함)
	• 단체에 대한 금전 또는 현물 기부
건강 및 자기 계발	• 체력 단련 및 건강 관리(헬스장 회원권, 운동 수업, 댄스 및 각종 레슨, 물리 치료, 마사지, 침술)
	• 의료 서비스(병원, 치과, 정신건강, 보험)
	• 의약품, 영양제, 의료 보조기기
	• 개인 및 직업 역량 개발(코칭, 멘토링, 레슨, 수업, 자격증, 면허, 회원권)
	• 반려동물 진료 및 펫 보험
수리 및 유지 보수	• 주거 수리 및 관리(부품, 가전제품, 서비스, 용품)
	• 개인 관리(헤어, 네일, 태닝, 마사지, 침술, 속눈썹, 미용 시술)
	• 소유물 관리(드라이클리닝, 옷 · 구두 수선, 집안 살림, 러그 · 가구 청소, 감정 평가, 복원, 페인트칠)
	• 차량 정비(부품, 서비스, 세차 및 손질, 오일 교환)

이런 예외들을 제외하면, 이 챌린지는 새로 사지 않고도 필요한 물건을 얻을 수 있는 방법을 찾도록 도와준다. 내 경우에는 편리한 아마존닷컴에 작별을 고하고, 계획을 잘 세워서 공유 경제나 무료 자원을 보다 적극적으로 이용했다. 그리고 더 이상 새로 산 물건을 양손 가득 들고 상점에서 뽐내듯 걸어 나오는 일도 없어졌다. 무엇보다 늦은 밤까지 휴대폰을 뒤적이다가 깜빡거리는 '지금 구매' 버튼을 누를 때마다 느끼던 싸구려 도파민과도 이별해야 했다. 어렵게 들릴지도 모르지만 걱정할 필요 없다. 이 책은 지금껏 챌린지에 참여한 수천 명을 믿음직하게 이끌어 온 전략과 가이드로 당신을 이끌어 줄 것이다.

챌린지를 진행하는 동안 원하거나 필요한 것이 생길 때마다 내가 'SUPER 시스템'이라고 부르는 방법을 적용하게 될 것이다.

S	중고 쇼핑(중고품 구매, 위탁 판매, 온라인 리셀)
U	이미 있는 물건을 그대로 쓰거나, 업사이클링하거나, 새롭게 만들기
P	지출 없이 해결하기(기존에 보유한 적립금이나 멤버십 활용, 무료 나눔에서 구하기, 근처 골목이나 집 앞에 내놓은 물건 중에서 찾거나 주변 사람들을 통해 얻기)
E	경험·기부·현금 기반의 '물건이 아닌' 선물(주로 타인에게 줄 선물로 사용)
R	빌리기, 대여하기, 공유하기

SUPER 시스템은 순환성circularity 원칙에 기반한 소비주의 대안 행동이다. 자본주의는 낭비가 심한 생산·구매·판매 모델 안에서 작동하는 반면, 순환성은 우리의 필요를 충족시키면서도 윤리적인 대안을 제공한다. 자본주의는 개인의 이기적인 욕구에 초점을 맞추는 반면, 순환성은 공동체를 육성한다. 소비주의는 자원을 고갈시키지만, 순환성은 자원을 회복하고 되살린다. 다시 말해 순환적인 접근 방식은 과소비뿐만 아니라 그에 따르는 부수적인 피해에 대한 해독제가 되어 준다.

또한 SUPER 시스템은 창의력을 발휘하게 만든다. 지금 가진 것을 어떻게 활용할 수 있을지, 지인 가운데 누구에게 물건을 빌려 쓸 수 있을지, 머리를 굴려 파악하는 것이다. 현대인들은 필요한 게 생기면 일단 인터넷을 켜는 데 익숙해져 있는데, 나는 이런

'온디맨드형 on-demand • 조건화' 때문에 낭비는 심해지고 창의력은 바닥났다고 생각한다. SUPER 시스템을 이용하면 두뇌 자원을 활용하게 되어 재치와 기지가 살아난다.

위의 지침들은 구매 과정에서 심리적인 마찰, 즉 의도적인 어려움을 만들어낸다. 덕분에 하던 일을 잠시 멈추고 자신이 그 물건을 일시적으로 원하는 것인지, 아니면 정말 필요한 것인지 판단할 시간을 갖게 된다. 이 마찰이 상당히 중요한 이유는, 소비주의의 표준화와 마케팅 범람이 자신이 원하는 것과 필요한 것을 구분하는 감각을 마비시켰기 때문이다. 얼마나 많은 제품이 '필수품' 또는 '머스트헤브 아이템'이라고 불렸는지 떠올려보자. 수십 년 동안 이상한 제품에조차 그런 수식어가 붙다 보니, 뇌가 '이건 꼭 필요한 물건이야'라고 착각하기 시작한 것이다. 챌린지 참가자들은 SUPER 시스템을 '숨 돌리는 시간'이나 '일시 정지 버튼'에 비유하곤 한다. 그 짧은 틈에 조건 반사적인 상태에서 벗어나 자신에게 꼭 필요한 게 무엇인지 선명히 보게 되었다는 것이다. 그렇게 잠깐의 멈춤 속에서 우리는 마케팅 노이즈를 차단하고, 생각은 또렷해지며, 묻혀 있던 우리의 생활력을 되찾을 수 있다.

이 변화의 여정에서는 마음가짐이 매우 중요하기 때문에 나는 내가 느낀 감정과 충동을 일기장에 기록했다. 일기 내용을 자세히 밝힐 생각은 없지만, 그냥 감탄할 만한 내용과 민망해서 놀

라운 내용이 많다고만 말해두겠다. 그러다 보니 정말 솔직하고 흥미진진한 내용으로 가득한 일기가 되었다. 일기를 쓰기 전에는 내 소비 습관이 얼마나 몸에 배어 있었는지도 몰랐고, 시간대나 기온, 기분, 심지어 점심을 거르거나 꼭 끼는 바지를 입는 것과 같은 사소한 일에 의해 쇼핑 충동이 얼마나 좌우되는지도 몰랐다. 이런 기본적인 충동과 트리거가 이상한 컴퓨터 프로그램처럼 항상 내 백그라운드에서 돌아가고 있었는데, 정작 나는 그 정체가 무엇인지 알아보고 관리하는 방법을 배울 만큼 멈춰본 적이 없었다.

이것이 바로 '새 물건 안 사기' 챌린지의 진정한 실체다. 이 챌린지는 무언가를 금지하는 것이 아니라 잠시 멈추게 한다. 우리는 물건 소유를 반대하거나 새로운 물건을 부정하지 않는다. 새로운 경험이나 새로운 친구를 멀리하라는 것도 아니다. 챌린지 기간에도 두 가지 다 누릴 수 있고, 사실 꼭 그래야만 한다고 생각한다. 우리의 정신과 재정, 지구를 최대한도까지 끌어 쓰는 일상으로 다시 돌아가기 전에 크게 심호흡하는 시간이다. 다시 돌아갈 때는 끊임없이 결핍을 부추기는 이 세상에 휘둘리지 않고, 나만의 평온함을 유지할 수 있는 든든한 무기를 장착하게 되기를 진심으로 바란다.

2

어쩌다 우리는 '프로소비러'가 되었나

우리가 마케팅과 소비주의에

잠식된 이유

시민에서 소비자로

우리는 어쩌다 이렇게까지 소비주의에 물들어 버렸을까? "와, 내가 어떻게 이 지경까지 온 거지?" 이 질문에 제대로 답하려면 과거로 돌아가, 우리를 공동체 중심의 절제된 소비자에서 개인주의적이고 사실상 공인된 쇼핑 중독자로 만든 사회 현상을 직접 목격해야 한다.

때는 1945년. 장소는? 음, 미국으로 가보자. 제2차 세계대전에서 승리했고, 연합군은 나치를 물리쳤으며, 1946년 2월까지 병사들을 귀국시키겠다고 약속했다. 승리의 시대를 맞이한 미국의 전반적인 분위기는 안도감과 가장 허세스러운 자유로 가득했다. 소비주의와 이런 역사 여행이 무슨 상관이냐고? 조금만 더 들어보면 곧 모든 게 이해될 것이다.

이 시기가 왜 그렇게 중요한지 이해하려면 더 과거로 거슬러 올라가야 한다. 진주만 공격 직후인 1942년, 미국이 공식적으로 제2차 세계대전에 참전하고, 당시 대통령이던 프랭클린 D. 루스벨트가 전쟁생산위원회 설립을 명령한 때로 말이다. 이 위원회는 고무·설탕·휘발유·비누 같은 희소 자원을 배분하고, 장난감·자동차·소형 가전제품을 생산하던 공장을 탱크·소총·탄약·비행기·함선 같은 군수품 생산 공장으로 전환하는 과정을 감독했다. 전쟁이 절정에 달한 1943년 말과 1944년 초, 미국은 동맹국과 적국을 모두 합친 것만큼 많은 양의 군수품을 생산했는데 이는 역사상 규모가 가장 큰 산업 호황기 중 하나다.

수백만 명(대부분 남성)이 해외로 파견되어 전장에서 싸우는 동안, 약 1,800만 명의 미국인들(상당수가 여성과 유색인종)은 이 산업 호황을 지원하기 위해 노력했다. 식량, 섬유, 금속 등 모든 물자가 전투에 투입된 탓에 국내에서 쓸 자원은 부족했다. 지금 109세인 우리 할머니는 전쟁 때 미군의 이탈리아어 통역가로 일했는데(당시 군에 복무한 20만 명의 여성 중 한 명이다), 그때는 실크가 너무 귀한 탓에 스타킹을 살 수가 없어서 아이라이너를 이용해 다리 뒤쪽에 실크 스타킹 솔기처럼 줄을 그었다는 얘기를 들려주셨다.[1] 미국인들은 남는 수입을 전쟁 채권에 투자하라는 강력한 권유(사실상 협박에 가까웠다)를 받았다. 식량 배급 제도가 도입되었으며, 자급자족이 가능한 텃밭을 가꿔야 했고, 새것을 사기보다 가급적 모든 걸 수리해서 쓰면서("수리해서 오래 쓰자"라는 슬로건이 유행했다) 생활 전반에서 자제심과 절제력을 발휘해야 했다.[2] 힘든 시기였지만 한

　　　　2부　어쩌다 우리는 '프로소비러'가 되었나

편으로는 공동의 적에 맞서면서 똘똘 뭉친 덕분에 더욱 강해지는
시기이기도 했다.

계획적 진부화의 등장

제조업 얘기가 나온 김에 말하자면, 이런 생각을 해본 적 있을 거
다. 왜 예전 제품들은 오래 써도 고장 없이 튼튼한 반면 요즘 나온
제품들은 대부분 허술한 걸까? 또 예전에는 패션 시즌이 1년에 네
번이었는데 요새는 1년 내내 52주의 '마이크로 시즌', 즉 거의 매
주 새로운 컬렉션이 출시되고 있다는 사실을 알고 있는가?[3] 왜 요
즘은 뭘 사도 수리해서 쓸 방법이 없는 걸까? 이는 전부 제조업체
들의 계획적 진부화^{planned obsolescence} 전략 때문이다. 이 끔찍한
발명의 책임자를 찾고 싶다면, 일각에서는 '역사상 가장 위대한 사
업가'라고 부르는 알프레드 슬론^{Alfred Sloan}을 보면 된다.

　제2차 세계대전이 발발하기 수십 년 전, 당시 제너럴 모터스
^{General Motors, GM}의 CEO였던 슬론은 미국인들이 자동차를 더 많이
사게 할 방법을 고민하고 있었다. 광란의 20년대는 흔히 쇠퇴의
시대라고들 하지만, 당시 사람들은 여전히 자신이 사는 물건을 평
생의 투자로 여겼고, 따라서 자동차를 살 사람은 이미 한 대씩 구
입한 상태였다. 그러나 GM으로서는 이런 소비 정체가 달갑지 않
았다. "GM의 존재 이유는 자동차를 만드는 것이 아니라 돈을 버
는 것"이라는 말로 유명한 슬론은 소비자들이 제품을 더 구매하도

록 만들 전략이 필요했다.[4] 그래서 동적 진부화dynamic obsolescence 전략, 즉 제품의 수명이나 매력을 의도적으로 감소시켜서 소비자들이 기능적인 대체품을 구매하도록 강요하는 전략이 등장했다. GM은 소비자들의 욕망에 불을 붙이기 위해 전례가 없던 방식을 도입했는데, 바로 매년 새로운 자동차 모델을 출시하는 것이다. 새로운 버전마다 스타일이나 기능을 조금씩 수정해서 소비자들에게 업그레이드를 권유했다. 슬론의 전략 아래에서는 최신 모델을 소유하는 것이 지위의 상징이었기 때문이다.

한편, 경쟁자인 헨리 포드는 이 개념을 극도로 싫어했다. 실제로 그는 인위적인 진부화를 비난하면서 내구성과 윤리를 중시했다는 기록이 있다. 포드는 금세 구식으로 치부될 물건을 의도적으로 만드는 행위를 참을 수 없었다. 그래서 포드사의 유일한 제품인 모델 T를 단일 색상에 합리적인 가격으로 계속 판매했다. 꽤 영리하고 칭찬받을 만한 태도로 보이지 않는가? 하지만 슬론이 던진 미끼를 문 소비자들 눈에는 그렇지 않았다. 기존에 쓰던 차가 낡지 않았어도 그냥 최신 자동차로 바꾸는 것이 유행이 되었기 때문이다.[5] GM의 성공 사례가 알려지자 다른 제조 분야도 조용히, 하지만 적극적으로 이 방식을 따라가기 시작했다.

내가 이 업계 거물들 간의 경쟁을 설명한 이유가 무엇일까? 의도적으로 제품 수명을 짧게 만드는 이 전략은 단순히 제품 제조 방식만 바꾼 것이 아니라 우리의 구매 방식까지 완전히 바꿔놓았기 때문이다. 계획적 진부화는 가끔 실용적인 물건을 사던 우리를 단순히 재미 삼아 물건을 구입하는 소비자로 만들었다. 이로 인해 업계는 기존 제품과 실질적으로 다르지 않은 다양한 버전의 제품을 더 자주 생산하게 되었다. 그리고 오늘날의 시장은 부실하게 제작된 신제품이 끊임없이 출시되면서 포화 상태가 되었는데, 대부분은 수리가 불가능하고 교체도 불가능한 부품으로 제작된 값싼 제품인 탓에 우리는 제품을 사고 또 사는 악순환에 빠졌다.

마케팅의 시대가 도래하다

다시 1942년으로 돌아가 보자. 미국이 전쟁에 참전하면서 산업이 급격히 발전하던 무렵, 외국의 '반미' 정서에 맞서기 위한 광고위원회Advertising Council가 설립되었고, 마케팅 분야도 활기를 띠기 시작했다. 광고위원회는 전쟁 정보국과 협력해서 앞서 언급한 카풀, 자급자족 텃밭, 배급제 등 집단에 이익이 되는 행동을 장려하는 수십 가지 캠페인을 벌였다. 이런 광고는 완곡한 말투를 쓰지 않고 "카풀을 하지 않으면 히틀러와 함께 차를 타게 된다"거나 "음식을 낭비하면 나치에게 도움이 된다"는 식의 직설적인 메시지를 전했다.

한동안 제조업은 주로 전시 물자 생산에 집중되었고(슬론과 포드의 자동차 생산도 몇 년간 중단되었다) 사람들은 기분 전환용 소비는 커녕 허리띠를 졸라매야 했다. 그렇다면 기업들도 광고비 지출을 줄이지 않았을까? 아니, 그렇지 않았다. 1941년부터 1945년까지 광고비 지출은 22억 달러에서 29억 달러로 증가했다. 이런 시기에 제품을 대놓고 홍보했다가는 분위기 파악 못 한다는 소리를 들었을 테니 그럴 순 없었지만, 그렇다고 이 불안정한 시기를 그냥 흘려보낼 생각도 없었다. 오히려 이때를 기회로 삼아 소비자 충성도를 미리 확보해 두고 싶어 했다.[6]

미국과 서방 연합국이 전쟁에서 승리하기 전의 상황은 요즘에 종종 볼 수 있는 관심 끌기breadcrumbing(계속 관심 있는 척하며 사람을 붙잡아두는 것)나 관계 대기parking(관계를 확정짓지 않고 애매하게 묶어두는 것) 같은 연애 전략과 비슷했다. 기업들은 적절한 시기가 오기를 기다리면서 소비자의 관심이 식지 않도록 조치했다. 광고 역사가 존 맥도너John McDonough의 말처럼, "광고는 두 가지 일관된 주제를 강조했다. 광고주가 현재 전쟁 지원을 위해 하는 일들과 전쟁이 끝나면 소비자들이 즐길 만한 멋진 신제품들이 대거 출시되어 오늘의 희생을 보상받게 될 것이라는 내용이었다."[7] 일례로 1944년 웨스팅하우스Westinghouse 광고는 소비자들에게 "집에서 셔츠를 세탁할 날이 곧 올 겁니다"라고 약속했다. 전쟁이 끝나기만 하면 엄청난 소비를 할 수 있다는 말로 구매욕을 부추겨 도파민이 샘솟게 한 것이다.

고객을 사로잡아라

1945년 연합군이 승전을 선언하자 병사들을 집으로 돌려보낼 준비가 시작됐다. 그리고 대부분 남성인 병사들이 돌아오면 일자리가 필요했다. 문제는 전쟁을 벌이는 동안 산업 전선에서 버텨온 이들(그중 상당수가 여성이었다)이 이미 있었다는 점이다. 이들이 인정사정없이 쫓겨난 자리를 남성들이 차지하게 되었다. 여성 가운데 80퍼센트는 전쟁이 끝난 뒤에도 계속 일하고 싶어 했다는 걸 생각하면,[8] 이 상황은 자발적인 노동력 이탈이 아니라 의도적으로 강요된 것이 분명했다. 하지만 여기서 핵심은, 곧 광고 붐이 일어날 시점에 여성들이 집으로 돌아오면서 시장이 기다리던 대규모 소비자층이 형성되었다는 것이다.

그렇다면 그 많은 공장들은 어떻게 되었을까? 이제 프로펠러나 낙하산이 필요 없게 되었으니 제조업은 다시 방향을 전환해야 했다. 맥도너가 말한 "멋진 신제품의 향연"으로 말이다. 지난 수십 년간 전쟁과 배급을 겪으면서 검소하게 살아온 사람들은 꿈도 꾸지 못할 물건들이었다. 그래서 공장들은 재빨리 식기 세척기나 고급 자동차 같은 호화로운 편의 제품을 만들기 시작했다. 수년간 절약하며 살아온 평범한 미국인들은 그런 화려한 최신식 제품을 원하지 않을 것이라고 생각할지도 모르지만, 그 생각은 틀렸다. 전시 상황이 길어지면서 절제에 대한 피로감이 더욱 심해졌고, 사람들은 평화를 넘어선 번영을 원했다. 그들은 새로운 '아메리칸 드림'을 갈망했다. 새롭고 반짝이는 물건들이 당신이 어떤 사람이고 승리한 사회에서 어떤 위치를 차지하게 될지 말해주는 그런 꿈 말이다. 이것이 바로 후기 자본주의다.

게다가 당시 미국인, 특히 백인 미국인은 1,850억 달러 규모의 전쟁 채권과 다른 여러 가지 요인들 덕분에 현금이 꽤 풍부했다. 여성의 임금은 같은 직업에 종사하는 남성에 비해 절반 수준도 안 됐고, 수년간 자신들의 힘으로 유지해 온 공장에서 갑작스럽게 쫓겨난 이들도 많았지만, 전시에 번 소득의 상당 부분을 저축해서 처음 장만하는 집의 계약금으로 사용했다.[9] 1945년에 미국인들은 평균적으로 개인 가처분 소득의 21퍼센트를 저축했는데 이는 1920년대의 3퍼센트와 비교하면 엄청나게 증가한 것이다.[10] 전시에 사람들에게 동기 부여 메시지를 능숙하게 전하던 광고 대행사들은 이런 문화적·산업적 융합이 진행되는 상황에 주목하면서 점점 체계화되고 있었다. 1950년대에는 뉴욕 매디슨 애비뉴 곳곳에 광고 대행사들이 우후죽순처럼 생겨나면서 '광고주들이 꿈꾸던 10년'을 맞았다. 결국 누군가는 이 화려한 신제품을 대중에게 마케팅해야 한다. 여기서 말하는 '대중'은 대부분 이제 집으로 돌아가 〈레이디스 홈 저널Ladies' Home Journal〉을 뒤적이며 갖고 싶은 새 옷이나 주방 기구가 생기면 남편에게 사달라고 조르는 백인 여성들이었다. 그리고 실제로 엄청난 광고 공세가 이어졌다. 광고 메시지도 완전히 달라졌다. 구매가 곧 애국 행위가 되었고, 오랫동안 소비를 자제하던 사람들은 문자 그대로나 비유적으로나 이를 받아들일 준비가 되어 있었다.

소비가 애국이 되는 순간

이렇게 소비를 절제하던 이들이 전례 없는 새 물건에 돈을 펑펑 쓰는 대대적인 전환이 시작되었다. 이런 소비 급증으로 인해 플라스틱이 급속도로 확산되기도 했다. 플라스틱 산업은 1946년부터 1960년 사이에 15퍼센트 이상 성장했고, 1960년에는 플라스틱 생산량이 알루미늄을 넘어섰다.[11] 그리고 지금까지 생산된 모든 플라스틱이 하나도 없어지지 않은 채 여전히 존재한다는 사실을 생각하면 이런 급속한 성장이 더욱 무섭게 느껴진다. 물론 그중 일부는 조금씩 분해되지만 이는 진정한 생분해가 아니다. 그저 작은 미세 플라스틱으로 분해되는 것인데, 미세 플라스틱은 고환부터 모유에 이르기까지 어디에나 존재하며, 우리는 매주 자기도 모르는 새에 신용카드 한 장 분량의 플라스틱을 먹고 있다.[12]

제대군인 원호법 같은 주택 구매 지원 정책과 개발이 활발해지고, 여성들이 전시 소득의 상당 부분을 저축해 둔 덕에, 귀환하자마자 결혼해서 가정을 꾸린 제대 군인들은 손쉽게 생애 첫 주택을 소유할 수 있었다. 또 이 시기에 교외 개념이 발달하면서 백인 가족은 도시 생활의 공포(백인이 아닌 이들과 한 동네에 사는 것 같은)에서 벗어날 수 있었다. 하지만 여성에게 있어 교외는 누군가의 시선이 감시처럼 따라붙는 공간이었고, 이곳에서 여성에게 허용된 역할은 아내와 어머니 두 가지뿐이었다. 여성들은 경제적, 직업적 독립성 잃어버리고, 가족에 대한 그리움(교외는 여러 세대가 함께 사는 생활 방식을 파괴했다), 전쟁 때문에 오랫동안 곁을 떠나 있던 남편이 낯선 사람처럼 느껴지는 감정 등에 시달렸다. 비록 직접적으로 말할 수는 없었지만 많은 여성이 외로움과 단절감, 지루함 속에 살아갔다.[13] 그리고 바로 이런 감정 상태야말로 마케터들이 소비를 부추기기에 완벽한 조건이었다.

그리고 모름지기 자신이 애국자라고 주장하는 이들은 역사적으로 소외당했던 이들을 한 번 더 소외시키는 법이다. 유색인종과 빈민층은 교외에 사는 것은 고사하고 교외 지역에 들어가는 것조차 금지당했다. 그래서 그들은 과거 어느 때보다 인종차별이 심해지고 자원이 부족해진 도심 지역에서 계속 살아야만 했다. 그러니까 나의 삼촌이 가장 위대한 세대the greatest generation*를 말하며 "그땐 말이야, 자유를 위해 싸운 사람들을 진심으로 존경했어!" 하면서 시적인 말을 늘어놓기 시작하면, '사람들'이라는 단어 옆에 별표를 붙이는 것을 잊지 말자. 그 존경심이 실제로는 백인 남성에게만 해당하는 이야기였으니까.

이런 억압 속에서 "소비가 곧 애국"이라는 시대정신이 등장했다. 가질 만한 가치가 있는 것은 전부 더 크고, 새롭고, 화려하고, 편리하다고 홍보했다. '패스트 패션'이 널리 보급되면서 수제품이나 한정판 맞춤 의류를 대체했다. 매 끼니마다 고기를 먹는 것이 진정한 성공의 상징이 되었다. 그리고 텔레비전 보급이 급속히 확대되면서 광고도 그만큼 늘어났다. 1946년에는 전국에 보급된 텔레비전이 1만 7,000대도 안 되었지만 그로부터 불과 3년 뒤에는 '매달' 25만 대의 텔레비전이 팔렸다. 1960년에는 전체 가구의 4분의 3이 적어도 한 대 이상의 텔레비전을 보유하게 되었고, 하루 4~5시간씩 그 앞에 앉아 있었다.[14] 광고주들이 현혹시킬 수 있는 눈과

<hr>

* 대공황의 여파 속에서 성장해 제2차 세계대전을 겪고 미국의 전후 부흥을 이끈 세대

귀가 엄청나게 많아졌다는 얘기다.

　이런 이야기가 새 물건을 사지 말자는 챌린지 내용과 너무 동떨어진 얘기라고 생각할지도 모르지만, 세상의 모든 일은 서로 실타래처럼 얽혀 있다. 우리를 완벽한 소비자로 길들인 마케팅의 기원과 그 교묘해진 수법을 제대로 파악하려면, 먼저 이 관계의 연결 고리부터 차근차근 살펴봐야 한다. 그래야 다음에 또 '도대체 어떻게 우리가 이렇게 극단적인 과소비 문화에 빠지게 된 건지' 궁금해질 때, 변곡점이 된 시점을 정확하게 짚어낼 수 있다.

　이 사이클은 오늘날에도 계속 이어지고 있다. 마케터는 마케팅하고, 광고주는 광고하고, 소비자는 소비하고, 업계는 수요를 충족시키고, 더 확장한다. 이들은 서로의 속마음을 모르는 사이가 아니라 의도적으로 공생하는 관계이며, 후기 자본주의가 가장 완벽하게 적용된 결과물이다. 좋은 시민이 되려면 소비해야 한다. 그리고 이 모든 과정을 거치는 동안 소비에 대한 우리의 태도는 '필요를 채우는 것'에서 '과장되고 부풀려진 욕망을 만들어내는 것'으로 다시 프로그래밍되었다. 시간이 지남에 따라 이런 생산·소비의 악순환이 우리 건강과 지갑, 불평등의 지속뿐 아니라 지구 전체에까지 파괴적인 영향을 미치고 있다.

이게 다
마케팅 때문이다

과소비와 소비주의에 관한 이야기를 하려면 먼저 마케팅과 광고가 오늘날 우리 삶의 곳곳에 어떻게 스며들어 있는지 살펴보지 않을 수 없다. 명확히 말해 마케팅은 고객의 요구를 파악해서 이를 충족시킬 전략을 수립하는 과정이고, 광고는 마케팅의 능동적인 요소, 즉 그 전략을 실행하는 한 요소다. 앞서 제2차 세계대전 당시 광고의 기원에 대해 간략히 살펴보았고, 1950년대부터 폭발적으로 성장하게 된 과정도 추적했다. 그렇다면 그 이후로는 어떻게 되었을까? 이제부터 강력한 현대 마케팅의 베일을 벗겨보도록 하자.

우선 내가 어떤 사람인지부터 좀 얘기하자면, 나는 고위 정치 전략가로서 선거 후보자나 선거 운동을 위한 마케팅 디렉터 역할을 해왔다. 또 유명 스타트업의 크리에이티브 디렉터, 포춘 500대

기업 디지털 마케팅 부서의 카피 디렉터로도 활동했다. 다양한 슬로건과 제목을 썼고, 습지 보호를 위한 주민투표 문건부터 미백 치약 홍보물에 이르기까지 다양한 종류의 메시지를 만들어봤다. 이런 일들을 해온 이유는 내가 그저 돈벌이에 급급한 기업의 앞잡이라서가 아니다. 마케팅은 큰 힘을 지니고 있기 때문에 윤리적인 방향으로 실행한다면 사람들의 생각과 마음을 바꿔 크고 중요한 사회적 변화를 이뤄낼 수 있기 때문이다. 하지만 실제 배후에서는 일이 어떻게 진행되는지도 직접 경험해 봐서 안다. 그리고 여러분이 매일 접하는 마케팅의 99.9퍼센트는 '우리 자신의 모습이나 가진 것에 결코 만족하지 못하도록 설계되어 있다'고 생각한다.

부족하다고 느끼게 만들어 더 사게 만든다

1920년대에 에드워드 버네이스Edward Bernays라는 오스트리아 출신 남성 덕분에 프로파간다propaganda(지금 우리가 홍보라고 부르는 것의 공식적인 옛 명칭)는 엄청난 변화를 겪었다. 정신분석학을 창시한 지그문트 프로이트의 조카인 에드워드 버네이스Edward Bernays는 아마도 역사상 처음으로 대중심리학을 이용해 소비자 설득 캠페인을 기획하는 데 열중했다. 그의 고객사는 프록터앤드갬블P&G이나 CBS 같은 미국의 굵직한 기업들이었다. 그는 사회과학 데이터를 바탕으로 역사와 시사 문제를 이용하면 여론을 조작할 수 있고 더 나아가 소비자의 마음도 사로잡을 수 있다고 믿었다. 그의 수

많은 히트작 중에서도 가장 유명한 건 럭키 스트라이크Lucky Strike 담배를 만든 아메리칸 타바코 컴퍼니American Tobacco Company의 광고 캠페인일 것이다.

당시에는 여성의 흡연을 부도덕하고 여성스럽지 못한 행동으로 간주했다. 그러나 담배 회사 입장에서는 전체 인구의 절반 정도를 고객으로 유치할 수 없게 된 셈이니 이런 금기가 탐탁지 않을 수밖에 없다. 그래서 버네이스는 정신분석학이라는 강력한 수단을 동원해서 당시 여성들이 어떤 기분을 느끼고 싶으며 어떤 모습을 원하는지 파악했다. 놀랍게도, 깡마른 신여성이 유행했던 1920년대에는 모든 여성이 날씬해지고 싶다는 갈망을 느꼈다. 그래서 초기 마케팅은 흡연을 날씬한 몸매를 유지하기 위한 해결책으로 내세웠다. "간식이 당기나요? 대신 담배를 피우세요." 심지어 의료 전문가들도 나서서 임산부에게까지 과자 대신 담배를 권했다. 하지만 대형 담배 회사들에게는 이것만으로는 충분하지 않았다. 여성들은 집에서 몰래 담배를 피우기는 했지만 남들에게 그 사실을 당당하게 알리지는 못했기 때문이다.

몇 년 뒤, 버네이스는 자신이 활용할 만한 더 중요한 무언가를 발견했다. 바로 평등에 대한 여성들의 열망이었다. 이 무렵 페미니스트 운동이 힘을 얻고 있었는데, 버네이스는 정신분석가들과의 논의 끝에 담배를 '자유의 횃불'이라고 부르면 시대정신을 교묘하게 활용할 수 있겠다고 판단했다. 버네이스는 이 방법을 통해 흡연 행위가 궁극적인 페미니스트 반란의 상징으로 자리 잡게 했다. 여성이 전통적으로 남성에게만 허용되었던 일에 참여하는 것은 해방의 행위이자 가부장제를 확실하게 엿먹이는 방법이다. 페미니스트 행진에 참여한 상징적인 활동가들이 "여성이여! 자유의 횃불을 다시 밝히자!"라고 외치면서 모두가 담배에 불을 붙였다. 이 전략은 효과가 있었고, 결국 1970년대까지 여성 흡연율이 560퍼센트나 증가했다.[1] 그리고 이때 처음으로 '심리적 통찰'이라는 무기를 추가로 장착한 마케팅은 점차 오늘날과 같은 감정 조작 산업으로 변하기 시작했다.

미국 의료 시스템과 관련해서 자주 하는 말이 있다. 건강하거나 죽은 사람은 돈이 안 되지만 그 중간에 있는 아픈 이들에게서 엄청난 돈을 벌 수 있다는 것이다. 마케팅도 마찬가지다. 홍보에 흔들리지 않는 심지 굳은 이들에게 쓸데없는 물건을 팔기는 매우 힘들다. 하지만 감정적으로 불안정하거나, 뉴스를 보고 두려움에 떨거나, 재정 문제를 겪고 있거나, 직장에서 쫓겨나 교외 지역에서 주부 노릇을 하느라 외로움에 시달리는 사람들은 어떨까? 기업 입장에서 그들은 딱 좋은 먹잇감이다. 기업은 우리의 열망과 불안감, 그리고 그런 감정을 악화시키는 상황과 조건에 지독할 정도로 관심이 많다. 왜일까? 감정, 환경, 사회 현상의 모든 변화가 소비 행동에 영향을 미치기 때문이다.

예를 들어, 사람들은 슬프거나 두려울 때면 위로가 되는 물건을 충동적으로 구매하는 경향이 있다. 또 통제력을 잃었다고 느낄 때는 문제를 해결하거나 주체성을 회복하는 데 도움이 되는 실용적인 물건을 구매한다.[2] 많은 사람이 슬픔과 두려움, 통제가 불가능한 상황에 처했다는 끔찍한 기분을 느꼈던 팬데믹 기간 동안에도 이런 현상을 확인할 수 있었다. 당시 한편에서는 무거운 담요, 편안한 애슬레저 의류, 술, 고급 스킨케어 제품, 냉동 피자 판매가 급증했고, 다른 한편에서는 씨앗, 제빵용 밀가루와 이스트, 가정용 세제 판매량이 늘었다.[3] Z세대와 밀레니얼 세대의 3분의 1은 팬데믹으로 인한 격리 생활에 SNS의 판매 기술이 더해지면서 본격적인 쇼핑 중독에 빠지게 되었다고 말한다.[4] 이밖에도 본인의 몸이나 외모에 자신이 없으면 충동적으로 미용 제품과 옷을 구매할 가능성이 높다.[5] 기온과 날씨도 지출에 영향을 미친다. 불편할 정도로 추운 날에는 이성적인 판단보다 감정에 따라 결정을 내리면서 돈을 더 많이 쓰는 경향이 있다.[6] 그리고 예전에 다니던 쇼핑몰이 어떤 모습이었는지 기억나는가? 여러분도 나처럼 고등학교 시절에는 친구들과 몰려다니는 데만 집중해서 눈치채지 못했을 수도 있지만, 대부분의 쇼핑몰에는 창문이 거의 없었다. 의도적으로 햇빛을 차단해 소비자들이 시간 감각을 잃은 채로 상품을 비추는 밝은 조명에 관심이 쏠리게 하려는 것이다.[7]

과소비에 취약해지는 또 다른 때는, 승진해서 정말 기쁘거나 돈 문제로 걱정하거나 이별의 아픔을 겪는 등 감정적으로 극한 상황에 처했을 때다. 인간은 편안함과 소속감, 안정감을 유지하려고 끊임없이 노력하기 때문이다. 이런 사실을 아는 마케터들은 시간대라든가 좋은 기회를 놓치고 싶지 않은 마음, 희소성 메시지 같은 수단을 동원해서 우리의 불안을 건드린다. 월급날이나 세금 환급을 받은 뒤에 특가 상품 알림을 받는 것은 우연이 아니다. 어떤 물건이 "곧 매진!"이라는 위기감을 느끼면 바닥난 은행 잔고를 잊게 되는 것도, 사회적 지위가 형편없는 때일수록 한정판 상품을 놓칠까 봐 두려워지는 것도 결코 우연의 일치가 아니다. 광고에서 어떤 제품의 외양이나 향기가 "고급스럽다"는 말을 듣고 구매를 결심한 적이 있는가? 어떻게든 부유해 보이고 싶은 사람에게는 이런 표현이 큰 효과를 발휘한다.

이런 감정적 조종은 실제 필요와 욕구 사이의 경계를 모호하게 만들어 정상적인 소비가 무엇인지 헷갈리게 만든다. 생각해 보라. 소매업체에서는 자신들이 파는 물건을 '필수품'으로 간주하고, 인플루언서들도 본인이 홍보하는 물건이 "진짜 필수템"이라고 말한다. 하지만 매슬로라면 샤워 중에 쓸 수 있는 스피커나 공기 주입식 비행기 침대를 욕구 단계의 최상위에 두지 않을 것이라고 확신한다. 사실 그들이 판매하는 것은 단순한 제품이 아니라 꿈인데, 그 꿈은 대개 당신이 원하는 이상적인 모습이나 소유하고 싶은 물건과 관련이 있다. 그리고 그런 이상적인 상태에 도달하려면 구매 버튼을 클릭해야만 한다고 믿게 만든다.

광고 폭격

광고가 주로 TV, 라디오, 신문에 국한되었던 2000년대까지만 해도 마케터들은 일반적으로 '7의 법칙 Rule of 7'을 따랐다. 이것은 구매로 이어지기까지 그 제품을 7번은 봐야 한다는 것이다. 이 법칙은 1930년대에 진행된 한 연구에서 유래되었는데, 사람들이 영화

포스터를 최소 7번은 봐야 실제로 극장에 가게 된다는 결과에 바탕을 두고 있다. 끊임없이 발전하는 기술과 앱 덕분에 오늘날의 마케팅 전략은 우리가 이용하는 모든 플랫폼을 장악하는 것을 목표로 한다. SNS, 문자 메시지, 휴대폰 푸시 알림부터 좋아하는 팟캐스트, 플레이리스트, 영화, 드라마 중간 광고, 모바일 게임이나 기사 중간에 뜨는 팝업, 검색엔진 사이드바에 나오는 이상하게 직관적인 광고에 이르기까지… 정말 많기도 하다. 광고는 어느새 우리 삶의 일부가 되어서 이제 스트리밍 서비스의 광고를 없애려면 비용을 지불해야만 한다. 적정 광고 노출 횟수를 정확하게 제시한 연구는 거의 없지만, 소비자들의 짧은 주의 지속 시간과 치열한 경쟁 때문에 대부분의 포춘 500대 기업들은 판매 성사를 위해 26회 이상의 노출을 목표로 삼는다. '7의 법칙'과 비교하면 거의 4배나 늘어난 것이다. 이 말은 곧 우리가 오락이나 휴식, 정보를 구하는 모든 곳에서 광고의 폭격을 받고 있다는 뜻이다.

기업은 당신을 잘 안다

요즘 마케팅은 예전과 다르다. 이제 넥타이를 느슨하게 하고 셔츠 아래쪽 단추는 풀어 헤친 술 취한 남자가 늦은 밤까지 혼자 기업 로고를 디자인하거나 광고 문구를 작성하는 시대는 끝났다. 오늘날 미국 기업들이 마케팅에 쓰는 돈은 연간 약 5,150억 달러인데,[8] 그중 상당 부분은 소비자 인사이트, 데이터, 리서치에 쓰인다. 당신의 진짜 모습을 알고자 하는 사람이 아무도 없다고 느낀 적이 있는가? 아니다. 기업들은 당신을 알기 위해 많은 시간을 들인다. 소비자 인사이트를 전담하는 부서가 당신의 구매 방식, 구매 시기, 구매 품목, 그리고 소득, 성 정체성, 결혼 여부 같은 인구 통계를 추적한다. 멤버십 프로그램에 가입했거나 브랜드에서 발급한 신용카드를 가지고 있는가? 기업들이 이런 방식을 선호하는 이유는 고객의 구매 이력을 빠짐없이 추적할 수 있기 때문이다. 고객의 관심사에 따라 맞춤 광고와 특가 상품을 만들어 더 소비하도록 유도할 수 있기 때문이다.

그리고 이런 마케팅 방식은 여성들에게 훨씬 두드러지게 사용된다. 물론 남성도 물건을 구매하지만 미국에서는 여성이 전체 소비 지출의 85퍼센트를 차지하면서 1년에 무려 11조 달러를 쓴다.[9] 미국 여성의 4분의 3 이상이 본인의 가정에서 주요 구매자 역할을 한다.[10] 식품 구매의 93퍼센트, 휴가 예약의 92퍼센트를 여성이 맡는다. 게다가 일반적으로 남성용 제품의 경우에도 절반은 여성이 구매한다.[11] 그리고 이는 시작에 불과하다. 2028년에는 여성이 전 세계 재량 지출의 4분의 3을 차지하면서 세계에서 가장 영향력 있는 소비자층이 될 것으로 전망된다.[12]

여성이 무엇을 원하는지 이해하기 위해 투자하는 기업의 시간과 돈은 전문 픽업 아티스트* 저리 가라 할 정도다. 멤버십 프로그램, 백화점 신용카드 데이터, 인터넷 쿠키, 인구 통계와 위치 정

---

* 상대방을 유혹해 성적·금전적 이득을 취하려는 사람

보 같은 복잡하고도 놀라울 정도로 합법적인 조합을 예측 분석에 이용하면 당신이 언제 무엇을 살지 정확하게 추측할 수 있다. 예를 들어, 포인트 적립 카드를 이용해서 60일치 종합 비타민제를 구매했다면 50일쯤 뒤에 매장에서 이 제품을 다시 사라고 알림을 보낸다. 혹은 나처럼 애매한 나이대에 속한 사람은 어느 날은 배란 테스트 광고 메일을 받고, 다음 날은 보행 보조기 광고 메일을 받을 수도 있다.

물론 모든 전략이 그렇듯이 이 전략 또한 역효과를 낳을 수 있다. 일례로 대형마트 타깃Target의 예측 분석 시스템이 큰 파장을 일으킨 적도 있다. 한 고객의 아버지가 타깃에 찾아와 왜 자신의 십 대 딸에게 출산용품 쿠폰을 보냈냐고 따졌는데, 얼마 뒤 그 딸이 실제로 임신 중이었다는 사실이 밝혀졌다. 매장 측에서는 그의 딸이 아연과 무향 로션을 구매했다는 데이터만 가지고 임신했다는 사실을 알아챈 것이다. 보다 널리 알려진 확실한 사례는 임신 테스트기를 구매하는 순간 폭발적으로 쏟아지는 유아용품 광고다.[13] 알고리즘 관점으로는 이런 일들이 연쇄적으로 진행되는 게 당연한 일이겠지만, 불임이나 유산으로 고통받는 이들에게는 이런 광고가 슬픈 상황을 잔인하게 상기시킨다.

낡은 고정관념에 갇힌 광고

광고가 지역이나 인종 같은 지표를 사용하는 경우를 자세히 살펴보면 상황은 더 당혹스럽다. 일례로 당신이 특정 지역에 거주한다는 사실만으로도 어떤 광고를 어떤 방식으로 보게 될지 결정된다. 언뜻 보기에는 지역 사업체가 가까운 곳에 있는 고객에게 닿을 수 있다는 점에서 합리적인 전략처럼 보인다. 하지만 다른 선의의 마케팅 전략과 마찬가지로 소득, 인종, 사회경제적 지위에 따라 광고와 할인 혜택을 다르게 조정하는 데 악용하게 된다. 예를 들어, 기업들은 유색인종 커뮤니티를 대상으로는 가짜 상품과 신용 사기, 고금리 신용카드와 단기 대출, 정크푸드 광고를 집중적으로 노출한다. 반면 백인 중심 지역에는 건강식품, 양질의 의료 서비스, 안정적인 투자 기회 등 완전히 다른 광고를 게재하는 것으로 나타났다. 이런 광고 행태는 자원이 부족한 공동체가 겪는 불평등을 더욱 공고히하는 셈이다. 이런 차별 마케팅은 인종과 경제 수준에만 국한되지 않는다. 나이와 장애 정보를 악용할 경우, 당신 할머니가 사는 노인 공동체가 최신 기술에 익숙하지 않은 취약 계층을 먹이로 삼으려는 사기꾼들의 온상이 될 수도 있다. 항상 그런 것은 아니지만, 나쁜 동기를 지닌 자들의 손아귀에 잘못 들어가면, 데이터를 활용한 모든 마케팅 전략이 해로울 수 있다.

마케팅은 사회를 반영하기 때문에 때론 위험하고 시대에 뒤떨어진 고정관념과 규범을 옹호하거나 강화하는 경우가 많다. 성평등 수준이 예전보다 나아졌다고들 하지만, 여전히 과거의 고정된 성 역할을 앵무새처럼 반복하는 광고가 많다. 일례로 광고에서는 남성이 여성보다 7배 많이 발언하고, 78퍼센트의 광고에서 주요 의사 결정권자로 등장한다.[14] 웃기는 건, 조금 전까지 여성이 얼마나 소비를 주도하고 있는지 얘기하지 않았는가? 14개국의 광고를 조사한 결과, 여성을 "재미있는 사람으로 표현하거나 어떤 식으로든 지적 능력이 필요한 행동을 하는 사람"으로 묘사한 광고는 3퍼센트에 불과했다.[15] 이는 광고를 삶을 모방한 예술처럼 위장하려는 구시대적인 성차별주의에 불과하다.

그리고 성별을 넘어 인종간의 불평등을 악화시키고 비현실적인 미적 기준을 고수하기도 한다. 예컨대 건강에 해로운 제품 광고는 흑인과 히스패닉 공동체를 주요 타깃으로 삼을 뿐 아니라 해당 제품을 사용하는 장면에 유색인종 배우를 많이 등장시킴으로써 구조적인 '음식 불평등'을 강화한다.[16] 특히 여성의 경우, 광고가 신체 이미지와 자존감에 미치는 부정적인 영향이 예전부터 잘 알려져 있었다. 대부분의 광고에는 여전히 '전형적인 마른' 여배우가 등장하며 이런 끊임없는 시각적 강조는 심각한 문제를 야기한다. 3~6세 여자아이의 50퍼센트가 자신이 너무 뚱뚱하다고 걱정한다는 사실을 아는가?[17] 아이들은 TV에서 자주 접하는 마른 여성들을 기준으로 삼아, 아직 성장 중인 자기 몸이 너무 뚱뚱하다고 걱정한다. 그리고 평균적인 미국인이 하루에 3,000개에서 1만 개의 광고에 노출되는(공격당한다는 표현이 더 적절할 것이다) 현 상황에서는 이런 악순환을 피할 수 없다.[18]

안타깝게도 우리의 잠재의식은 이런 잘못된 편견과 기준의 92퍼센트를 그대로 받아들인다.[19] 광고 메시지의 폭격을 받으면서 무엇이 진실이고, 무엇이 진실로 위장한 낡은 생각인지 분별할 능력이 부족할 때 발생할 수 있는 나쁜 일들을 일일이 열거할 필요는 없을 것이다. 이런 상황은 특히 여성이나 소수자처럼 취약한 계층과 어린아이처럼 쉽게 외부의 영향을 받는 이들에게 '나는 충분하지 않다'는 기분을 느끼게 만들고, 그 결핍을 소비로 메우도록 만든다.

마케팅은 도구다. 올바르게 활용한다면 누군가에게 진정으로 필요한 제품이나 서비스의 장점을 전달할 수 있다. 하지만 마케팅의 본질을 제대로 이해하려면 잠시 시스템에서 벗어나야 한다. 그렇지 않으면 자존감과 재정적 상황, 그리고 지구가 지속 가능한 방식으로 생존할 수 없는 지경에 놓일 것이다.

소비에는 전염성이 있다

마케팅 부분은 내용이 좀 무거웠다는 걸 인정한다. 잠시 차를 한 잔하면서 쉬거나 찬물 샤워로 머리를 식히는 건 어떨까? 왜냐고? 이제 마케팅이 우리를 쇼핑의 함정에 빠뜨리면 거기서 벗어나기가 매우 어렵다는 얘기를 해야 하기 때문이다. 소비는 중독성이 강하고 암묵적으로 누적되는 행위다. 다시 말해, 하면 할수록 계속 늘어난다는 얘기다. 편의점에서 파는 간편식을 잔뜩 먹어 치우면 기분이 좋아지지는 않고 속이 뒤틀리지만 몇 시간만 지나면 찾게 되는 것처럼, 소비 욕구는 끊임없이 물건을 사고 또 사게 만든다. 끝없는 반품 때문에 지치고 지출 때문에 스트레스를 받아도, 오랜 시간 쇼핑을 자제하기는 어렵다. 그리고 일단 뭔가를 사면 갑자기 더 많은 물건이 필요해지는 연쇄 반응이 일어나 빠르게 과소비로 이어진다. 사회학 교수 줄리엣 쇼어 Juliet Schor의 말을 빌리자면, "이미 가지고 있는 물건을 업그레이드해야 한다는 압박감은 계속 한 방향으로 움직이면서 끊임없이 커져만 간다."[1] 자, 이렇게 소비 충동은 갈수록 커진다. 우리는 그런 요구에 응하는 것이 좋지 않다는 사실을 알면서도 왜 계속 악순환에 빠져드는 걸까?

쇼핑할 때 뇌가 작동하는 방식

질문에 제대로 답하려면 쇼핑이 우리 뇌에 어떤 영향을 미치는지 알아야 한다. 80년대 공익광고 중에 "약물에 취한 당신 뇌는 이렇습니다"라는 카피와 함께 프라이팬에서 지글지글 익어가는 계란 후라이를 보여주는 광고가 있다. 마음 같아서는 이 광고를 프로젝터로 계속 틀어주고 싶지만, 아쉽게도 과학적으로 설명해야겠다. 상점에 들어서면 물건을 둘러보기만 해도 도파민이 분비되는데, 대중심리학에서는 이를 '행복 호르몬'이라고 부른다. 하지만 이 신경전달물질의 지닌 특징은 그게 다가 아니다. 도파민이 실제로 하는 일은 우리가 무언가를 원하게 만드는 것이다.[2] 그래서 때로는 욕망에 휩싸이는 것을 쾌락과 혼동하기도 한다.

쇼핑을 하러 가기 전에 이미 스트레스를 받았거나 흥분한 상태였다고 가정해 보자. 그러면 아드레날린이 분비되어 감각이 예민해지고 충동성은 높아진다. 그리고 이 호르몬 때문에 마치 홈파티에 모인 거친 십 대들처럼 욕망과 충동성이 뒤섞여, 사냥감에 정신이 팔린 굶주린 늑대처럼 스릴을 느끼게 된다. 기분이 고조된 상태에서 통제가 가능한 상태와 불가능한 상태를 아슬아슬하게 오가고, 이 때문에 도파민 분비가 더 늘어난다.

하지만 도파민의 특징은 보상을 받을 때가 아니라 보상을 기대할 때 분비된다는 것이다. 그래서 때로는 온라인 쇼핑이 오프라인 쇼핑보다 더 만족스럽게 느껴지는 것이다. 주문한 상품이 도착하기를 기다리는 동안 기대감이 고조되기 때문이다.[3] 그러나 뇌의 의사결정 중추인 전두엽 피질이 무언가를 살 가치가 있다고 판단할 때쯤이면 황홀한 도파민 러시는 이미 작별할 준비를 하고 있을 것이다. 이것이 '쇼핑의 황홀감'과 방금 구입한 물건에 대한 애정이 오래 지속되지 않는 이유다.

그렇다면 왜 이런 실망을 느끼면서도 계속 악순환을 되풀이할까? 잠깐의 짧은 황홀감이 뇌의 보상 중추에 최면을 걸기 때문에, 쇼핑을 별로 좋아하지 않거나 쇼핑을 마친 뒤 기분이 좋지 않았더라도 잠깐의 황홀감을 다시 느끼고 싶어서 되풀이하는 것이다. 도파민은 이처럼 무언가를 오래 즐기지 못하더라도 계속해서 갈망하게 만든다. 그래서 필요한 게 아무것도 없는데도 쇼핑을 해야 한다는 강박감을 느끼는 것이다. 그리고 만약 그 과정을 규칙적으로 혹은 일상적으로 반복할 경우(같은 시간에 같은 장소에서 쇼핑하는 등) 도파민이 습관 형성을 담당하는 뇌의 기저핵과 상호작용해서 그 행동을 패턴으로 인식하게 되므로 결국 습관으로 자리 잡는다.[4]

이 시나리오가 아주 익숙하게 느껴지는 건 나뿐일까? 전에 어디선가 들어본 것 같지 않은가? 맞다, 이 현상은 마약이나 알코올 등에 중독되었을 때 일어나는 생화학적 반응과 비슷하다. 그러니 쇼핑 충동을 제어할 수 없어서 무력감을 느낄 때는 인간은 원래 그렇게 일시적인 도파민을 좇는 존재라는 사실을 기억하자. 본인에게 좋지 않거나 끔찍한 기분을 안겨줄 수도 있다는 사실을 알면서도, 강하고 본능적인 무언가가 당신을 장악해서 '장바구니에 담기' 버튼을 누르게 만드는 것이다.

하지만 상황이 완전히 절망적인 건 아니다. 쇼핑을 할수록 도파민 수치가 롤러코스터처럼 오르락내리락하는 건 사실이지만, 소비 속도를 늦추면 도파민 수치가 안정되기 시작한다.[5] 그리고 쇼핑 대신 도파민을 제공하는 더 건전한 습관을 들이고 세로토닌처럼 오래 지속되는 호르몬을 이용하면 뇌의 보상 중추가 안정을 찾는다.[6] 내가 이다음에 무슨 말을 할지는 이미 알고 있을 것이다. 그렇다, '새 물건 안 사기' 챌린지는 당신이 그런 평온한 상태로 나아가는 데 필요한 도구와 방법을 가르쳐 줄 것이다.

소비는 점증된다

쇼핑 중독 문제 외에도, 새로운 물건을 사면 디드로Diderot 효과라는 연쇄 반응이 일어난다. 이는 새로운 물건 하나가 또 다른 소비를 부추겨 소비의 악순환을 일으키는 현상이다.[7] 물건을 하나 사면 그에 어울리는 다른 물건들까지 사게 된다는 얘기다. 결코 내 얘기는 아니고, 완전히 가상의 상황을 이용해서 설명해 보겠다. 어느 늦은 밤에 한참 SNS를 보던 당신은 문득 이런 생각이 든다. 튼튼하긴 하지만, '벌써 10년이나 쓴 드립커피 머신이 이제 나같이 세련된 사람한텐 어울리지 않아.' 그래서 저렴한 소매업체에서 에스프레소 머신을 충동 구매한다. 에스프레소 머신이 도착하기를 기다리는 동안 기대감으로 도파민이 솟구치고 자신의 선택이 꽤 만족스럽다. 드디어 제품이 배송되어 포장을 풀고 부품을 전부 세척해서 설치한다. 설레는 마음에 설치에만 한 시간이나 걸린 줄도 몰랐다. 그리고 일주일 정도 열심히 사용했는데, 갑자기 작동하는 게 불안정해지더니 결국 기계가 멈췄다. 맙소사, 부품이 깨졌다. 고객 서비스 센터에 연락했더니 부품을 교체해 주는 게 아니라 (그건 아예 불가능하다고) 새 기계를 보내준다고 한다. 흠, 정말 친절한 업체 아닌가? 당신은 새 기계를 놓을 자리를 비워놓기 위해 고장 난 기계를 찬장에 밀어둔다. 전에 쓰던 믿음직한 드립커피 머신 옆에 나란히.

한동안은 하루에 8분씩 시간을 들여 직접 이탈리안 로스트 커피를 만드는 재미에 푹 빠졌다. 그런데 커피 관련 틱톡 영상을 보다가 에스프레소를 마시려면 작은 데미타스 컵이 꼭 필요하다는 사실을 깨닫는다. 그런 컵에 마셔야 진짜 에스프레소 같으니까 말이다. 그래서 컵을 샀다. 아! 전용 컵홀더도 필요하다. 여기에 에스프레소를 보관할 '근사한' 금속 용기와 아주 비싸고 작은 계량스푼까지, 이제 바리스타도 부러워할 만한 세트를 모두 갖췄다. 완벽하게 갖추지 않고서 어떻게 커피를 제대로 즐길 수 있겠는가? 다

     2부   어쩌다 우리는 '프로소비러'가 되었나

양한 맞춤형 원두 블렌드와 그라인더, 시럽, 고급 우유까지 당연하게 추가된다. 이 모든 과정은 전부 자연스러워서 우리는 소비주의의 유혹이 얼마나 전염성이 강하고 또 점증되는지 알아차리지 못한다.

그런데 이런, 바쁜 날들이 이어진 탓에 아침마다 좋아하는 에스프레소를 내릴 시간이 사라진다. 무엇보다 이 기계는 예전에 쓰던 기기와 달리 타이머 설정도 불가능하다. 그런 아침이 계속 반복되자 에스프레소 머신은 몇 달째 방치되어 기름 튄 자국만 남아 있다. 오랜만에 다시 쓰려고 보니, 방치된 물통에 곰팡이가 피어서 내부를 전부 식초로 씻어내야 하는 상태다. 휴, 40분간 고생한 끝에 마침내 커피를 내릴 준비가 되었다. 하지만 다음 날 아침에는 또 서둘러 집에서 나서느라 기계를 사용하지 못한다. 이런 식으로 몇 주가 지나자, 당신의 파트너가 카페인 없이는 도저히 못 살겠으니까 낡았지만 관리하기 쉬운 예전 기계를 다시 쓰자고 말한다. 그래서 당신은 찬장에 넣어뒀던 드립커피 머신을 꺼내와 에스프레소 머신 옆에 설치한다.

이제 당신은 다시 예전처럼 설정만 해두면 알아서 작동하는 예전 기계를 사용하게 된다. 그리고 지금까지 들인 비용과 많은 유지보수 시간이 아깝기는 하지만, 에스프레소 생활은 자신에게 적합하지 않다는 결론을 내렸다. 그래서 잘 작동되는 기계는 팔기로 했다. 깨끗이 씻어서 사진을 찍어 올리고, 작동법을 작성하고, 성가신 사람들과 가격 흥정을 한 끝에 결국 팔았다. 됐다! 그리고 기계를 상자에 넣어 포장하고 우체국에 가져가 작별 인사를 했다.

하지만 고장 난 기계는? 팔 수가 없지 않은가? 재활용할 방법을 알아봤지만 주변에는 그런 기계를 받아주는 곳이 없었고 판매한 업체에서도 수거하거나 재활용하지 않았다. 결국 쓰레기통에 버려져 매립지로 향했다. 아, 그동안 산 금속 용기와 컵, 스푼, 기타 여러 장비는 어떻게 해야 할까? 어쩌면 그것도 팔 수 있을지 모른다. 하지만 사람들과 소통하는 데 너무 지쳐서 온라인 장터나 무료 나눔 단체에 올리기도 귀찮다. 그래서 결국 모든 물건을 규모가 큰 기부 센터에 보냈는데, 운이 좋으면 그곳에 기증된 물품 가운데 실제로 재판매되는 16퍼센트에 들지도 모른다.[8] 그렇지 않을 가능성이 훨씬 크지만.

아, 읽기만 해도 너무 지친다. 이제 실제로 이런 상황이 당신 삶에 얼마나 많은 피로와 번거로움, 시간 낭비를 안겨줄지 상상해 보자. 물건은 재고이고, 당신은 좋든 싫든 재고 관리자라는 사실을 기억해야 한다. "음, 저는 커피를 마시지 않으니까 저한테는 해당되지 않아요"라고 말할 수도 있다. 뭐, 좋다. 하지만 이 여정은 거의 모든 것에 적용된다. 옷, 장난감, 가전제품, 자동차, 가구, 그리고 인플루언서들이 우리 삶을 바꿀 것이라고 장담하는 온갖 기기들까지. 다시 말하지만, 이 책의 제목과는 달리 나는 물건 자체나 새로운 물건에 반대하는 게 아니다. 하지만 물건은 계속 늘어나게 마련이라는 사실을 생각해 보면, 우리 삶에 어떤 물건을 받아들일 것인지 훨씬 분별력 있게 판단하게 된다.

구매는 더 많은 구매를 부른다

새로운 취미가 생겼는데, 앞으로 계속할지 확신도 서지 않은 상태에서 관련 용품만 무수히 많아진 적이 있는가? 운동 수업을 두 번쯤 받고 나니까 이제 매일 입을 속건성 운동복과 멋진 운동화, 업그레이드된 이어폰, 그리고 지금 쓰는 가방에는 이 많은 짐이 다 안 들어가니까 근사한 운동용 가방까지 당장 사야겠다고 생각한 적이 있는가? 운동 매트가 필요한가? 물론이다. 눈보라가 쳐서 헬스장에 가기 싫을 때를 대비해 집에서 쓸 웨이트 트레이닝 기구는? 운동 전에 먹을 파우더와 운동을 마친 뒤에 마실 셰이크는? 물론 사야 한다. BMI를 알려주는 특수 체중계도? 이왕 하려면 제대로 해야 하지 않겠는가? 이런 식으로 물건을 잔뜩 사들이지만, 인생의 많은 단계에서 경험했듯이 당신이 이 운동 루틴을 계속 고수하리라는 보장은 없다. 물건만으로는 꾸준함을 유지할 수 없기 때문이다. 이제 거실에는 올림픽 대표팀 전체를 지원할 만큼의 많은 운동용품이 쌓여 있지만, 당신에게는 조깅을 하거나 비싼 헬스장에 갈 시간이 거의 없다. 취미를 꾸준히 하기도 전에 필요한 물건을 미리 사두는 이런 현상은 매우 흔해서, 관련 업체에서는 이를 '장비 병', 혹은 '1월 1일 트렌드'라고 부를 정도다.

물건이 계속 쌓이는 소비주의의 속성은 단순한 버그가 아니라 애초에 그렇게 설계되었다. 온라인에서 물건을 하나 사면 거래를 완료하기도 전에 업체에서 다른 상품 구매를 추천하는 걸 봐도 명백하다. '당신이 좋아할 만한' 상품이나 '다른 고객이 함께 구매한’ 상품 같은 것들 말이다. 그리고 당신은 이런 제안에 현혹된다. 물론 당신도 바보는 아니다. 무슨 일이 벌어지고 있는지 알고 있지만 그 작은 AI봇과 알고리즘이 당신과 당신의 니즈를 낱낱이 파악하고 있는 듯, 모든 제안이 정교하게 큐레이션된 느낌이다. 그리고 인간인 우리는 그런 사기에 심취해서 이를 ‘개인화’라는 애정 어린 명칭으로 부른다. 이렇게 하찮은 나를 생각해 주시다니 얼마나 사려 깊으신지! 하지만 우리가 깨닫지 못하는 것은, 업체들이 끊임없이 더 많은 구매를 유도하는 추천을 생성하고 테스트하기 위해 우리의 행동이나 인구 통계, 기타 민감한 데이터를 얼마나 많이 사용하는지다. 사실 추천 시스템은 민감한 데이터를 너무 많이 사용하는 탓에, 해로운 편견과 고정관념을 조장하고, 개인정보를 침해하며, 소규모 업체에 피해를 준다는 비난을 자주 받는다.[9] 하지만 이 모든 우려에도 불구하고 매우 효과적이어서, 추천 상품이 전자상거래 매출의 31퍼센트를 차지한다.[10] 자, 이제 이런 맞춤형 추천을 받지 않았다면 돈을 얼마나 절약할 수 있었을지 상상해 보자. 어쩌면 당신도 추천을 받았다는 이유만으로 살 생각이 전혀 없었던 물건을 구매한 49퍼센트 중 한 명일지 모른다.[11]

물건을 위한 물건

방금 산 물건에 갑자기 다른 맞춤형 물건을 필요로 하게 되는 것도 이런 점증식 소비주의의 특징인데, 업계에서는 이를 ‘맞춤형 보완재의 덫'이라고 부른다. 우리 주변 곳곳에서 이런 현상을 찾아볼 수 있다. 전용 충전 포트와 부품이 필요한 기기들, 전용 모듈식 옵션과 특수 클리너가 필요한 가구, 맞춤형 부가 장치와 헤어 케어 제품군이 포함된 헤어드라이어 등 다양하다.

이는 스탠리 Stanley 텀블러 열풍만 봐도 알 수 있는데, 이 텀블러를 갈망하는 이들이 많아서 최신 스타일과 색상을 구하는 데 말 그대로 혈안이 되어 있다. 세계는 불타고 있지만 이 빌어먹을 컵 때문에 서로 치열하게 경쟁을 벌이는 것이다. 심지어는 이걸 음료를 마시는 용도로만 쓰는 게 아니라, 새로운 모델이 나올 때마다 그냥 '수집'한다. 마치 재사용 가능한 컵을 하나만 가지고 있는 게 교양 없는 일이라도 되는 것처럼 말이다. 제정신이 아니다. 재사용으로 폐기물 발생을 줄이고자 고안된 물건이 과소비의 대상이 되어 버렸다. 게다가 스탠리 액세서리를 만드는 가내 수공업까지 생겨났다. 농담이 아니다. 미니 백팩, 고리 달린 립글로스, 클립형 선풍기까지, 이 모든 게 텀블러 장식이다. 소비 문화에서는 이런 광기를 너무나 당연시 하다 보니, 우리는 언제쯤 충분한 물건을 갖추게 될지 알 수가 없다. 한계라는 게 없기 때문이다.

하지만 내 생각에 이 광기가 가장 터무니없는 짓을 하는 분야는 바로 집 안 정리다. 인터넷에 따르면, 많은 인플루언서와 심지어 공인된 진짜 정리 전문가조차도 공간을 정돈하려면 물건을 정리해 둘 특수한 수납함이 필요하다고 강조한다. 실제로는 이미 갖고 있는 신발 상자로도 충분할 텐데 말이다. 하지만 기존에 있는 것으로 만족하면 기업들이 돈을 벌 수 없으니 그들은 물건을 재활용하는 당신을 지저분한 바보 취급을 할 것이다. 실제로 정리를 잘하는 이들의 성지인 컨테이너 스토어Container Store는 2022년에 10억 9,000만 달러의 매출을 올렸다.[12] 참고로 이는 내가 사는 일리노이주의 전체 GDP보다 많은 금액이다. 컨테이너 스토어나 정리 문화를 비난하려는 게 아니라, 기업들이 우리가 가진 물건을 위한 또 다른 물건이 필요하다는 내러티브를 강화하는 것이 얼마나 수익성이 좋은지 보여주려는 것이다.

그래서 당신에게는 커피 캡슐을 담아 둘 반짝이는 플라스틱 용기가 필요하다. 그리고 서랍장에 넣어 둔 양말과 속옷이 서로 닿지 않게 막아줄 칸막이가 필요하다. 아, 그리고 크리스마스 장식을 보관할 76달러짜리 상자 몇 개와 기념품을 위한 다양하고 '예쁜' 상자도 꼭 필요할 것이다. 비록 미적 요소는 물건의 실용성과 아무 상관도 없지만 말이다. 당신의 촌스럽고 유치한 필체를 모두에게 보여주고 싶지 않다면 아마 라벨 메이커도 필요할 것이다. 이미 포장된 상태로 판매되는 식료품은? 냉장고와 식료품 저장실이 마치 박물관처럼 보이도록 예쁜 주전자와 병, 용기에 옮겨 담아야 한다. 방금 버린, 식료품에 꼭 맞게 제작된 포장재는 쓰레기 매립지에 맡겨두자. 이런 식으로 광고는 실제로 존재하지 않는 문제를 만들어내서 우리에게 별로 필요하지도 않은 해결책을 팔아먹는다.

빌어먹을 물건마다 특별한 용기와 파우치가 있어야 한다고 말하는 사회는 뭔가 잘못됐다. 업체들은 어떤 물건에 대한 유행을 조장한 뒤, 그 물건에 맞춰서 특별히 디자인된 더 많은 물건을 사도록 한다. 이는 함정이다. 일단 물건을 사면 그 물건에 어울리는 다른 물건을 살 확률이 최대 70퍼센트나 높아진다.[13] 이런 광기에 휘둘리지 말자. '펜'이라고 적힌 전용 파우치가 없어도 가방 속에서 돌아다니는 펜을 찾을 수 있다고 장담한다. 그리고 20년 넘게 화장을 해온 나는 욕실 세면대를 어지럽히는 거대한 3단 회전식 진열장이 없어도 아침마다 화장을 완벽하게 할 수 있다.

인플루언서 중독

내가 화난 것처럼 보인다면 제대로 봤다. 이런 점증적 소비는 알고리즘뿐만 아니라 오늘날 규모가 거의 220억 달러에 달하는 인플루언서 마케팅을 통해서도 이루어진다.[14] 브랜드 중심 광고는 이제 구식이기 때문에 인플루언서 마케팅이 더 매력적이고 진정성 있는 것으로 여겨진다. 마케터들은 안다. 여러 채널과 사람을 통해 같은 제품을 계속 접하게 만들면, 처음에는 별로 관심 없던 물건도 결국 구매하게 된다는 걸. 그리고 우리가 매일 거의 두 시간 반을 허비하는 SNS 채널보다 반복적으로 노출시키기에 좋은 곳이 어디 있겠는가?

SNS 유명인들은 돈을 벌기 위해(물론 때로는 영향력이나 입소문을 얻으려는 경우도 있다) 트로이 목마처럼 이용되어, 당신이 지금 가진 물건은 불충분하며 따라서 남들에게 뒤지지 않으려면 꾸준히 새 상품을 사야 한다는 기분을 느끼게 한다. 그들이 하는 말은 꼭 입소문이나 친구의 추천처럼 느껴져서 우리는 곧잘 이런 방식에 속아 넘어간다. 하지만 현실 세계에서 낯선 사람을 칭찬했다고 그가 제휴 링크를 보내던가? 그런 일은 결코 없을 것이다. 우리는 인플루언서들이 친구가 아니라는 사실도 잊고 있는 것 같다. 그들과의 관계는 당신이 일방적으로 친밀감을 느끼는 관계일 뿐이며, 그들이 보여주는 하이라이트 영상 외에는 그에 대해 아는 바가 없다.

게다가 우리가 보고 있는 게 사실인지조차 알 수 없다. 부유하고 성공한 것처럼 '보이는' 비즈니스 코치들이 실제로는 수집한 차를 팔아야 하는 상황일지도 모른다. 모든 걸 다 갖춘 것처럼 보이는 커플이 실은 파탄 직전인 상황일지도 모른다. 심지어 몇몇 '지속가능성 인플루언서'들도 대기업과 은밀한 파트너십을 맺고 (때로는 본인들이 비난하는 바로 그 화석연료 회사와) 인기 있는 친환경 필수품을 홍보하는데, 이는 전부 친환경으로 위장한 과소비일 뿐이다. 예를 들어, 메이크업 인플루언서가 수백만 명의 팔로워에게 "이 마스카라가 내 인생을 바꿔놓았다"고 맹세하고 나서 일주일 뒤에 그걸 반품하는 모습이 목격되는 일이 얼마나 많은지 굳이 얘기할 필요도 없을 것이다. 온라인상의 모든 사람이 당신을 속이려는 거짓말쟁이라는 것은 아니지만, 꼭 그렇지 않은 것도 아니다.

인플루언서의 평균 연령은 15~25세 사이, 즉 얼추 알파 세대와 Z세대라고 할 수 있다.[15] 자, 올바른 의사 결정을 담당하는 뇌 부위인 전두엽 피질에 관해 이야기했던 것 기억하는가? 전두엽 피질은 20대 중반이 되어서야 완전히 성숙한다.[16] 내가 무슨 말을 하려는지 알겠는가? 지혜가 항상 나이와 비례하는 건 아니지만 아직 올바른 판단력을 갖추지 못한 사람에게 재정적 조언을 구한다면 나는 망할 것이다. 열아홉 살짜리 인플루언서가 안티에이징 크림을 홍보하면서 "이게 없으면 못 산다"고 말하는 걸 들으면 마음이 불편하다. 대체 얼굴 나이를 몇 살로 보이게 만들려는 걸까? 좀 더 객관적인 시각이 필요하다면 십 대 무렵의 자신이 어땠는지 떠올려보자. 그러면 금방 정신이 들 것이다. 당연히 그때의 자신에게 인생 조언을 구하고 싶은 마음은 전혀 없을 테니까. 젊은 인플루언서들에게 악의는 없지만, 그들의 쇼핑 하울을 따라 하다가 과소비의 나락으로 빠지지는 않을 것이다. 여러분도 그래야 한다.

대가를 받고 쓴 리뷰는 편파적일 수밖에 없다는 사실에는 다들 동의할 것이다. SNS 유명인들이 당신이 뭔가를 구입한 대가로 수수료를 받는다면 공정성은 존재할 수 없다. 그리고 오늘날 모든 인플루언서는 본인이 만든 상품을 판매하거나, 오프라인 매장을 운영하거나, 그들이 홍보하는 상품의 판매 페이지로 자동 연결되는 SNS 기반 쇼핑 서비스와 결탁하고 있다. 그러니 이들을 친구로 여기지 말고 있는 그대로의 모습을 봐야 한다.

내가 방금 말한 사실에도 불구하고, 미국인의 69퍼센트는 유명한 인터넷 인플루언서를 신뢰하고[17] 그들을 따라 돈을 쓴다고 한다. 기업이 인플루언서를 통해 자사 제품을 홍보하는 데 1달러를 투자할 경우 거의 6달러의 수익을 얻는 것으로 추산된다.[18] 주식 시장에서 500퍼센트의 투자 수익을 올릴 수 있는 종목이 있다는 얘기를 듣는다면, 그 주식을 매수하려고 당장 온리 팬Only-Fans•

• 콘텐츠 유료 구독 플랫폼

활동이라도 시작할 것이다. 소비자가 불신을 멈추면 기업은 큰 이익을 얻게 된다. 그리고 우리는 동경의 대상인 유명인들과 자신을 비교하기 때문에 그들을 따라잡으려고 안 써도 되는 돈을 쓰는 경우가 많고, 이 때문에 불안과 우울증이 생기기도 한다.[19] 그냥 빈털터리가 되는 걸로는 모자라서 우울증까지 얻다니? 누군가는 이런 걸 SNS 인플루언서들의 매혹적인 세계라고 여기겠지만 나는 정말 지긋지긋하다. 만약 현재의 트렌드가 미래를 보여준다면, 이 마케팅 분야는 과소비의 주요 동인으로 계속 성장할 테고 그 결과 과잉 생산, 환경 파괴, 소비자 부채, 정서적 고통을 야기할 것이다. 이 모든 것은 서로 연결되어 있고 실제로 꽤 깊은 관련이 있다.

통제력을 되찾자

이런 식으로 단단히 뿌리 내린 마케팅은 어디에나 존재하면서 우리가 죽을 때까지 물건을 계속 사게끔 설계되어 있다. 그래서 탈출구가 보이지 않는 듯해 기분이 울적하다. 하지만 여기서 완전히 벗어날 수는 없겠지만, '새 물건 안 사기'는 당신을 사로잡고 있는 조건화된 소비주의의 악순환에서 잠시 벗어날 수 있는 기회를 준다. 당신이 만약 소비주의의 노예가 아니라면 이 책을 집어 들지도 않았을 것이다. 이 책은 당신이 보고 즐기는 것, 그리고 그런 자극 때문에 생긴 감정을 다시 통제할 수 있도록 성찰의 시간을 갖게 해준다. 이 방법은 간단하면서도 힘이 되며, 위에서 설명했듯이 소비의 늪에 빠진 당신을 구할 수 있는 사람은 자기 자신뿐이다. 나는 "더 많은 물건을 소유하려는 욕구는 충분하지 않다는 느낌에서 온다"라는 말을 자주 하는데, 이는 사실이다. 기업들은 당신이 부족한 기분을 느끼게 해서 물건을 더 많이 사도록 하고 이를 통해 이득을 챙긴다. 하지만 안타깝게도 이 상황을 바꾸는 건 온전히 당신 힘으로 해야 하는데, 좋은 소식은 당신은 분명히 그 일을 해낼 수 있고, 또 당신은 혼자가 아니라는 사실이다. 나도 해냈고 다른 수천 명의 사람들도 해냈다. 이 방법은 당신 인생을 바꿔놓을 것이다. 그리고 나는 당신을 도울 것이다.

************* No New Things *************

3

오늘부터 '30일 소비 로그아웃'

준비는 끝났다.

인생을 바꾸는 30일 챌린지 가이드

우리에게 강요된 소비주의의 기원과 문제점을 알았다면, 이제 챌린지에 뛰어들 준비는 끝났다. 이제부터는 챌린지를 진행하는 동안 주별로, 그리고 매일 무얼 하면 되는지 알려줄 것이다. 이 순서에는 나름의 전략이 담겨 있지만, 궁극적인 목표는 소비 충동을 다스리고 스스로 통제력을 행사하는 데 있으니 본인의 필요에 따라 조정해도 된다. 여행 때문에 일정을 좀 바꿔야 한다고? 당신의 삶이니 자유롭게 해도 된다. 다만, 수천 명의 챌린지 참여자를 대상으로 진행한 설문 조사에 따르면 챌린지에서 정한 체계를 그대로 따랐을 때 가장 효과가 컸다는 사실만 일러두겠다.

자, 이제 앞으로 30일 동안 할 일을 알려주겠다.

주별 계획

챌린지는 총 30일 과정으로, 4주간 진행된다. 그중 2주는 7일, 나머지 2주는 8일로 구성되어 있다. 그리고 이 챌린지에서 감정 기록은 정말 중요한 요소라서, 매주 마지막 날에는 그 주의 활동과 자신의 감정을 연결짓는 데 도움이 되는 짧은 회고 질문이 붙어 있다. 챌린지를 해보니 기분이 어땠는지, 불편한 점은 없었는지 같은 것들 말이다. 물론 바쁠 테니 길고 진지한 자기성찰까지는 필요 없다. 잠깐 멈춰서 자신의 상태를 점검하는 정도면 충분하다. 이 챌린지는 흥미로운 동시에 다소 불편한 감정과 태도를 유발하는데, 감정이 어떤 식으로 충동을 일으키는지 아는 건 긍정적인 변화를 이루는 데 중요한 역할을 한다. 다른 참가자들처럼 당신도 특정 과제나 주차를 지나면서 드는 감정에 깜짝 놀랄 수 있다. 사실 이 부분이 챌린지에서 가장 중요한 부분일지도 모른다. 이런 불편함 속에서 소비 습관과 자존감의 관계가 바뀌기 시작하기 때문이다.

또 매주 '안 써서 아낀 돈'과 가지고 있던 물건을 '팔아서 번 돈'을 합산하는 과정도 있는데, 이는 부수적인 보상이다. 생각보다 꽤 많은 돈이 모인다. 이 챌린지에서 가장 동기 부여가 되고 놀라운 부분 중 하나가 바로 이 금전 결산이라고 말하는 참가자들도 많다.

하루 일과

매일 각기 다른 실행 과제와 가이드가 함께 주어진다. 매일의 과제는 새로운 습관을 만들어가는 과정이라고 보면 된다. 이 행동들은 누적되기 때문에, 챌린지 기간 내내 계속 실천하다 보면 그 정신을 원하는 방향으로 이어갈 수 있다. 예를 들어 18일 차에 주어진 과제에 따라 '옷장 정리'를 하고 나서 한 달쯤 지나 한 번 더 해야겠다 결심할 수도 있다. 이는 정말 멋진 일이다! 이 챌린지를 통해 우리가 기대하는 것은 자신의 생활에 맞게 지속하면서 습관으로 자리 잡게 하는 것이니까.

학창 시절에 "이런 건 왜 배우는지 모르겠어. 살면서 삼각함수를 쓸 일이 뭐가 있다고?"라고 생각했던 적이 있는가? 내가 그랬다. 난 여러분이 '왜' 그리고 '어떻게' 이걸 하는지 모른 채로 따라오길 원치 않는다. 그래서 매일 실행 과제에 돌입하기 전에 그 활동이 어떻게 결과로 이어지는지, 어떤 변화를 만드는지 차근차근 안내하려고 한다.

1주 차: 기초(1~7일)

첫 주에는 '새 물건 안 사기'의 뼈대를 만드는 데 집중한다. 처음 3일 동안 할 일은 **1일 차: 승리를 시각화하기, 2일 차: 러브 리스트 작성하기, 3일 차: 필요 노트 쓰기**다. 3일간의 활동은 올바른 사고방식을 갖추고, 쇼핑 욕구를 대신할 활동을 마련하며, 챌린지 기간에 정말로 필요해질 물건이 있다면 무엇인지 파악하고, 또 그것을 '새 물건 안 사기' 챌린지에 적합한 어떤 방식으로 해결할지 미리 예측하게 해준다.

이어서 4일 차: 커뮤니티와 연결되기, 5일 차: 구매 트리거 추적하기, 6일 차: 반품 정리하기, 7일 차: 기프트카드 모으기로 이어진다. 반품 가능한 물건은 돌려보내고, 잊고 있던 기프트카드 같은 숨은 현금을 찾아내며, 기존에 알고 지내던 사람들을 모아 공유 경제에 참여하는 등 끝까지 완주할 수 있도록 필요한 환경과 지원을 정비하는 단계다. 그중에서도 가장 중요한 날을 꼽자면 아마 5일 차일 것이다. 소비 충동이 들 때의 감정 상태와 상황을 기록하는 방법을 배우기 때문이다. 이 기록은 챌린지 기간 동안 매일 이어지고, 앞에서 말했듯 '안 써서 남긴 돈'도 집계하게 된다. 이게 또 해보면 생각보다 큰 만족감을 준다.

2주 차: 습관(8-14일)

2주 차 전반부에는 챌린지 내내 써먹게 될 '소비 차단 습관'에 초점을 맞춘다. 8일 차: 마케팅 알림 끄기, 9일 차: 쇼핑 경로 차단하기, 10일 차: 구독 끊기, 11일 차: 배달 앱 삭제하기 등 주로 광고 메시지와의 접촉을 줄이는 것이다. 상시로 쏟아지는 브랜드 광고나 인플루언서 마케팅을 음소거하고, 쉽게 지갑을 열지 못하게 장치를 건다. 이 시기의 실행 과제는 핸드폰 같은 당신의 기기와 정신을 지키는 파수꾼 같은 역할을 한다.

주 후반에는 'SUPER 시스템'과 밀접하게 관련된 활동을 수행한다. 12일 차: 업사이클링 시도하기, 13일 차: 중고 쇼핑하기, 14일 차: 윤리적인 방법으로 물건 처분하기 등 더 이상 필요 없는 물건의 용도를 바꾸고, 중고를 활용하고, 책임감 있게 물건의 새 주인을 찾아주는 데 익숙해지는 시간이다.

3주 차: 공간과 물건(15~22일)

3주 차는 본격적으로 불이 붙는 기간이다. 이 챌린지를 아주 단순하게 요약하면 필요하지 않은 새 물건을 사지 않는 것이지만, 그 중심에는 이미 가지고 있는 멋진 물건에 대한 감사와 만족감을 키우는 일이 있다. 그래서 3주 차에는 자신의 생활 공간 안에 있는 물건의 유용성과 가치를 극대화하기 위해 할 수 있는 일에 집중한다. 매일매일 재미있는 반복 작업이 하나씩 생긴다. 15일 차: 쌓여 있는 물건 치우기, 16일 차: 물건 광내기, 17일 차: 의류 관리하기, 18일 차: 집에서 쇼핑하기, 19일 차: 미용 제품 정리하기, 20일 차: 전자기기 점검하기, 21일 차: 공간 재배치하기, 22일 차: 먹을거리 돌아보기가 기다리고 있다. 당신이 작은 집에 살든, 차를 끌고 전국을 누비는 디지털 노마드든, 넓은 저택에 살고 있든 상관없다. 잡동사니(특히 쉽게 치울 수 있지만 몇 달 동안 쳐다보면서 짜증만 냈던 물건)를 정리하고,

소지품을 고치고 손봐서 실용성과 수명을 늘리고, 그 과정에서 생겨난 멋진 공간을 만끽할 수 있다.

4주 차: 밖으로 나가기(23~30일)

1주 차에는 성공하기 좋은 환경을 조성했고, 2주 차에는 나를 방해하는 대신 도움이 되는 습관을 길렀다. 3주 차에는 집과 공간을 효율적으로 정돈하면서 기쁨을 주는 쓸모 있는 물건들로 채우는 자신을 응원했다. 이제 4주 차에는 마무리 단계에 접어든다.

그동안 집이라는 안전지대와 이미 자신이 구축한 네트워크 안에서 새것을 사지 않는 마음가짐과 습관을 갈고 닦았으니, 이제 바깥 세상으로 나가 이를 사회생활의 다른 영역으로 확장해 보자. 마지막 주간에는 이런 것들을 해보게 된다. 23일 차: 사기 전에 빌려 쓰기, 24일 차: 선물 고르기, 25일 차: 나눔 실천하기, 26일 차: 쇼핑 없이 어울려 놀기, 27일 차: 의식적으로 여행하기, 28일 차: 지속 가능하게 자기 돌보기, 29일 차: 물건과 관련 없는 목표 세우기, 30일 차: 계산과 축하하기.

그리고 이 주에는 신나게 자축해도 된다고 권하고 싶다. 지금까지 잘해왔으니 이제 본인이 좋아하는 방식으로 축하할 자격이 있다. 다만 그쯤 되면 이제는 충동적으로 쇼핑을 하면서 축하하던 예전 방식이 어색하게 느껴지고 별로 매력적이지 않을지도 모른다.

이 챌린지는 30일, 즉 한 달에 걸쳐 진행되도록 설계되었다. 30일인 이유는 과학적으로 습관 형성에 필요한 기간이기 때문이다. 습관 하나를 형성하는 데 걸리는 정확한 기간은 18일부터 254일까지 사람마다 다르다. 솔직히 말해 범위가 꽤 넓다. 다만 기존에 이 챌린지에 참가한 이들의 말에 따르면 30일 정도가 본인의 일상 스케줄과 깔끔하게 맞아떨어진다고 한다. 참여자의 표현을 빌리면 이렇다. "'7월 한 달 동안 이 챌린지 하는 중이야'라고 말하면 설명이 끝나니까요."[1] 한 달 동안 챌린지를 꾸준히 진행하면 쇼핑으로 향하던 신경 회로가 서서히 방향을 전환한다. 더 건전하고, 더 오래 만족감을 주는 행동 쪽으로 말이다.

그렇다고 해서 매달 1일이나 특정 시기에 시작할 필요는 없다. 하고 싶은 마음이 들 때 시작하면 된다. 혹시 미루는 버릇이 있거나 나처럼 '완벽한 타이밍'을 기다리는 타입이라면 지금 당장 시작하자. 그리고 한 달을 기준으로 짜여 있지만 절대적인 규칙은 없다. 일주일 정도 해본 뒤 잠깐 쉬어가도 되고, 며칠만 해봐도 된다. 실제로 단 며칠만 실천했는데도 저축, 창의력, 잡동사니 정리, 쓸 수 있는 시간 면에서 눈에 띄는 변화를 느꼈다고 한다. 그러니 조금씩 끊어서 해도 좋고, 이 책에 나온 대로 처음부터 끝까지 차근차근 따라가도 좋다. 이 챌린지는 자기 방식대로 즐기면서 할 수 있고, 또 그래야만 한다.

기타 유의 사항

좋은 챌린지라면 늘 그렇듯이, 이 안에도 강경파가 있고 유연파가 있다. 어느 쪽이든 괜찮다. 앞서 말했듯이 이 책의 체계를 그대로 따랐을 때 성과가 가장 좋았던 건 사실이지만, 결국 당신의 삶에 어울리는 방식으로 진행해야 한다. 직업이 메이크업 아티스트라서 새 화장품을 꼭 사야 한다거나, 내일이 스승의 날이라 급하게 선물을 준비해야 한다면? 전혀 문제 없다. 당신 생활과 필요에 맞게 규칙을 좀 어긴다고 해서 비난할 사람은 아무도 없다. 오히려 몇 번쯤 규칙을 어기더라도 챌린지를 끝까지 이어갈 수 있다면, 그게 훨씬 낫다.

인생은 원래 계획대로만 흘러가는 일이 거의 없다. 짜증 나는 일이 생기면 계획을 바꿔야 하는데, 때로는 그 때문에 스스로에게 가혹해지기도 한다. 나는 '실패'라는 말을 별로 좋아하지 않는다. 벌어진 일들 대부분을 실패라고 여기지 않기 때문이다. 의도한 대로 성공하든 아니면 예상치 못한 결과를 통해 배우든, 둘 중 하나다. 그래서 이 책에서는 흔히 실패로 간주할 수 있는 상황을 '아직 덜 된 것 not quites'이라고 부른다. 이런 순간은 반드시 생긴다. 어쩌면 급하게 필요한 물건이 생겨서 무거운 마음으로 아마존 주문 버튼을 눌렀을 수도 있고, 선물을 중고로 구하지 못해서 결국 장난감 가게 진열대에 놓인 것을 사게 될 수도 있다. 그래도 괜찮다. 지난 일은 잊고, 바람직하지 못한 방향으로 진행된 일과 그날 얻은 교훈만 짚고 넘어가면 된다. 수집한 정보들은 챌린지 기간을 더 현명하게 보내는 데 도움이 될 것이다.

이 책은 당신을 돕는 도구가 되어야지, 당신을 수렁에 빠뜨리거나 하루를 고되게 만드는 또 다른 짐이 되어서는 안 된다. 이 책은 당신이 깊은 변화를 겪는 과정을 함께하는 동반자다. 그리고 가능하다면 이 여정을 다른 이들과 공유하길 권장한다. 새로운 물건을 사지 않는다는 원칙을 지키면서 생활하는 게 얼마나 힘든지 알기 때문이다. 그러니 파트너, 친구, 가족을 챌린지에 함께 참여시키자(자세한 내용은 4일 차 참조). 함께 성과를 나누고, 마음을 털어놓을 친구가 있으면, 오래된 습관과 태도를 버리고 새로운 습관과 태도를 다지는 데 큰 힘이 된다.

물론 주변에 함께할 사람이 없어도 괜찮다. 쇼핑을 좋아하는 가족과 지인들 곁에서 혼자 챌린지에 참여한 이들 중에도 성공해서 큰 성과를 얻은 사람들도 많으니까. 그리고 종종 한 사람이 시작한 일이 다른 사람들에게 영감을 주어 참여로 이어지기도 한다. 그러니 주변의 회의론자나 거절하는 이들 때문에 좌절할 필요는 없다. 그냥 당신은 당신이 할 일을 하면 된다. 자신이 강인한 정신력을 지닌 멋진 사람이라는 사실을 기억하면서. 그러다 보면 조만간 새로운 물건을 사지 않는데도 늘 평온하고, 돈 걱정 없고, 스타일리시한 당신을 보고 주변 사람들이 관심을 가질 것이다. 반드시 내 말대로 될 테니까 두고 보기 바란다.

나는 종종 '새 물건 안 사기' 챌린지는 모두에게 열려 있지만 누구에게나 잘 맞는 건 아니라는 말을 한다. 이 챌린지에 참여하려면 약간의 사전 계획이 필요하고, 공동 자원과 네트워크를 활용할 수 있어야 한다. 당장 생존을 위해 전력을 다해야 하는 상황이라면 챌린지의 일부 항목을 시도해 봐도 충분하다. 무리하게 모든 과제를 수행하려다 스트레스를 받을 필요는 없다. 중고 쇼핑, 무료 나눔 단체, 공유 커뮤니티를 거의 이용할 수 없는 외딴 지역에 살고 있다면, 챌린지의 일부를 수행할 수는 있어도 번화한 대도시에 사는 사람보다 훨씬 어려울 수 있다.

또 한 가지 분명히 해두자면, '새 물건 안 사기'는 부채 상환 계획이나 전문적인 재정 개입을 대체하기 위한 것이 아니다. 나는 신용 상담사나 재정 자문은 아니지만 굳이 전문가가 아니더라도 이 챌린지가 모든 재정적 어려움과 곤경에 대한 답이 될 수 없다는 것쯤은 안다. 하지만 이미 실행하고 있는 어떤 계획의 훌륭한 보조 수단이 될 수는 있다. 파산 상담사라면 "지금은 쓸데없는 새 물건에 대한 소비를 줄이는 게 맞다"고 고개를 끄덕일 것이다. 따라서 당신이 그런 상황이더라도 이 챌린지에서 가치와 연대감을 느낄 수 있을 것이다(섣부른 판단이나 비난은 전혀 없이).

사람마다 사는 지역, 재정적 상황, 살아가는 환경 등이 다르기 때문에 이 챌린지에서 얻는 이득도 저마다 다를 것이다. 하지만 모두들 이 챌린지로 풍요로운 수확을 거둘 수 있다. 어떤 사람들은 본인이 원해서가 아니라 필요상 어쩔 수 없이 이 챌린지의 원칙과 비슷한 방식으로 살아가고 있다. 그래서 '새 물건 안 사기' 챌린지를 시도할 수 있는 위치에 있다는 것 자체가 엄청난 특권처럼 느껴질 수 있는데, 이는 전적으로 사실이다. 우리 중 일부는 자원, 시간, 접근성이라는 특권을 지니고 있다. 사실 나는 과소비 자체가 주로 특권 탓에 발생한 위기이거나 적어도 특권을 지닌 자들에 의해 불균형하게 조장되고 있다고 주장하고 싶다. 일례로 글로벌 카본 프로젝트Global Carbon Project는 전 세계에서 가장 부유한 10퍼센트의 사람들이 전 세계 탄소 배출량의 절반 이상을 차지한다고 추산한다.[2] 이 챌린지는 그런 특권을 지닌 이들이 그 특권을 더 책임감 있게, 더 큰 공익에 긍정적으로 기여하는 방식으로 사용해야 할 의무가 있다는 믿음에서 출발했다. '새 물건 안 사기'는 이를 실현하는 한 가지 방법이다.

'새 물건 안 사기'에서 나를 비롯한 많은 사람들이 꼽는 최고의 장점은 바로, 시작 비용이 0원이라는 점이다. 준비물이 필요 없고, 특별한 식재료나 장비를 사느라 평생 모은 돈을 쏟아부을 필요도 없으며, 문명 사회와 동떨어진 기이한 실천을 요구하지도 않는다. 우리가 해야 할 준비라고 해봤자 대부분 마음가짐과 실행 계획과 관련된 것이다. 전날 밤에 도시락을 미리 싸두거나 아침 운동에 대비해 운동복을 입고 자는 계획형이라면, 30일 챌린지를 시작하기 전에 미리 연습을 해보는 것도 좋다. 챌린지를 공식적으로 시작하기 전에 관련 활동을 몇 가지 맛보고 싶다면, 1~3일 차를 추천한다. 대부분 목록 정리 위주라 몇 시간 안에, 혹은 그보다 더 짧은 시간 안에도 완료할 수 있기 때문이다.

　　1주 차에는 챌린지 전반에 걸쳐 계속 실천하게 될 챌린지의 기본 원칙을 숙지하도록 설계되어 있다. 예컨대 5일 차의 '구매 트리거 추적하기'는 단순히 사고 싶다는 생각이 드는 타이밍과 그 순간의 기분을 기록하는 걸 넘어서 깊은 의미를 담은 활동이기 때문에, 앞으로 30일간 매일 하는 것이 좋다. 1~3일 차의 '승리를 시각화하기', '러브 리스트 작성하기', '필요 노트 쓰기'도 마찬가지다. 초반에 하는 이런 활동은 비교적 쉬우면서도 효과는 크다. 챌린지는 자신 있게, 그리고 무엇보다 즐겁게 이어나갈 수 있는 정신 상태를 갖추게 만든다. 긍정적인 마음으로 챌린지에 임하면 의사 결정력, 인지적 유연성, 정서적 회복력이 향상되어 성공으로 이어질 수 있다.[1] 게다가 무언가를 할 때는 두려움이나 무관심보다 즐거운 마음으로 하는 편이 훨씬 낫지 않은가.

　　한편으로 습관을 바꾸는 여정에서 불편함과 저항감을 느끼게 되는 건 피할 수 없다. 그럴 때면 이번 주의 실행 과제를 다시 떠올리는 게 최고의 처방이 될 수 있다. 그리고 무엇보다 중요한 건 낙담하거나 우울한 기분이 들 때마다 이런 감정 자체가 나에게 실제로 변화가 일어나고 있다는 신호라는 걸 기억하는 것이다.

　　게다가 이제 막 시작했다는 것만으로 축하할 만하다. 당신은 이 챌린지를 본인의 삶에 단기적으로, 또 장기적으로 적용하는 방법을 배우고 있다. 스스로에 관한 데이터를 수집하면서 새롭고 건전한 습관을 다시 들이기 위한 기반을 다지는 것이다. 하지만 처음부터 완벽하게 해내거나 철저한 원리주의자가 될 필요는 없다. 그저 열린 마음으로 챌린지에 임하는 것. 그리고 다소 진부하게 들릴지 모르지만 그 과정을 신뢰하기만 하면 된다.

이 챌린지는 근본적인 습관과 태도 변화를 이끌어내는 챌린지이며 그것이 우리의 최종 목표다. 정확히 30일 동안 '새 물건 안 사기'를 완벽하게 실천하느냐 못하느냐는 중요하지 않다. 여기엔 혼내는 사람도 없고, '실수했으니 처음부터 다시' 같은 규칙도 없다. 그러니 그런 바보 같은 생각은 집어치우고 지금부터 시작되는 여정을 신나게 즐겨보자! 당신은 과소비에서 벗어나 자유를 얻기 위한 여정을 시작했다.

어쩌면 당신은 일기 쓰기나 낙서, 공상, 그리고 '시각화'라는 작업 자체를 싫어할 수도 있다. 하지만 이건 내가 챌린지를 할 때마다 거의 빼놓지 않는 활동이다. 시각화를 하고 나면 훨씬 순조롭고 성공적인 경험을 할 수 있기 때문이다.

첫날은 '새 물건 안 사기' 챌린지가 내 삶에 어떤 긍정적인 영향을 미치기를 바라는지를 상상해 보자. 상상 자체로 강력한 동기부여를 얻을 수 있다. 그리고 그걸 글로 써두고 의지가 약해질 때마다 다시 꺼내 읽으면 처음 시작할 때의 낙관적인 기분을 떠올릴 수 있다. 그래도 이 활동이 여전히 불편하다면 이렇게 생각해 보자. 브로드웨이 데뷔를 앞두고 최종 리허설 없이 무대에 오를 사람은 없지 않겠는가? 그렇다, 이 활동은 챌린지의 최종 리허설이고, 나는 당신의 무대 데뷔를 도와주는 매니저다.

최근 연구에 따르면 자신이 무언가를 잘하는 모습을 상상하는 것만으로도 실제로 뇌의 경로가 바뀌고, 원하는 결과를 현실화하는 데 도움이 되는 새로운 신경 연결이 만들어진다고 한다.[1] 다시 말해, 챌린지를 성공하는 모습을 상상하면 실제로 그렇게 되도록 뇌를 훈련시키는 셈이다. 올림픽 출전 선수와 오프라 윈프리, 세계적인 동기 부여 전문가 등에게 통하는 방법이라면 나와 여러분에게도 효과적이지 않을까? 그리고 챌린지 목표를 글로 적어두면 달성 가능성이 33~42퍼센트 높아진다고 한다.[2] 그러니 몇 분 정도 시간을 내서 챌린지를 통해 이루고 싶은 걸 상상하고 기록해 보자.

이 책에 제시된 다른 과제를 할 때도 마찬가지지만 방식은 자유다. 펜과 종이 또는 휴대폰 메모 앱을 사용해도 된다. 심지어 음성 메모를 남겨서 30일 동안 반복해서 듣는 이들도 있는데, 개인적으로 꽤 마음에 드는 아이디어다. 나처럼 이 챌린지를 통해 이루고자 하는 삶이 어떤 모습인지 마음껏 묘사할 수도 있고, 짧고 간결하게 요점만 정리해도 된다.

내가 처음 이 챌린지에 참여했을 때, 내 쇼핑 습관이 재정적인 미래는 물론이고 시간, 건강과 체력, 관계(특히 나 자신과의 관계)를 위태롭게 하고 있다는 걸 깨달았다. 그리고 그건 표면 아래에서 끓어오르는 진짜 감정과 마주하지 않기 위한 회피이기도 했다. 이 챌린지를 통해 그런 문제들을 다루면서 더 자유로워지고, 삶에 여유와 기쁨이 넘치고, 재정적으로도 더 안정되기를 바랐다. 내가 좋아하는 사람들과 활동에 더 많은 시간을 쓰고, 창의성을 발휘할 수 있는 편안한 공간에서 살고 싶었다. 그런 비전을 하나하나 적으면서 느낀 감정은 챌린지를 시작할 수 있는 강력한 동기를 안겨 줬다. 그리고 그렇게 기록해 둔 덕분에 결심이 약해지거나 힘든 감정에 시달릴 때 다시 살펴보면서 처음의 결심을 되살릴 수 있었다. 그리고 첫 한 달이 끝난 뒤 노트를 살펴보니 이미 많은 목표가 달성되어 있었다. 고작 몇 주 만에 말이다. 이런 식으로 꾸준히 살펴볼 수 있는 시각화 작업을 해둔 덕분에 거의 2년간 '새 물건 안 사기' 챌린지를 행복하게 이어나갈 수 있었다.

그러니 당신도 좋아하는 기록 방법을 이용해 '새 물건 안 사기' 챌린지가 당신 삶을 어떻게 최고의 방향으로 바꿔놓을지 탐색해 보자. 그리고 우측 표의 질문에 따라 챌린지 결과를 시각화할 때는 일인칭('나', '내가', '나의', '내 것') 시점을 사용하는 걸 권장한다. 일인칭 시점이 개인적인 몰입과 의욕을 더욱 강화해 준다. 그리고 굳이 말할 필요도 없겠지만, 어깨 너머에서 당신을 감시하는 사람은 아무도 없다. 당신의 두려움이나 열망을 재단할 사람도 없다. 그러니 이 챌린지에 거는 기대를 제한할 필요는 없다. 앞으로 30일 동안 지출 문제와 빚을 해결해서 장차 사업을 시작하거나 배우가 되기 위한 발판을 마련하고자 해도 좋다. 나는 옆에서 계속 당신을 응원하겠다. 이 챌린지는 이미 참가자들의 기대를 훨씬 뛰어넘는 결과를 안겨줬으니 큰 꿈을 꾸지 못할 이유가 없다.

아래 질문을 보고 챌린지에 참여하는 동안 내 삶이 어떻게 바뀔지 상상해 보자. 가능하면 일인칭 시점으로. 그와 관련된 포부를 적어보자.

질문	이유
1. 소비와 물건에 대한 충동을 잘 이해하고 싶은 이유는 무엇인가?	이 질문은 소비 행위가 본인 삶에 어떤 어려움이나 스트레스를 야기하는지 파악하고 분석하기 위한 것이다.
2. 현재 소비 습관이 내 삶에 어떤 식으로 부정적인 영향을 미치는가?	챌린지 참가자들은 충동적인 쇼핑 때문에 다른 활동에 쓸 수 있는 시간을 낭비하고, 집을 어수선하고 스트레스 받는 공간으로 만들었으며, 재정이 고갈되는 등의 문제를 겪었다고 말했다. 당신은 지금 소비 및 물건과 어떤 관계를 맺고 있는가?
3. 물건을 덜 사면 내 삶이 지금보다 나아지고 편해질 수 있을까?	이 챌린지에 참여하면 앞서 얘기한 부담이 줄어들까? 챌린지 기간과 그 이후의 삶이 지금보다 단순해지고 더 나아질 것이라고 예상하는가?
4. 챌린지 기간과 그 이후에 느끼고 싶은 기분을 설명할 수 있는 단어는 무엇인가?	당신의 챌린지 여정을 정의해 줄 다섯 개 단어를 정해보자. 길을 잃을 때마다 기준점이 되어 줄 단어들이다. 의욕이 넘친다면 다섯 개보다 더 많이 골라도 좋다. 참가자들이 자주 언급하는 단어는 자유, 생산성, 편안함, 잘 정돈된 상태, 목적, 창조, 평온, 즐거움 등이다.
5. 이 챌린지를 통해 무엇을 얻고 싶은가?	'더 많은 시간'이나 '낭비되는 자원 줄이기'처럼 일반적인 목표일 수도 있고, '신용카드 빚 갚기'나 '옷장 정리'처럼 구체적인 것일 수도 있다.

6. 이 챌린지에 참여하면서 불안하거나 두려운 점은 무엇인가?	예상되는 장애물을 살펴보자. 챌린지가 어려울까 봐 걱정되는가? 사회적으로 고립될 것 같은가? 재미가 없을 것 같은가? 두려움과 설렘(때로는 이 두 가지가 같은 기분처럼 느껴질 수도 있다)을 구분할 수 있도록 본인이 두려워하는 것을 적어보자.
7. 이 챌린지의 어떤 점 때문에 마음이 설레는가?	위에 쓴 내용을 떠올려 볼 때, 그 지점들과 감정들에 도달할 생각을 하면 설레는가?

실행 과제 2

이렇게 정리한 내용을 쉽게 찾을 수 있는 곳에 두자. 동기 부여가 필요할 때마다 다시 살펴보거나, 한 주가 끝난 뒤 주간 회고 시간에 꺼내 진행 상황을 점검하는 데 활용하자.

러브 리스트 작성하기   Day 2

쇼핑하는 동안 뇌에 무슨 일이 일어난다고 했는지 기억하는가? 쇼핑을 할 때는 뇌의 전두엽 피질이 크리스마스 트리처럼 환하게 빛나고, 도파민과 엔도르핀이 섞인 최면 칵테일이 온몸에 흘러서 기분이 아주 좋아진다.[1] 하지만 호르몬 효과가 사라지면 기분도 곤두박질쳐서 전보다 우울해질 수 있다. 그러니 새 물건을 사는 행위에서 벗어나려 한다면 쇼핑할 때와 똑같거나 더 좋은 기분을 안겨주는 활동, 적어도 안정된 기분을 느낄 수 있는 대체 활동을 찾아야 한다. 일례로 식사, 운동, 마사지, 심지어 쿠키 굽는 냄새를 맡으면 옷을 살 때와 거의 동일한 수준의 생물학적 기쁨을 느낄 수 있다.[2] 좋은 소식은 챌린지 기간에 쇼핑 대신 할 수 있는 건전한 활동이 아주 많다는 것이다. 그리고 그중 상당수는 재미있고 돈도 들지 않는다.

이쯤에서 내가 '러브 리스트 Love List'라고 부르는 것이 등장한다. 아니, 당신이 좋아하는 연예인 이름을 잔뜩 적는 목록이 아니다(물론 나도 그런 리스트가 있기는 하지만). 러브 리스트는 챌린지의 규칙에 부합하는 동시에 당신의 에너지를 채워줄 수 있는 활동을 모두 적은 목록이다. 이 리스트를 가까이 두면 내가 '특별한 선물'이라고 부르는 대체 활동을 언제든 즐길 수 있다.

솔직히 말해보자. 당신은 어떤지 몰라도, 나는 나이를 이렇게 먹었어도 여전히 뭔가 어른스러운 일을 한 뒤에는 특별한 보상이 필요하다고 굳게 믿는다. 특히 정말 하고 싶지 않은 일을 한 경우에는 더욱 그렇다. 세금 신고를 마쳤다면? 좋아하는 게임을 하면서 잠시 멍때리는 시간이 필요하다. 직장에서 심적으로 힘든 대화를 나눴다면? 눈여겨보던 멋진 필라테스 스튜디오에 가서 털어낼 수 있다. 힘든 일을 보상하는 특별한 선물. 무슨 말인지 알 것이다. 그러니 러브 리스트에는, 달콤하고 맛있는 간식을 먹었을 때 같은 짜릿한 기분을 안겨주면서도 물건은 아닌 것들이 해당된다. 연구에 따르면 일의 진전을 축하하는 보상이나 인정을 받으면 무려 79퍼센트나 더 높은 확률로 그 일을 계속하게 된다고 한다.[3]

당신이 작성한 러브 리스트는 온전히 당신 개인의 것이며, 좋은 기분을 안겨주면서도 '물건이 아닌' 활동이라면 무엇이든 적을 수 있다. 특히 쉽게 할 수 있다는 점이 매우 중요하다. 카프리섬으로 호화로운 휴가를 떠나 멋진 스쿠터 뒷좌석에 앉아 행복감에 젖어 있을 때는 누구나 "쇼핑 따위 안 해도 괜찮아!"라고 외칠 수 있겠지만, 대부분의 사람들에게 일상적으로 가능한 선택지는 아니다. 러브 리스트의 목적상 현실적인 내용을 적어야 한다.

러브 리스트에는 이미 사뒀거나 누군가에게 선물받은 활동이나 물건도 포함될 수 있다. 예를 들어 지난달에 생일 선물로 마사지, 도자기 수업, 골프 코스 이용권을 받았다고 가정해 보자. 정말 뭔가 좋은 걸 누리고 싶어질 때 사용할 수 있도록 러브 리스트에 기록해 두자. 아무리 사소하고 바보 같아 보이는 것이라도 안 될 건 없다. 실제로 참가자들 리스트에는 '크로스핏 가기', '라떼 만들어 마시기', '멍하니 허공 응시하기', 뜨개질, '그림 그리기', '글쓰기', '악기 연주', '게임' 같은 다양한 활동이 있었다.

나는 러브 리스트에 적어둔 활동을 하면 기분이 좋아질 뿐만 아니라, 1일 차 실습에서 시각화했던 챌린지 기간 동안 얻고자 했던 다른 효과들도 누릴 수 있다는 걸 알게 되었다. 그래서 인플루언서가 인스타그램에서 판매하는 허술한 제품을 사고 싶은 충동이 들 때면 친구와 함께 산책을 하며 근황을 나눴다. 그 결과 1) 쇼핑 충동을 피했고, 2) 친구와의 관계를 돈독히 하는 의미 있는 시간을 보냈으며, 3) 즐거운 활동을 했고, 4) 삶의 고민 몇 가지에 대해 믿을 만한 조언도 얻었다.

이런 효과를 80년대 광고처럼 홍보한다고 상상해 보자. "친구와 함께하는 짧지만 즐거운 산책! 비용이 전혀 들지 않는 무료 테라피! 혈액 순환이 활발해집니다! 좋은 시간을 보내며 웃음을 나누세요! 신선한 공기와 햇살 아래서 느끼는 최고의 기분! 이 모든 게 무료!" 물건을 구입하지 않아도 되는 모든 활동을 이렇게 매력적으로 홍보한다면 얼마나 좋을까.

시간이 촉박하거나 당장 기분 전환이 필요할 땐, 지갑을 정리하거나 짧은 감사 목록을 적었다. 이런 사소한 일도 전부 만족스럽고 정돈된 삶을 향한 작은 발걸음이다. 이런 활동은 시시해 보일지도 모르지만 기분을 좋아지게 하는 효과가 있다는 게 입증되었다.[4] 심지어 단 5분만 밖에 나가서 산책을 해도 기분과 정신 상태가 눈에 띄게 달라진다.[5]

리스트를 작성하다 보면, 바로 이런 활동들이 삶에 의미를 부여한다는 사실을 깨닫게 될지도 모른다. 돈이 들지 않고, 단순하지만 풍요로워지는 활동들. 조금만 시간을 내면 언제든 누릴 수 있는데도, 우리는 그 사실을 자주 잊는다. 그래서 러브 리스트는 감사 리스트와 닮아 있다. 이미 우리 손 닿는 곳에, 만족감을 주고 기분까지 긍정적으로 바꿔주는 경험이 얼마나 많은지를 상기시켜주기 때문이다. 분주한 주중에 잠깐 신나는 노래를 틀어놓고 춤을 추는 게 얼마나 즐거운지 잊고 지냈는가? 아니면 "이런, 빨리 저녁 준비를 서둘러야 돼"라는 생각에 사로잡혀서 나와 누군가를 위해 건강하고 맛있는 식사를 만들 시간이 있다는 게 얼마나 큰 기쁨이고 특권인지 잊었는지도 모른다. 가벼운 포옹이 얼마나 큰 변화를 가져오는지, 나이 든 고양이를 껴안는 것이 얼마나 마음을 치유하는지, 맨발로 잔디밭을 밟는 게 얼마나 기분 좋은지 잊었는가? 아래 예시들에서 우리에게 기쁨을 주는 다양한 선택지들을 한번 살펴보자. 우리가 얼마나 운이 좋은 사람인지 새삼 느껴질 것이다.

필요한 순간의 기분과 상태에 따라 골라 쓸 수 있도록, 러브 리스트에는 되도록 다양한 '기분 좋은 활동들'을 담아두는 게 좋다. 큰 에너지 없이도 바로 할 수 있는 가벼운 활동들부터, 시간과 마음을 좀 더 들여야 하는 활동들까지 골고루 포함해서 말이다.

그리고 러브 리스트를 오래 써온 사람으로서, 이 목록을 훨씬 더 효과적으로 만들어줄 몇 가지 정리 팁을 덧붙인다.

1. 1일 차의 시각화 작업과 마찬가지로 러브 리스트를 작성할 때도 일인칭('나', '내가', '나의', '내 것') 시점을 사용하자. 몰입감과 동기부여가 훨씬 커진다.

2. 러브 리스트는 반드시 긍정적인 것으로만 구성하자. '하지 말아야 할 것'이 아니라 '할 수 있는 것'에 초점을 맞춘다. 러브 리스트는 금지된 일이 아니라 할 수 있는 일을 나열한 목록이다. 그리고 제발 부탁인데, 이 리스트를 작성할 때 자신에게 너무 무례하게 굴지 말자. "이 게으른 녀석아, 당장 헬스장에 가"라는 말은 소비 충동을 막는 데 아무 도움도 되지 않는다. 그러니 읽는 순간 기분이 좋아질 수 있는 말로 적자. 이것이 이 핵심이다.

3. 접근성을 높이기 위해, 리스트 한쪽에는 '빠르게 할 수 있는 활동', 다른 쪽에는 '시간과 여유가 필요한 활동'으로 나눠 적는다. 이 제목이 마음에 들지 않는다면 마음에 드는 것으로 바꿔도 좋고.

4. 내용을 알파벳순으로 정리해 두면 생각이 날락 말락 하는 활동을 쉽게 찾을 수 있다. 좋아하는 순서대로 순위를 매기고

싶으면 그래도 좋다. 이 목록은 전적으로 당신에게 도움이 되어야 한다.

혹시 아이디어가 고갈되었다면 걱정하지 않아도 된다. 여기 참가자들의 리스트에 자주 등장하는 항목과 내가 꼭 넣어야겠다고 생각한 몇 가지 눈에 띄는 항목을 소개한다.

빠르게 할 수 있는 활동	시간과 여유가 필요한 활동
지갑이나 자동차 콘솔처럼 작은 공간이나 물건 정리하기	사랑하는 사람 또는 가장 재미있고 현명한 친구에게 전화해서 대화 나누기
가지고 있는 옷으로 새 옷 만들기 (자세한 방법은 18일 차 참조)	뜨개질, 그림 그리기, 작곡, 기타 창의적인 취미 활동하기
반려동물 껴안기	좋은 책을 읽거나 즐겨 보는 TV 프로그램 한 편 감상하기
윗몸 일으키기 30번 (농담이 아니다. 아마 복근이 탄탄한 천재 혹은 마조히스트가 이걸 목록에 넣은 모양이다)	운동(기존에 가입해 둔 헬스클럽 회원권을 이용하자!), 산책, 조깅, 수영, 자전거 타기 등
10분간 명상 또는 기도하기	일기 쓰기 또는 자유 주제로 글쓰기
1분간 팔 벌려 뛰기를 하면서 혈액 순환 촉진하기	유튜브나 책을 통해 새로운 것 배우기
근사한 아이스크림 가게에 가서 아이스크림 사오기	처음부터 끝까지 직접 요리하기
아이들·파트너·친구·자기 자신 꼭 안아 주기	사랑하는 사람과 오붓한 시간 보내기

좋아하는 음악만 모아놓은 플레이리스트 만들기	다양한 셀프케어 용품을 이용해서 욕조에 몸 담그거나, 각 잡고 샤워하기
스트레칭하기	좋아하는 음악 틀어놓고 장거리 운전하기
춤 추기	낮잠 자기
감사한 일 다섯 가지 적기	정원 · 꽃 · 식물 가꾸기
누군가에게 짧고 긍정적인 문자나 음성 메모 · 편지 · 이메일 · 엽서 보내기	자원봉사나 다른 사람을 위해 좋은 일 하기

실행 과제 1

펜과 연필, 메모 앱 등 리스트를 작성하기 편한 도구를 하나 골라 '러브 리스트'를 작성해 보자. 과소비의 소용돌이에 휩쓸릴 듯한 기분이 들 때마다 이 리스트를 구명보트로 이용하자.

실행 과제 2

챌린지를 하는 동안은 물론 그 이후에도 즐거움을 주는 새로운 활동이 떠오를 때마다 러브 리스트에 추가하자. 좋아하는 활동 순위를 매겨도 좋고, 정말 필요할 때 그 활동이 어떻게 도움이 되었는지도 메모해 두면 좋다.

이 챌린지를 하기로 마음먹었다고 해서 삶이 멈추는 것은 아니다. 30일 동안에도 몇 가지 물건을 마련해야 할 순간들이 반드시 생긴다는 얘기다. 그래서 필요한 물건을 미리 예측하고 계획하는 과정인 '필요 노트^{Need Note}' 단계가 꽤 중요하다.

　예를 들어, 챌린지 기간 중에 결혼식이나 생일 같은 선물을 준비해야 하는 기념일이 있다면, 신경 쓴 느낌을 내면서도 약간의 창의력을 발휘해야 한다. 새학기를 맞이하거나 여러 가지 장비가 필요한 스포츠를 시작하는 경우에도 대비해야 한다. 이사, 장거리 여행, 새 가족 맞이, 새로운 직장 생활 등 예상치 못한 상황이 발생했을 때 갑자기 필요한 물건들은 미리 계획해 두면 챌린지를 진행하기 더 수월하다. 앞으로 30일 안에 필요할 것 같은 물건(45~46페이지에 나온 항목 제외)을 전부 '필요 노트'에 적는다. 그리고 그 옆에는 각 물건을 마련할 방법을 표시하는데, 이때 SUPER 시스템의 알파벳 하나(조달할 방법이 여러 가지라고 생각되면 여러 개 적어도 된다)를 적는다. 그럼 잠시 SUPER 시스템을 복습해 보자.

S	중고 쇼핑(중고품 구매, 위탁 판매, 온라인 리셀)
U	이미 있는 물건을 그대로 쓰거나, 업사이클링하거나, 새롭게 만들기
P	지출 없이 해결하기(기존에 보유한 적립금이나 멤버십 활용, 무료 나눔에서 구하기, 근처 골목이나 집 앞에 내놓은 물건 중에서 찾거나 주변 사람들을 통해 얻기)
E	경험·기부·현금 기반의 '물건이 아닌' 선물(주로 타인에게 줄 선물로 사용)
R	빌리기, 대여하기, 공유하기

이 시스템을 이용해서 몇 가지 가상 시나리오를 만들어보자.

시나리오 1

자녀가 다음 달에 대수학 II 과정을 시작할 예정이라 그래프 계산기가 필요하다. 계산기를 '필요 노트'에 추가하고 다음과 같은 방법을 통해 구할 수 있는지 확인한다. 이제 그 계산기가 필요 없는 이웃이나 친구에게 빌리거나 (R), 중고로 구입하거나(S), 지역의 무료 나눔 모임에 '구

'합니다' 글을 올려서 혹시 계산기를 나눔할 의향이 있는 사람이 있는지 확인한다(P).

시나리오 2

고등학교 시절 가장 친했던 친구가 결혼을 앞두고 있다. 이 행복한 커플에게 무엇을 선물할지 이미 정해두었다면, 새것이나 다름없는 미개봉 상태의 중고 상품을 구하거나(S), 이미 가지고 있는 기프트카드나 매장 적립금으로 해당 물품을 구입할 수 있다(P). 정해둔 것이 없다면, 경험을 선물하거나, 커플이 선호하는 자선 단체에 기부하거나, 물건 대신 현금 같은 선물(E)을 선택하는 것도 하나의 방법이다.

시나리오 3

집에 있을 때는 대부분 추리닝을 입고 지내는데, 직장에서 열리는 화려한 갈라 파티에 초대받았다. 아주 근사한 차림으로 파티에 참석하고 싶지만 새 옷을 사지 않고 어떻게 매력적으로 보일 수 있을지 고민이다. 일단 드레스, 하이힐, 클러치(혹은 턱시도, 에나멜 구두, 남성용 스카프) 등을 '필요 노트'에 적는다. 친구들에게 부탁해 빌리거나, 특별 행사를 위한 근사한 의상을 대여해 주는 업체에서 대여

하는 방법도 있다(R). 스레드업 ThredUp, 포시마크 Poshmark •
같은 중고 마켓이나 지역 위탁 판매점, 중고 매장에서 마
음에 드는 옷을 찾아볼 수도 있다(S). 이런 방법들이 여의
치 않다면, 옷장에 있는 비교적 고급스러운 아이템을 수
선해 새로운 스타일의 멋진 차림을 완성하는 방법도 있
다(U).

시나리오 4

무언가를 기념하기 위해 소규모 파티를 연다고 해보자.
문제는 당신이 작은 원룸 아파트에 살기 때문에 손님들
을 위한 접시, 샴페인 잔, 식기, 서빙 접시가 넉넉하지 않
다. 그렇다고 일회용 플라스틱 물건을 사고 싶지도 않다.
그러면 해당 품목을 '필요 노트'에 추가하고, 동네 중고
매장을 뒤지거나, 특정 브랜드를 찾는 경우에는 온라인
중고 플랫폼에서 살 수 있는지 확인한다(S), 무료 나눔 모
임에 글을 올려서 혹시 필요한 물건을 줄 사람이 있는지
알아본다(P), 친구와 이웃에게 빌려줄 수 있는 품목이 있
는지 물어볼 수도 있고, 파티 참석자들에게 각자 본인이
쓸 식기와 컵, 서빙 접시를 가져오라고 말할 수도 있다(비

• '스레드업'은 패션에 특화된 글로벌 중고 거래 플랫폼이며, '포시마크'는 미국의
'당근마켓' 격의 중고 거래 플랫폼이다.

웃어도 좋다. 하지만 실제로 이런 요청을 한 파티에 참석한 적이 있
는데 아무도 뭐라 하지 않았고 주최자를 얕잡아 보지도 않았다).
혹은 화려한 방법을 선호한다면 파티용품 공급업체에서
빌리는 방법도 있다(R).
현실적으로는 빌려 쓰는 걸 가장 선호할 것이다. 이미 물
건으로 가득 찬 주방에서 서빙 접시 다섯 개를 더 보관할
공간을 찾고 싶지는 않을 테니까 말이다. 아니면 접시와
식기류를 충분히 마련해도 어차피 손님들은 당신이 평소
쓰던 유리병에 담긴 술을 그대로 들이킬 테니, 차라리 그
병을 업사이클링하는 편이 나을 수도 있다(U).

'필요 노트'는 한 번 쓰고 마는 리스트가 아니다. 챌린지 기간
에 필요한 게 생길 때마다 계속 추가해 나가면 된다. 사실 '필요 노
트'는 우리 뇌를 똑똑하게 속이는 장치이기도 하다. 어떤 물건이
필요해질 때마다 '어디서 빌릴 수 없을까?', '중고로 구할 수 없을
까?'를 본능적으로 먼저 고민하게끔 뇌의 새로운 길을 열어주기
때문이다. 반사적으로 결제 버튼을 누르던 예전의 '쇼핑 근육' 대
신, 사지 않고도 해결하는 새로운 생각의 근육을 기르게 되는 셈
이다.

좀 더 자세한 내용을 알고 싶다면, 내가 최근 한 달간 챌린지
를 진행하면서 작성한 '필요 노트'를 참고해 보자.

품목	S	U	P	E	R	메모
등산 스틱			●		●	먼저 나눔 커뮤니티에 '구해요' 글을 올린다. 현장에서 대여하는 방법도 있다.
엄마 선물				●		중고 플랫폼의 기프트카드를 선물한다.
베이비 샤워 선물						어린이 용품점 기프트카드와 중고 유아용 도서를 선물한다.
하이킹용 우비	●			●		친구들에게 빌려줄 수 있는지 물어보고, 만약 없으면 좋아하는 브랜드의 물건을 중고로 찾아본다.
흑갈색 마스카라	●					온라인 중고 플랫폼에서 미개봉 제품을 찾아본다.
하이킹용 기능성 이너웨어	●	●				집에 있는 셔츠를 손봐서 업사이클링하거나, 특정 브랜드의 중고 제품을 찾아볼 수 있다.
머핀 틀			●		●	나눔 커뮤니티에 글을 올려놓고, 며칠 동안만 필요하니까 주변 사람들에게 빌릴 수 있는지도 알아본다.
토스터기	●					온라인 중고 플랫폼에서 찾아본다.
대용량 요리를 담을 보관 용기		●				조만간 다 쓸 재료가 담겨 있는 유리병과 플라스틱 통을 업사이클링한다.
친구 생일 선물	●					멋진 MCM 빈티지 유리 장신구 쟁반과 식물이 담긴 빈티지 꽃병을 이미 구해뒀다.
지클레이 Giclée 프린트 액자	●		●			먼저 나눔 커뮤니티에 글을 올리고, 중고품 매장도 살펴볼 예정이다.

품목						비고
세탁 세제		●				사용하지 않는 샴푸나 액체비누를 세제 대용으로 쓴다.
친구 집들이 선물	●			●		상대가 원하는 선물 목록에 있는 물건을 미개봉 중고 제품 중에서 찾거나, 좋아하는 레스토랑 기프트카드를 줄 예정이다.
고양이 캐리어	●		●			나눔 커뮤니티에 글을 올리고, 못 구하면 중고 플랫폼도 살펴본다.
TV 프로그램에 출연할 때 입을 세련된 옷	●	●			●	다양한 옷을 입으려고 한 달간 옷 대여 서비스를 체험해 보고 있다. 친구에게도 좀 빌리고, 내 옷장도 뒤져보고, 중고로도 구해볼 생각이다.

품목 개수는 상관없다. 어떤 참가자의 노트는 빼곡한 반면 어떤 참가자의 노트에는 몇 가지 품목만 적혀 있다. 그리고 이 두 경우 모두, 혹은 그 중간 어디쯤이라도 괜찮다. '필요 노트'의 목적은 1) 30일 계획을 세우는 데 도움을 주고, 2) 물건을 마련하는 방법에 대한 마음가짐과 습관을 재정립하는 데 있다. 그래서 분량과 관계없이, '필요 노트'를 만드는 자체가 긍정적인 발전을 이끄는 원동력이 된다.

실행 과제 1

평소에 자주 이용하는 기록 매체에 챌린지 기간에 마련해야 하는 물건을 전부 적어 '필요 노트'를 만든다.

'필요 노트'의 각 물품에 해당되는 SUPER 시스템 코드를 붙인다. 각 물품마다 코드를 하나 혹은 여러 개 추가해서, 해당 물건을 어떤 방식으로 마련할지에 대한 계획을 세우는 것이다. 물건 조달 방법을 더 자세히 설명하려면 메모를 달면 된다.

실행 과제 3

'필요 노트'는 진행형 문서이므로 챌린지를 진행하면서 발생하는 필요 물품을 계속해서 자유롭게 추가해도 된다.

실행 과제 4

30일 동안 기프트카드나 매장 적립금, 혹은 챌린지에 적합한 다른 상품을 발견할 수도 있다. 이런 것들이 노트에 적어놓은 필요 물품을 조달하는 데 도움이 된다면 적절한 코드와 메모를 꼭 남겨두자.

과소비 사회로 향하는 이 험난한 길을 걷는 동안 우리는 과거 어느 때보다 더 고립되었다. 이웃에게 설탕 한 컵을 빌려 쓰는 게 자연스럽던 시절은 사라졌다. 심지어 요새는 누군가에게 직접 전화를 거는 것조차 이상하게 여기기 시작했다. 하지만 사회적 기대는 달라졌을지 몰라도 서로를 신뢰하는 의미 있는 관계에 대한 우리의 욕구에는 변함이 없다. 공동체는 '새 물건 안 사기'의 생활 방식뿐만 아니라 전반적인 건강과 웰빙에도 중요한 요소다.[1]

　　의료 기업 시그나Cigna가 팬데믹 이후 실시한 설문조사 결과에 따르면, 미국인의 58퍼센트가 지속적으로 외로움을 느낀다고 한다. 다양한 인구 통계와 상황에 이 비율을 대입해 보면 꽤 충격적인 사실을 알 수 있다. 일례로 젊은 성인은 노인보다 고립감을 느낄 가능성이 두 배나 높았다. 일반적으로 이런 연구에서 단절감을 가장 많이 느끼는 집단이 대부분 66세 이상의 노년층으로 보고되어 왔다는 점을 떠올리면 의외의 결과다. 또 소득도 외로움에 영향을 미치는데, 연 소득이 5만 달러 미만이거나 복지 혜택을 받는 이들은 부유한 사람보다 훨씬 심한 고립감을 느낀다.[2] 그런데 이 현상은 지금까지 다룬 내용과 어느 정도 일맥상통한다. 언제 어디서든 온라인 세상에 연결될 수 있는 시대가 되었지만, 역설적으로 우리는 그 어느 때보다 외로워졌다. 소비가 삶의 중심이 되면서 사회는 점점 개인에게만 몰두하게 되었고, 서로를 돌보던 따뜻한 공동체의 가치는 어느덧 낡은 유물이 되었다. 이는 안타까운 현실일 뿐만 아니라, 우리의 안녕을 앗아간다. 공동체와의 관계가 공고하면 불안과 우울증 발병률이 감소하고 장수율도 50퍼센트나 증가한다고 한다. 다시 말해, 강력한 사회적 유대감을 키우면 우리가 더 오래, 더 나은 삶을 사는 데 도움이 된다.[3]

다행히도 저소비를 지향하는 공동체들은 이미 존재하며, 당신이 동참해 그 빛을 나누기를 기다리고 있다. 그리고 오늘은 당신이 그 연결을 위한 첫 단추를 끼우는 날이다. 물론 이 챌린지가 자동으로 친구를 만들어준다고 장담할 수는 없지만, 공유와 대여, 그리고 지구와 서로를 돌보는 일의 가치를 중시하는 커뮤니티와 연결되면 필연적으로 마음이 통하는 사람들과 만나기 마련이다. 적어도 '새 물건 안 사기'의 원칙에 부합하는 교류를 하면서 힘을 얻게 될 것이다.

나아가 이 챌린지 기간 동안, 기존의 인맥 안에서도 지지 기반을 키워가게 된다. 예를 들어, 함께 사는 이들에게 한 달 동안 새 물건을 사지 않을 거라는 자신의 계획을 미리 알리는 것도 좋은 생각이다. 그들을 괜히 화나게 하고 싶지는 않을 테니까 말이다. 하지만 단순히 알리기만 하는 게 아니라 함께 동참하도록 독려해 보는 건 어떨까?

부부, 가족, 친구, 동호회와 클럽이 힘을 합쳐 '새 물건 안 사기'를 실천한 결과 정말 놀라운 변화들이 나타났다. 그중에서도 특히 눈길을 끄는 것은 한 젊은 부부의 이야기다. 두 사람은 함께 챌린지에 참여해 3개월 동안 돈을 모으고 생활 방식을 정비한 덕에 그동안 간절히 원했지만 수년간 미뤄왔던 아이 입양을 할 수 있게 되었다. 책임감 있는 친구가 곁에 있으면 챌린지를 완수할 확률이 65퍼센트까지 높아진다. 그리고 서로의 상황을 정기적으로 체크할 경우 성공률이 무려 95퍼센트까지 높아진다.[4] 온라인이든 오프라인이든 팀원들과 함께하면 30일 동안 집중력, 평정심, 생산성을 높일 수 있다.[5] 그래서 오늘은 공동체를 활성화할 수 있는 실행 과제 두 가지를 제안한다.

당신이 사는 지역에서 '순환'과 '공유'를 중심에 둔 공동체들과 연계하면, 보다 쉽게 물건을 빌리고, 구하고, 책임감 있게 처분하는 동시에 자신과 비슷한 생각을 가진 이들과 깊은 관계를 맺을 수 있다. 아래의 온라인 및 오프라인 그룹과 앱들은 이 챌린지에서 핵심적인 자원이 될 테니, 시간을 내서 가입한 뒤 어떤 식으로 기능하는지 알아보자. 거주 국가와 지역에 따라 이용 가능한 자원이 크게 차이가 나기는 하지만, SUPER 시스템과 관련해 이용할 만한 그룹 유형에 대한 간편한 체크리스트를 소개한다.

S | 중고 쇼핑

중고품 판매, 위탁 판매, 온라인 재판매

의류, 액세서리, 소형 가정용품, 장식품

- 오프라인: 위탁 판매점, 중고품 판매점, 자선 매장, 벼룩시장, 개인 직거래 장터
- 온라인: 포시마크, 메루카리, 더리얼리얼 The RealReal, 빈티드 Vinted, 베스티에르 콜렉티브 Vestiaire Collective, 디팝 Depop, 스레드업, 기어트레이드 Geartrade(아웃도어 장비), 젬 Gem(한 번에 여러 플랫폼 검색 가능).

가구, 가전제품, 가정용품 및 장식품, 기타 대형 품목

- 오프라인: 중고 판매점, 자선 매장, 골동품 가게, 벼룩시장

‘메루카리’는 일본, ‘빈티드’의 경우 유럽판 당근마켓이라고 생각하면 된다. ‘더리얼리얼’은 명품, ‘베르티에르 콜렉티브’, ‘디팝’의 경우 패션 중심의 중고 거래 플랫폼이다. 우리나라의 경우, 동네 거래 플랫폼인 ‘당근마켓’을 비롯해 ‘중고나라’, ‘번개장터’가 가장 활성화되어 있다. 아웃도어 용품을 찾고 싶다면 ‘데얼스’를, 패션이나 명품의 경우, '무신사 유즈드', '트렌비' 등을 이용할 수 있다.

- 온라인: 페이스북 마켓플레이스 Facebook Marketplace, 오퍼업 OfferUp, 체어리시 Chairish, 카이요 Kaiyo, 앱데코 AptDeco(가구), 백마켓 Back Market과 디클러터 Declutter(전자장비), 스리프트북스 ThriftBooks(도서)

U │ 기존 물건 활용, 업사이클링, 재구성

- 창의적인 업사이클링과 재사용 관련 활동을 하는 지속 가능성 모임, 주민 위원회, 페이스북 동호회, 밋업 Meetup
- 영감과 튜토리얼을 제공하는 유튜브, 인스타그램 채널, 인플루언서, 블로그, 책 등 업사이클링 관련 자료

P │ 돈 쓰지 않기

기존에 갖고 있던 매장 적립금이나 멤버십 이용, 무료 나눔 모임을 통해 공짜로 얻을 수 있는 물건 사용, 근처 골목이나 집 앞에 내놓은 물건을 찾거나 주변 사람들을 통해 구하는 방식

다음은 무료로 물건을 구하거나, 더 이상 사용하지 않는 물건을 책임감 있게 다른 사람에게 넘겨주거나, 같은 생각을 가진 사람들과 연대하거나 정보를 얻을 수 있는 모임이다.

- 자기 지역에 있는 '새 물건 안 사기' 챌린지 모임(혹시 없다면

• 우리나라의 경우, '딜아트'라는 가구 거래 플랫폼이 최근 출시되었고, 책의 경우 'YES24 중고 샵', '알라딘 중고 매장', '북아일랜드' 등을 이용할 수 있다.

직접 만들 수 있다)

- 동네에서 사람들이 물건을 내놓는 장소(골목길, 현관문)와 그런 물건을 발견하면 알려주는 SNS 계정

- 사는 동네나 도시에 있는 지역 무료 나눔 커뮤니티. 만약 없다면, 자기 지역에 직접 만들 수 있다.

- 재정 관리, 검소한 생활, 디인플루언싱, 저소비 및 무소비 챌린지에 주력하는 그룹과 인플루언서

- 미니멀 라이프, 정리 정돈, 저소비 라이프스타일에 관심 있는 사람들의 모임

E ┃ 경험, 기부, 현금 등 '물건이 아닌' 선물

주로 타인에게 줄 선물로 사용

물건보다 경험을 중시하고 자원봉사, 자선 활동, 적극적인 기부 기회를 제공하는 모임에 참여한다.

R ┃ 임대, 대여, 공유

다음은 30일 동안 필요한 물품을 임대하거나 빌릴 수 있는 장소, 앱, 서비스다.

- 홈디포 Home Depot 처럼 공사 및 행사 관련 물품 및 공구를 대여해 주는 업체

- 의류 대여업체인 렌트 더 런웨이 Rent the Runway, 눌리 Nuuly, 하

버대쉬^{Haverdash}, 스티치 픽스^{Stitch Fix}, 그위니 비^{Gwynnie Bee}

- 가까운 의류 교환소(혹은 교환 모임을 직접 개최하자!)

- 가구 임대업체

- 지역 공공 도서관(공공 도서관에서 대여할 수 있는 다른 자료도 많으니 알아보자)

● 공구 대여 서비스로는 지역 '공고 도서관'이 있으며, 국내 의류 대여 및 공유 서비스로는 '클로짓 셰어'가 있다.

자신에게 트리거^{trigger}로 작용하는 감정이 무엇인지 파악하는 것은, 이 챌린지에서 가장 중요한 과정 중 하나이며, 과소비 충동을 해소하는 데 있어서 핵심적인 방법이다.

이제까지 살펴봤듯이 마케팅은 온갖 감정적 수단을 동원해서 구매를 유도한다. 그래서 어떤 광고를 봤을 때 어떤 감정이 드는지, 언제 쇼핑 충동이 일어나는지를 파악하는 것은 강압적인 소비주의를 이겨내는 데 매우 중요하다. 트리거를 추적해 기록하는 행위는 구매 과정에 의도적인 마찰을 만들어내고, 중단되게 한다.

새 휴대폰이나 매트리스 같은 물건을 열렬히 갈망할 때는 잘 느껴지지 않겠지만, 사실 우리 욕망은 매우 일시적이다. 쇼핑 충동 자체에 대한 연구 자료는 많지 않지만, 음식 갈망 같은 유사한 현상에 대한 연구를 살펴보면 무언가에 대한 강렬한 갈망은 보통 3~5분 정도만 지속된다는 것을 알 수 있다.[1] 몇 시간 혹은 며칠 동안 힘들여서 번 수백 달러를 단 몇 분 만에 날릴 수 있다니 정말 놀랍지 않은가? 게다가 연구에 따르면 구매한 상품의 70퍼센트는 소비자의 '단순 변심'으로 인해 반품된다고 한다.[2] 이는 우리의 구매 행동이 얼마나 신중하지 못한지 잘 보여준다.

트리거를 추적하면 바로 그 결정적인 순간에 할 수 있는 일이 생기고, 그 상품을 원하는 마음이 마케팅의 영향으로 생긴 단순한 '욕망'인지 아니면 정말 '필요'로 인한 것인지 판단할 수 있다. 만약 순간적인 욕구라면, 이제 구매 충동을 꺾을 수 있는 무기를 갖추고 있으니 크게 걱정할 필요 없다. 해당 상품이 정말 필요하다고 판단되는 경우에는 '필요 노트'에 기록한 다음 적절한 코드를 표시해 놓거나 30일이 지난 뒤 새 상품을 구매하자. 상품을 장바구니에 담아놓기만 하고 결제는 하지 않는 고객들에 관한 데이터를 보면, 초기의 충동만 잘 넘기면 70퍼센트는 결국 그 물건을 사지 않는다고 한다.[3] 마케터들이 시간, 기온, 심지어 해당 지역의 일조량에 이르기까지 우리 삶의 모든 요소를 추적한다고 얘기하지 않았는가? 자신의 감정을 기록하면 이런 낮은 수준의 감시를 물리치는 데 도움이 된다.

자신의 구매 트리거가 무엇인지 추적해 보자. 노트, 스프레드시트, 휴대폰 메모 앱 등 무엇을 사용해도 상관없으니, 쇼핑 충동이 들 때마다 아래 항목들을 기록하자.

1. 품목

지금 당신이 갈망하는 것은 무엇인가? 새 물건(N)인가, 중고품(S)인가? 원한다면 자세히 설명해도 된다. 어떤 사람은 나중에 기억할 수 있도록 물건 사진과 링크까지 붙여두기도 한다.

2. 어디서, 어떻게 그 물건을 접했는가

꼭 필요하다고 느낀 그 물건을 처음 본 순간을 잊지 말고 꼭 기록해 두자! 오프라인 매장에 있었는가, 아니면 온라인에서 봤는가? 누군가가 지하철에서 착용하고 있었는가, 아니면 광고에서 본 건가? 다시 말하지만 광고를 어디에서 어떻게 봤는지는 마케터들에게 정말 중요한 일이다. 예를 들어, 동네 전단지보다 인스타그램이나 틱톡에서 본 물건을 우리가 훨씬 쉽게 산다는 것을 그들은 이미 알고 있다. 나와 챌린지 참가자들 대부분에게 트리거는 SNS나 이메일, 세일 안내 문자 메시지에 자극되는 경우가 많다. 누군가가 만든 엉터리 영상을 보고 있다고 생각하는 순간에도 사실 그들은 본인의 외모나 주변 환경, 활동과 관련된 은밀한 요소를 판매하고 있는지도 모른다.

3. 충동을 느낀 시간대

책이나 요가 수업, 친구와의 깊은 대화에 푹 빠져 있을 때는 '장바구니에 담기' 버튼을 누를 생각이 들지 않는다. 하지만 나처럼 잠들기 전 침대에 누워 SNS 화면을 스크롤하다 보면? 버튼을 누르고 싶어질 가능성이 높다. 타이밍은 생각보다 훨씬 중요하다. 마케터들은 어떤 물건을 언제 보느냐가 구매 여부를 결정하는 중요한 요소라는 사실을 잘 안다. 그러므로 본인의 트리거를 일주일만 추적해 보면, 하루 중 특정 시간대와 소비 충동이 놀랍도록 교차한다는 사실을 발견하게 될 것이다.

4. 그 순간의 기분

전날 밤에 데이트했던 상대가 답장을 하지 않거나, 아이가 어이없는 행동을 해서 스트레스를 받거나 피곤하거나 화가 났을 수 있다. 아니면 배가 고프거나 옷이 불편해서 불쾌했을 수도 있다. 구체적으로 적어보자. 사소해 보이는 것들이 어떻게 쇼핑 반응을 유발하고, 그 과정에서 어떤 놀라운 패턴이 나타나는지 알게 되면 놀랄 것이다.

내 노트 앱에 기록된 내용을 다시 살펴보면, 갑자기 뭔가를 사고 싶다는 강한 충동을 느꼈을 때는 1) 지루하거나, 2) 해야 할 일을 미루고 있거나, 3) 슬픔 또는 자신이 부족하다는 기분이 들거나, 4) 추울 때인 적이 많았다. 그렇다, 나는 추울 때 물건을 사고 싶어진다. 쇼핑몰이나 식료품점, 영화관이 유독 추운 데는 다 이유가 있다. 과학적으로 입증된 바에 따르면, 불편할 정도로 추우면 이성적인 구매 결정보다 감정에 기반한 구매 결정을 내릴 가능성이 높다.[4]

5. 물품 가격

이런 순간적인 충동이 계속 쌓이면 규모가 얼마나 커지는지 놀랄 것이다. 한 참가자는 한 달 동안 챌린지를 진행하면서 본인의 트리거를 추적한 결과, 사고 싶어서 살펴봤지만 결국 구매하지 않은 물건의 가격을 전부 합치면 무려 3만 6,581달러였다고 한다. 나는 이 금액이 실제로 절약한 액수라고 생각한다. 실제로 그만큼을 참고 쓰지 않았기 때문이다. 주목할 점은 그녀가 사려던 물건들이 전부 비교적 저렴한 것

광고 스크린샷이나 물건 사진을 첨부해서 자세히 기록해도 좋다. 당신은 지금, 본인의 데이터를 직접 수집하는 중이니까. 어떤 사람은 이 기록을 쇼핑 '주차장'이라고 부르기도 한다. 실제로 구매할지 말지를 검토할 수 있도록 일단 욕망을 세워두는 장소라는 뜻이다. 이건 꽤 훌륭한 심리적 전략이다. 이 목록을 금지 목록이 아닌 가능성의 목록으로 여기면 1) 이 단계에 더 적극적으로 참여하게 되고, 2) 신기하게도 그 물건들이 덜 갖고 싶어진다. 금지되었던 것을 허락받았을 때 욕망이 잦아드는 것처럼 말이다.

이 작업은 번거롭게 만들 필요가 없다. 모든 충동을 집요하게 기록하느라 계속 휴대폰을 쥐고 있을 필요도 없다. 이 작업을 하루라도 해보면 마케팅이 어떻게 우리의 쇼핑 심리를 교묘하게 자극하고 부추기는지를 깨닫게 된다. 예를 들어, 스트레스나 낮은 자존감과 쇼핑 충동 사이의 연관성을 발견했다면, '러브 리스트'를 펼쳐서 지금 당장 할 수 있는 활동을 골라보자. 그러면 더 많은 물건을 소비하지 않고도 만족감을 느낄 수 있는 활동을 하면서 감정의 흐름을 바꿀 수 있다. 이미 여러 번 이야기했듯이, 물건은 이런 감정을 해소해 주거나 제대로 위안이 되어 주지도 않기 때문이다.

좀 부끄럽지만 내가 최근에 챌린지를 진행하면서 추적한 트리거를 공개해 보겠다. 이 목록을 보면 알겠지만, 나는 완벽한 빈티지 바비 브라운Bobby Brown 셔츠를 계속해서 찾고 있다. 몇 가지 참고할 사항을 말해두자면, 나는 2013년부터 이 챌린지를 간헐적으로 해왔기 때문에 그동안 사고방식이나 쇼핑 방법, 쇼핑에 대한 전반적인 태도가 상당히 바뀌었다. 또 당신이 앞으로 며칠 동안 진행하기 될 구독 취소, 쇼핑 알림 차단, 팔로우 취소 작업을 나는 이미 해놨기 때문에 광고가 노출도 많지 않다. 나는 평소에 텔레비전도 많이 보지 않고, 보더라도 광고 없는 콘텐츠 위주다. 다시 말해 평균적인 미국인에 비해 광고에 노출되는 빈도가 훨씬 낮고, 내 추적 기록에 포함된 항목 수 역시 그 영향을 받은 결과다. 그러니 내 소비 심리를 훔쳐보면서 본인과 비교하거나 절망할 필요는 없다.

품목	N/S	어디서	언제	기분	가격
임스Eames 벤트우드 커피 테이블	S	인스타그램, 온라인 중고 플랫폼	오전 7시 10분	일어나자마자 휴대폰을 스크롤하다가 인스타그램에서 디자인이 비슷한 테이블을 봤는데, 왠지 당장 커피 테이블을 사야 할 것만 같았다. 운동을 갔다가 하루 일과를 시작해야 하는데 계속 미루고 있어서 그랬나 보다.	$ 500

아마존 소용돌이 무늬 티셔츠	N	유튜브 영상, 아마존	오후 1시 15분	일을 미루고 있고, 스트레스는 자꾸 쌓이고, 중요한 이메일 답장을 아직 받지 못해서 좀 짜증이 났다.	$ 35
묻어나지 않는 빨간색 디올 립스틱	N	인스타그램 릴스	오후 2시 4분	내가 굉장히 못생겼다는 기분이 들어서 새로운 화장품을 사야 할 것 같다.	$ 49
올드 네이비 스웨터 4장과 스웨터 조끼	N	구글 사이드바 세일 광고	오후 2시 12분	해야 할 일을 미루고 있다. 밖은 너무 춥고 히터가 작동하지 않아서 실내도 춥다.	$ 112.32
G. H. 베이스 러그솔 피셔맨 메리 제인 구두	S	포시마크	오후 2시 20분	피곤해서 해야 할 일을 미루고 있다.	$ 165
금속제 레몬 착즙기	N	아마존	오후 2시 40분	전에 쓰던 레몬 착즙기가 고장 났고, 지금은 식기 세척기를 비우기 싫어서 계속 휴대폰 화면만 스크롤하고 있다.	$ 15
빈티지 바비 브라운 셔츠	S	디팝	오후 11시 2분	피곤하고, 오늘 하루를 생산적으로 보내지 못한 기분이고, 몸도 부었고, 좀 우울하다.	$ 315
빈티지 돈 헨리 셔츠	S	디팝, 포시마크	오후 11시 15분	바비 브라운 셔츠를 본 뒤로 빈티지 셔츠에 푹 빠져서 열심히 찾기 시작했다.	$ 75

‘텍사스에 간 섭하지 마’라고 적힌 빈티지 셔츠	S	디팝, 메루카리	오후 11시 20분	잠자리에 드는 걸 미룬 채 계속 인터넷만 뒤지고 있다. 내일 해야 할 일 때문에 불안한 걸까?	$89
입생로랑 리브르 향수	N	틱톡	오전 1시 55분	잠이 안 온다. 틱톡에서 향수를 발견하고 푹 빠졌다.	$95
일일 총계					$ 1,450.32

단 하루 만에 정말 정말 쓰고 싶었던(적어도 그 찰나의 순간에는) 돈 1,450.32달러를 쓰지 않고 아꼈다. 돌이켜보면 빈티지 셔츠와 임스 커피 테이블은 정말 갖고 싶었지만 나머지는 감흥이 사라졌다. 하지만 나는 원래 물건 구경하는 걸 좋아한다. 음향 장비 매장이나 드러그스토어에서 세 시간씩 구경을 하고도 아무것도 사지 않고 나올 수 있다. 구경을 좋아하는 이유는 상상력을 발휘하게 되기 때문이다. 가끔 매장에서 ‘평생 여기에 있는 옷만 입을 수 있다면 어떻게 될까?’라고 생각하면서 상상의 나래를 펼치곤 한다.

수년간 꾸준히 챌린지를 해오면서, 특히 온라인에서 물건을 살펴보는 게 얼마나 시간을 많이 잡아먹는 일인지 알게 되었다. 설령 아무것도 사지 않더라도 말이다. ‘새 물건 안 사기’라는 도시 설계자인 나도 챌린지를 하다 보면 고치고 싶은 습관들이 자꾸 눈에 띈다. 물론 챌린지를 할 때마다 계속 발전하기는 하지만, ‘새 물건 안 사기’는 완벽해지기 위한 챌린지가 아니라는 걸 기억하자. 이 챌린지는 자신을 더 잘 이해하고 그 데이터를 바탕으로 자신을 위해, 그리고 지구와 다른 사람들을 위해 보다 건강한 선택을 하기 위한 것이다.

그리고 트리거 기록지에 사고 싶은 물건을 자주 적고 있다면, 그것 역시 지극히 정상적이다. 이를 자책하기보다 도덕적으로 중립적인 시각으로 바라보자. 어쨌든 이것도 전부 데이터 아닌가. "기록되는 것은 변하기 마련"이라는 말이 있는데, 나는 이것이 더 큰 현상을 이해하기 위한 기록일 뿐이라고 생각한다. 2주 후, 혹은 30일 후의 자기 모습이 어떨지 상상해 보자. 용기를 잃지 말고 지금까지 단 5일 만에 얼마나 많은 것을 이루었는지 되돌아보면서 스스로를 좀 자랑스러워해도 된다.

반품은 까다로운 주제다. 일단 사람들은 대부분 반품을 싫어한다. 나도 동감이다. 업체들이 반품 절차를 까다롭게 만들어놓았기 때문이다. 반품은 환경에도 좋지 않기로 악명이 높다. 한 물류 회사의 추산에 따르면, 미국에서 반품으로 인한 이산화탄소 발생량은 자동차 300만 대가 내뿜는 양과 맞먹는다.[1] 정말 놀라운 일이다. 그렇기에 오늘의 실행 과제인 반품 문제에는 더욱 신중을 기할 것이다.

　사실 많은 사람들이 반품 가능한 물건을 가지고 있다. 어떤 챌린지 참가자는 자기 옷장에 거의 2,000달러 상당의 착용하지 않은 옷과 액세서리가 있는데, 상품 태그도 그대로 달려 있어서 반품이 가능하다고 했다. 어쩌면 내가 이 챌린지를 시작하기 전의 옷장과 비슷한 모습일지 모르겠다. 그 시절의 나는 언젠가 도달할 이상적인 삶과 스타일, 이상적인 몸매를 위해 새 옷을 잔뜩 샀다가 옷장에 걸어둔 채 그냥 잊어버리곤 했다. 중고 매장을 둘러보면 "사이즈가 안 맞는데 반품 기간을 놓쳤어요"라는 설명이 달린 새 상품이 수도 없이 많다. 다들 반품하려고 했지만 여러 가지 이유로 아직 반품하지 못한 채 그냥 상자에 모셔둔 물건이 있을 것이다. 그런 물건들을 보면 괜히 좌절감이 들고 스스로 게으른 사람 같다는 기분이 든다. 그렇게 심각한 문제는 아니지만 반품이 늦어지면 생활은 어수선해지고 지갑은 텅 비게 된다. 그래서 오늘은 그런 물건들을 한데 모아서 반품 정책을 알아보고, 과감하게 처리하려고 한다.

시작하기 전에 먼저 반품이 왜 '최후의 수단'이어야 하는지 분명히 짚고 넘어가고 싶다. 반품은 의도적인 쇼핑 전략의 일부가 아니라, 어쩔 수 없을 때 선택하는 마지막 카드여야 한다.

조건 없는 반품이라는 개념은 100여 년 전에 JC페니^{JCPenney}가 처음 만든 것인데, 당시에는 이 혁신적인 관행에도 불구하고, 반품률은 약 2퍼센트에 불과했다. 이는 제2차 세계대전 이전의 소비자 태도나 행동 방식과 무관하지 않다. 당시 사람들은 실용적인 구매를 중시했고, 결함이 있을 경우에만 반품했다. 하지만 요즘에는 이런 관행을 쇼핑 과정의 일부로 여기는 반품 문화가 자리 잡았다. 일례로 반품 사유의 70퍼센트가 구매자의 '변심'이다. 미국에서는 매년 35억 개의 제품이 반품되는데 그중 80퍼센트는 완벽하게 사용 가능한 상태다.[2] 실제로 반품량이 너무 많아서 '역물류^{reverse logistics}' 산업이 급성장하고 있으며, 반품 규모는 연간 거의 1조 달러에 달한다.[3]

나도 안다. 갈수록 고립되고 편의성을 중시하는 요즘 세상에서는, 오프라인 매장에 가서 직접 입어보고 사는 것보다 온라인으로 수십 가지 스타일과 사이즈의 옷을 주문한 뒤 마음에 들지 않는 제품을 반품하는 편이 훨씬 유혹적이다. 하지만 이런 방식은 지구에 엄청난 악영향을 미친다. 한편 오프라인 매장에서 쇼핑할 때는 반품 가능성이 현저히 낮다. 구매하기 전에 제품이 자신에게 맞는지 직접 확인하기 때문이다.[4] 그리고 오프라인 쇼핑을 하려면 매장까지 가는 노력이 필요하기 때문에 그만큼 반품과 그로 인한 낭비가 적을 수밖에 없다. 하지만 온라인에서 반품된 상품은 대부분 재판매되지 않고 그대로 폐기된다. 게다가 유명 브랜드들은 자신들의 평판을 유지하려고 반품되거나 팔리지 않고 남은 상품을 고의로 망가뜨리고 현장 폐기^{destroy in field, DIF}라는 사치스러운 전략을 쓰기도 한다. 왜 굳이 멀쩡한 상품을 망가뜨리냐고? 사람들은 특정 브랜드에 특정한 지위와 가치를 부여하기 때문이다. 명품 브랜드 측에서는 우리가 쓰레기장에서 주운 버버리 코트나 루이비통 가방을 걸치고 다니는 것을 원치 않는다. 이는 해당 브랜드의 감히 손댈 수 없는 신비로움을 훼손시키기 때문이다. 그래서 심지어 명품 브랜드뿐만 아니라 다른 많은 브랜드에서도 직원들에게 반품된 상품을 자르고, 찢고, 얼룩을 묻히고, 다양한 방법으로 사용할 수 없게 만든 뒤 매립지에 영구적으로 버리라고 지시한다. 결국 제품을 샀다가 반품하는 것은 이런 윤리적·환경적 문제를 야기할 뿐만 아니라 재정적 어려움과 좌절감을 안겨주고 시간 낭비까지 하게 하는 승산 없는 게임이다.

반품 과정도 짜증을 유발한다. 애초에 그렇게 설계되었기 때문이다. 반품을 할 때 환불 대신 매장 적립금으로 받으면 돈을 더 얹어주겠다고 제안받은 적이 있는가? 가능하다면 그 유혹에는 넘어가지 말자. 이자가 높은 적금 상품도 아니고, 그런 적립금을 모아 봤자 별로 이득되는 게 없다. 그건 단지 당신이 영원히 그 업체에서 돈을 쓰게 하려는, 그럴듯해 보이는 마지막 꼼수일 뿐이다.

반품 절차가 간편하기로 유명한 거대 커머스 기업 아마존조차도, 당신이 환불금을 카드로 돌려받고 아마존 생태계에서 빠져나가는 걸 막기 위해 불필요한 제한을 건다. 이 가설을 검증하기 위해 레깅스 한 벌을 구매한 뒤 반품해 보았다. 어떻게 됐을까? 환불액을 아마존 '기프트카드'가 아닌 신용카드로 돌려받고 싶다고 하자(애초에 내 돈인데 그게 어떻게 선물이 된다는 말인가?), 반품 접수 장소 옵션이 바뀌었다. 집에서 걸어갈 수 있는 가까운 장소는 옵션에서 사라지고 '차를 렌트해야 하나?' 싶을 정도로 먼 곳들만 선택 가능했다. 그러니까 내게 주어진 선택지는 아마존 계정에 돈을 맡겨두고 가까운 곳에서 레깅스를 반품하거나, 아니면 〈반지의 제왕〉 원정대만큼이나 먼길을 가서 27.82달러를 비자 카드로 돌려받는 것, 둘 중 하나라는 얘기다. 저들의 의도가 뭔지 잘 알겠다.

그리고 방금 물건을 반품했는데, 소매업체들끼리 한통속이 되어 계속 다른 물건을 사라고 유혹하는 건 또 어떤가. 아마존 상품을 콜스 ^{Kohl's} 매장에서 반품하면 콜스 캐시를 준다고? 방금 50달러를 돌려받았는데, 키오스크에서 차까지 걸어가는 그 잠깐 사이에 또 뭔가 사게 하려는 꿍꿍이인가?

게다가 반품에는 온갖 노동이 따른다. 물건을 찾아서 다시 포장하고, 반품 정책과 가능 여부를 알아보고, 매장까지 물건을 가져가고, 실제로 환불이 되었는지 확인하기 위해 며칠, 심지어 몇 주 뒤까지 카드 명세서를 살피는 수고도 해야 한다. 그리고 만약 환불이 이루어지지 않았으면 문제 해결을 위해 고객 센터에 연락하는 데 또 시간이 드는데다 좌절감까지 느끼게 된다. 요컨대 더 이상 원치 않는 물건을 처리할 때도 물건을 보관할 때만큼이나 많은 노동력이 든다는 것이다.

오늘(혹은 일정상 오늘이 어렵다면 다른 날)처럼 물건을 대량으로 반품하는 날엔 마치 내가 재고 관리자가 된 듯한 기분이 든다. 그리고 반품을 염두에 두고 쇼핑하는 건 누구에게도 도움이 되지 않는 전략이라는 것을 새삼 상기하게 된다. 매장에 직접 가지 않아 시간이 절약된다고 생각하는가? 구입한 제품을 반품하고 사후 처리하느라 허비되는 시간을 생각하면 어차피 도긴개긴이다. 오늘 과제가 끝나면 돈을 약간 되돌려받고, 동시에 잡동사니도 좀 정리될 테고, 무엇보다 다시는 이런 귀찮은 일을 하며 시간을 보내고 싶지 않다고 다짐하게 될 것이다.

148

시간을 내서 집과 차, 사무실을 한 번 싹 훑어보고 반품해야 할 물품을 실제로 처리하자. 반품할 물건을 찾아서 포장하고, 정말로 반품까지 완료하는 게 목표다. 아직 반품 가능한 품목이 있으면 반품 정책과 방법을 미리 알아둔다. 환불받는 데 필요한 이메일, 영수증, 태그, 기타 필요한 서류를 잘 챙긴다. 집에서 나와 반품처까지 가는 데 동기 부여가 필요하다면, 이 반품으로 얼마나 많은 돈을 돌려받게 될지 계산해 보자. 그리고 반품을 완료한 뒤에 즐길 수 있는 '러브 리스트' 항목 하나를 미리 골라두자. 기분을 북돋워 줄 좋아하는 음료와 플레이리스트도 준비하면 좋다.

더 이상 반품할 수 없거나, 반품 대상이 아닌 품목은 따로 모아서 다음 기준에 따라 분류하자.

1. **나눔(기부)**: 당신이 반품하지 못한 그 물건을, 친구나 가족, 무료 나눔 모임에 오는 이들 중 누군가는 정말 좋아할지도 모른다. 옷이나 물건을 교환하는 곳에 가져가거나 기부하는 것도 고려해 보자.

2. **선물**: 부끄러워할 일이 아니다. 내게는 맞지 않는 물건이라도 누군가에겐 멋진 선물이 될 수도 있다. 특히 가격 태그가 그대로 달린 새 상품이라면 더더욱. SUPER 시스템을 이용해 해당 품목을 '필요 노트'에 추가하고 코드를 지정하자.

3. **되팔기**: 오프라인 매장 또는 온라인에서 되팔 수 있다. 중고품을 판매하는 방법과 장소에 관한 지침은 13일 차 내용을 참고하자. 중고 거래의 마스터가 될 수 있을 테니.

환불이 가능한 경우, 반드시 최초 결제 수단으로 환불받자. 경우에 따라 매장 적립금이나 기프트카드로만 환불해 주는 곳도 있을 텐데, 그럴 땐 해당 업체명과 금액을 '러브 리스트'에 기록해 두자. 나중에 기분 전환이 필요할 때 쓰거나, '필요 노트'에 적어둔 물건을 충당하는 데 활용하면 된다.

오늘 실행 과제를 처리하는 데 얼마나 많은 시간을 할애했는지, 그리고 그 과정에서 기분이 어땠는지 마음속에 또렷이 새겨두자. 돈을 쓰고 싶어질 때마다 오늘 일을 떠올리면서 반품은 정말로 고역이라는 사실을 기억해야 한다. 그리고 나중에 반품할 생각으로 온라인에서 물건을 잔뜩 사기보다는 매장에 직접 가서 고르는 등 보다 의식적으로 소비하겠다고 다짐하자.

이 페이지를 넘기자마자 187달러짜리 수표가 갑자기 나타난다면 어떨까? 187달러는 미국인 한 사람이 사용하지 않아 방치된 기프트카드와 매장 적립금의 평균 금액이다. 결코 푼돈이 아니다. 5달러나 20달러 같은 자잘한 잔액도 쌓이면 큰돈이 된다. 업체들은 당연히 연간 총 230억 달러에 달하는 그 돈이 사람들 기억에서 영원히 잊혀지기를 바란다.[1] 하지만 꿈 깨는 게 좋을 것이다. 당신도 쓰지 않은 매장 적립금이나 기프트카드, 상품권이 남아 있는 47퍼센트 중 한 명이라면, 오늘 바로 그 보물을 찾아 나서자.[2] 잡동사니를 모아두는 서랍과 지갑, 차의 글러브 박스까지 모두 뒤져보자. 생각지도 못했던 돈을 발견할 수 있다. 액수가 많든 적든 간에 찾으면 완전히 써버릴 수 있도록 잘 정리해 두어야 한다.

이메일함, 집, 차, 지갑, 배낭, 서랍 등에서 디지털 및 실물 기프트카드와 매장 적립금을 찾아보자.

기프트카드와 적립금을 정리한다. 1) 디지털 기프트카드나 적립금은 전용 폴더를 만들거나 출력해 두고, 2) 각각의 잔액을 확인한다. 나는 쉽게 기억할 수 있도록 실물 카드 뒷면에 네임펜으로 잔액을 적어둔다.

절대 가지 않을 매장(집에서 3시간 거리에 있는 아웃도어 매장 같은 곳)의 기프트카드는 지역의 무료 나눔 모임에 게시하거나 주변 사람에게 선물한다.

기프트카드와 매장 적립금을 '러브 리스트'에 추가해 둔다. 기분 내킬 때 사용할 수 있도록 말이다.

'필요 노트'의 품목 가운데 새로 찾은 기프트카드와 적립금으로 구입할 수 있는 물건이 있다면, 코드 P를 추가한다. 사용 가능한 금액과 사용처를 구체적으로 적어두자.

기쁜 소식 하나! 당신은 '새 물건 안 사기'를 무려 7일이나 해냈다. 게다가 7일 동안 해낸 일도 한두 가지가 아닌데, 기분은 어떤가? 챌린지 기간 동안 다른 참가자들이 말하던 실질적인 효과를 체감하기 시작했는가? 다음 질문을 통해 당신이 한 경험을 자세히 되짚어 보자.

질문	답변
이번 주의 전반적인 기분은 어땠는가? 챌린지가 순조롭게 진행되었는가? 그 이유는 무엇인가?	

힘들었던 날이나 실행 과제가 있었는가? 어떤 것이며, 그 이유는 무엇인가?	
정말 기분 좋았던 날이나 실행 과제가 있었는가? 어떤 것이며, 그 이유는 무엇인가?	
쇼핑이나 물건과의 관계에 있어 지금까지 몰랐던 통찰이나 깨달음을 얻었는가? 어떤 깨달음인가?	
다음 주에 가장 기대되는 것은 무엇인가?	
이번 주의 '트리거 기록장'을 집계해 보자. 돈을 얼마나 절약했는가?	

쇼핑 트리거를 추적한 내용을 보고 깜짝 놀랐는가? 러브 리스트에서 쇼핑 대신 만족스러운 대안을 찾았는가? 이번 주에 얼마나 성공적으로 해냈는지와 상관없이 당신은 작은 선물을 하나 받을 자격이 있다. 소비주의의 굴레에서 벗어난 첫 주를 기념하면서 러브 리스트에서 할 수 있는 일을 하나 골라보자.

이제 챌린지의 기본 원칙을 익혔으니 이번 주에는 '새 물건 안 사기'의 핵심인 두 가지 영역에 집중하자. 첫 4일 동안은 쇼핑의 유혹에 쉽게 넘어가게 만드는 각종 편의 기능을 제거해 본다. 웹사이트에 저장된 자동 결제 정보를 삭제하고, 프로모션 구독을 취소하는 것들이다. 이런 실행 과제는 노이즈 캔슬링 역할을 해서 우리 삶에 가득 스며들어 과소비를 부추기는 마케팅 소음을 차단해 준다. 그리고 소음이 잦아들면 새 물건을 사고 싶다는 마음이 훨씬 줄어들 뿐 아니라 뜻밖의 평온함과 여유 시간까지 덤으로 따라온다.

그리고 주 후반 3일 동안에는 업사이클링, 중고 거래, 그리고 내가 '윤리적인 처분ethical off-lading'이라고 부르는 친환경적인 물건 처분 방법을 배우고 관련 팁을 익히게 된다. 이 세 가지 모두 SUPER 시스템과 연관이 있으며, 챌린지 기간 동안 물건을 구매하거나 정리하고, 심지어 돈을 벌거나 절약하는 데도 중요한 역할을 한다. 따라서 중고 쇼핑이 낯설거나 물건을 재활용하는 방법을 잘 모르는 사람이라면, 이번 주부터 그 감을 잡을 수 있다.

1주 차 때와 마찬가지로, 이번 주의 실행 과제도 한 번 하고 마는 것이 아니다. 매일의 과제는 사실상 습관을 들이기 위한 것이다. 예를 들어, 광고성 이메일이나 문자 메시지를 한 번만 끊고 마는 게 아니라, 받은 편지함에 또 슬그머니 나타나면 계속해서 수신 거부를 해야 한다. SNS도 마찬가지다. SNS상에서도 당신의 목표와 어긋나는 콘텐츠가 보이면 주기적으로 정리할 필요가 있다. 중고 매장 역시 딱 한 번만 들르고 발길을 끊는 이벤트가 아니다.

이번 주의 목표는, 이 활동들이 결국 덜 소비하는 삶을 지탱해주는 규칙적인 습관으로 자리 잡도록 만드는 것이다. 이것들은 챌린지 기간 동안 동시에 진행해도 된다.

그러니 이제 끈질긴 마케팅 소음은 줄이고, 30일이 지난 뒤에도 오랫동안 도움이 될 돈을 아끼고 지구를 살리는 활동에 집중하자. 이제 직접 나서야 할 시간이다.

6시간 동안 쉴 새 없이 오르막길을 오르고 있었다. 네팔 안나푸르나 베이스캠프로 향하는 트레킹 7일 차였고, 몇 주에 걸쳐 이어진 이 여정은 눈부시고도 힘겨운 여정이었는데 비로소 끝이 보이기 시작했다. 당시 나는 심한 폐렴에 걸려 휴지를 돌돌 말아 콧구멍을 막고 있었고, 차가운 우박이 수천 개의 바늘처럼 살갗을 찔러 댔지만 기분은 아주 좋았다. 베이스캠프에 도착하기만 하면 엄청난 성취감에 휩싸여 아침에 피를 토했던 사실도, 일주일 내내 샤워를 못 했다는 사실도 모두 잊을 수 있으리라.

세상에서 가장 위험한 산이라는 안나푸르나의 험준한 마지막 고개를 넘자, 그 웅장한 규모와 위용이 눈 앞에 펼쳐졌다. 그 순간 나는 울음을 터뜨렸다. 맙소사… 우리가 해냈다! 내가 해냈다! 담배를 하루에 한 갑씩 피워대던 흡연자가 112킬로미터를 걸어 해발 1만 4,000피트 고지를 등반한 것이다! 내 자신이 정말 자랑스러웠다. 이 순간을 기록해 두고두고 남기고 싶어서 워치의 타이머를 끄려던 찰나, 시선이 다른 데로 새버렸다. 세상에. 여기서 이걸 보게 되다니? 정말 믿을 수가 없었다. 난 히말라야 고산지대에 있다고! 사랑하는 사람들에게 내가 살아 있다는 걸 알리기도 힘들 만큼 통신 신호가 잘 잡히지 않는 곳에서, 내가 발견한 것은 월마트에서 보낸 블랙 프라이데이 세일 푸시 알림이었다. 세상에서 가장 높고 외딴 장소에서 받은 광고 메시지가 내 인생에서 가장 위대한 업적을 달성하는 순간을 망친 것이다. 그 경험은 마케팅이 우리 일상에 얼마나 만연해 있는지 보여주는 좋은 사례다.

우리는 거의 매 순간 이메일, 문자, 푸시 알림, 스폰서가 붙은 SNS 콘텐츠, TV·라디오·팟캐스트 광고, 그리고 구식 간판과 전단지까지 온갖 형태의 마케팅에 노출되고 있다. 광고는 우리 일상 경험의 곳곳에 너무 깊게 뿌리내리고 있어서, 엔터테인먼트에서 광고를 제거하려면 돈을 내야 할 정도다. 이런 광고 노출 중 일부는 우리가 통제할 수 없지만, 상당수는 디지털 영역에서 이루어진다. 어느 순간, 의식했든 하지 않았든, 우리가 열어둔 문틈으로 업체들이 우리 기기와 머릿속으로 침범해 끊임없이 판매 공세를 펼치고 있다. 하지만 다행히 그 문은 다시 닫을 수 있다. 오늘 우리가 해보려는 일이 바로 그것이다.

2022년에 챌린지를 할 당시, 나이 지긋한 신사분에게 메시지를 받았다. "가족이나 친구보다 브랜드 소식을 더 많이 듣는 것 같아요"라는 반농담조의 메시지였다. 그 말을 듣고 가슴이 철렁했다. 농담이었든 아니든, 틀린 말이 아니었기 때문이다. 2019년에 진행된 한 연구에 따르면 사람들이 하루에 받는 평균 121통의 이메일 가운데 49퍼센트가 홍보 성격의 이메일이었다.[1] 이는 우리가 매일 받는 이메일의 거의 절반에 해당한다. 우리가 외로움을 느끼는 동시에 소중한 시간을 소비에 허비하는 것도 전혀 무리가 아니다.

그리고 이건 비단 이메일만의 문제가 아니다. 푸시 알림, 문자 메시지, 인플루언서 마케팅까지 고려하면 우리는 끊임없이 물건을 팔고 싶어 하는 이들에게 둘러싸여 있는 실정이다. 전 세계인의 66퍼센트가 매주 수십억 개의 메시지를 통해 업체들과 소통하고 있다.[2] 그리고 푸시 알림, 내가 수신 동의를 했는지 기억도 나지 않는 이 성가시고 짤막한 메시지도 업계의 사랑을 받고 있다. 이메일보다 클릭 확률이 7배나 높고, 일단 접속하면 무언가를 구매할 확률이 거의 30퍼센트나 높기 때문이다.[3]

자, 당신은 바나나 리퍼블릭 Banana Republic 의 비상 연락처도 아닌데 왜 하루 종일 메시지를 받고 있는가? 아소스 ASOS 는 당신 친구가 아니다. 올해 40번째로 출시된 새로운 패스트 패션 소식을 계속 알 필요는 없지 않을까? 테무 Temu 나 쉬인 Shein 이 어머니의 날에 보내는 "당신은 세상(혹은 세상의 모든 물건)을 모두 가질 자격이 있어요" 같은 공허한 메시지를 받지 않아도 충분히 잘 살아갈 수 있다고 장담한다.

다음으로 SNS 인플루언서들의 은밀한 마케팅에 대한 또 한 번의 잔소리로 넘어가 보자. 나는 제품을 팔기 위해 온갖 재주를

다 부리는 SNS 인플루언서들의 언팔로우를 부추긴다는 이유로 '무자비하다'는 비난을 받곤 한다. 겉보기에 제품 판매와 무관해 보이는 이들도 알고 보면 뭔가를 파는 경우가 많다. 요새는 기업들의 마케팅 예산에서 인플루언서 스폰서십이 큰 비중을 차지할 뿐 아니라 '자연스러운 노출natural integration'이 이들이 선호하는 제품 배치 전략이 되었기 때문에 찾아내기 어려울 수도 있다. '자연스러운 노출'이 대체 뭐냐고?

우리는 콘텐츠 전체나 일부가 제품이나 서비스를 홍보하는 데 쓰이는 형식에 익숙해져 있다. 예를 들어, 유튜브 영상에 나오는 유명인이 "자, 오늘 영상의 스폰서는 ○○○입니다"라고 말하는 식이다. 노골적인 방식이므로 우리에게 제품을 팔려고 한다는 걸 알기 쉽다. 반면 자연스러운 노출은 광고처럼 느껴지지 않는 콘텐츠 속에 제품이 슬쩍 섞여 들어간다. 그리고 이를 통해 소비자들의 마음을 낚는다.

SNS 인플루언서가 '나의 하루'라는 제목의 영상을 올렸는데, 유행하는 비타민 보충 음료를 마시거나 한창 입소문이 난 운동복을 입고 아이들을 학교에 데려다주는 모습이 담겨 있다. 탄탄한 근육질의 트라이애슬론 선수가 틱톡에 올린 식단 관리 영상은 언뜻 보기에는 교육적이지만, 운동 전에 쓴다는 브랜드 제품과 누구나 아는 '잇 아이템' 물병이 눈에 띄게 배치되어 있다. 즉, 교육용 콘텐츠나 지극히 평범한 일상을 기록한 듯한 영상에도 다양한 제품과 판매 전략이 자연스럽게 녹아 있는 것이다. 하지만 이런 콘텐츠는 대개 만족보다 불만족을 느끼게 한다. 우리 욕망을 슬며시 자극해서 영상 배경에 나온 그 제품을 무의식적으로 갈망하게 만든다. 그래서 이 방식은 잘 먹힌다. 최근에 실시한 설문 조사에 따르면 미국인의 23퍼센트가 최근에 SNS에서 본 상품에 1,000달러 이상을 지불한 적이 있다고 한다.[4]

여기에 인플루언서의 93퍼센트가 스폰서십을 제대로 혹은 눈에 띄게 공개하지 않는 교활한 전술까지 더해지면,[5] 누가 당신 마음을 흔들려고 하는지 가려내기 어려워진다. 이럴 때 우리가 대응할 수 있는 방법은 그런 콘텐츠를 소비할 때 어떤 기분이 드는지 파악하는 것이다. 돈을 쓰고 싶다는 마음이 드는가? 내가 부족한 사람처럼 느껴지고, 그들이 홍보하는 제품을 사야만 더 나아질 것 같은가? 그렇다면 그 반응을 나침반 삼아 팔로워를 정리하면 된다.

인플루언서가 하나의 직업이 된 것은 존중한다. 실제로 알파 세대에게 어른이 된 뒤 어떤 직업을 갖고 싶냐고 물어보면 가장 많이 나오는 대답이 인플루언서일 정도니까[6]. 하지만 현실적으로 생각할 때, 누군가의 콘텐츠를 보고 과소비를 하거나 빚을 지거나 자신이 형편없는 사람인 듯한 기분이 든다면, 언팔로우는 올바른 자기 관리 방법이다. 그들은 당신의 친구가 아니다. 당신이 기업들에게 빚진 게 없는 것처럼 인플루언서에게도 아무런 신세도 지지 않았다. 이런 말을 하는 내가 무자비하게 느껴진대도 어쩔 수 없다.

게다가 기업이 운영하는 SNS를 꼭 자기 가족의 계정처럼, 마치 그들의 최신 소식을 절실히 알고 싶은 것처럼 팔로우하는 사람들이 많다. 물론 계정을 재미있게 운영하는 곳도 있어서 그들의 유혹에 넘어가지 않고 콘텐츠만 즐길 수 있다면 계속 팔로우해도 문제없다. 하지만 그런 매력적인 콘텐츠의 목적은 단 하나다. 브랜드에 친밀감을 느끼도록 유도해 소비자들을 사로잡는 것. 그러니 이런 악순환을 이어가고 싶지 않다면 팔로우를 끊을 줄 알아야 한다. 우리는 이런 간단한 진실을 자주 잊고 산다. SNS상에서 팔로워 수는 곧 화폐와 같아서 당신에게는 강력한 힘이 있다. 그리고 그 힘을 어떻게 쓸지는 전적으로 당신의 선택에 달려 있다. 팔로우한 계정이 당신에게 도움이 되지 않거나, 더 심한 경우 당신의 웰빙을 해치거나 목표를 위협한다면 미련 없이 빠져나오자.

지인들의 SNS 계정에도 이 철학을 적용하면 어떨까? 그렇다, 당신의 분노를 자극하는 게시물을 계속 올리는 사촌의 계정 같은 것 말이다. 고등학교 때 애매하게 친했던 친구가 자기가 가입한 다단계 판매 업체의 헤어케어 제품이나 레깅스를 사달라고 계속 연락하거나, 옛 동료가 멋진 자동차를 자랑하며 당신의 자존감을 갉아먹고 있다면? 당신은 그들에게 빚진 게 아무것도 없다. 그러니 그냥 언팔로우하자. 혹시 그렇게 노골적으로 친구 관계를 끊을 경우 소란이 벌어질까 봐 걱정된다면 조용히 뮤트하면 된다. 당신은 자신이 소비하는 콘텐츠의 문지기다. 이 챌린지 동안 본인의 삶에서 얻고자 하는 평온과 만족감을 망가뜨려서는 안 된다.

나도 내 목표와 원하는 감정에 도움이 되는 방향으로 SNS를 정리하고 났더니, 패배감이나 고갈되는 기분에서 벗어날 수 있었다. 수많은 유혹에 시달리던 때와 달리 휴대폰을 하면서 쉬는 시간이 다시 긍정적이고 재미있게 느껴졌다. 그러니 물건을 파는 데 혈안이 된 오리입 인플루언서들은 일단 전부 언팔로우하자. 그리고 이제 어떤 콘텐츠를 소비해야 할지 고민이라면, 1일 차에 실행 과제1을 하며 적어둔 단어 다섯 개를 떠올려 보자. 그중 공감되는 단어가 있다면 그 단어를 태그로 삼아 크리에이터를 찾아보면 좋다. 일례로 나는 옷을 좋아하지만 최신 패스트패션에 관한 광고 메시지는 받고 싶지 않다. 그래서 중고 아이템으로 멋지게 스타일 링하는 사람들을 팔로우한다. 항상 몸매만 신경 쓰는 다이어트 홍보 계정 대신, 외모보다 몸으로 할 수 있는 일에 집중하는 다양한 연령대와 체형의 사람들을 팔로우한다. 공허한 판매 멘트를 외쳐 대는 영업 사원과 '항상 뭔가가 부족한' 유명인들 대신 디인플루 언서*와 생산성 전문가, 영감을 주는 콘텐츠, 그리고… 라쿤 밈 계 정을 팔로우했다. SNS 피드를 당신을 방해하는 존재가 아니라 도 와주는 도구로 재정비하면, 목표를 향해 계속 나아갈 의욕이 솟아 나고 기분도 훨씬 좋아질 것이다.

그래서 오늘은 구독 취소, 뮤트, 차단, 언팔로우 등의 방법을 통해 우리 기기와 삶이 광고 없는 평화를 되찾도록 할 것이다. 그 러면 다른 참가자들처럼, 그 뒤에 찾아오는 평온함에 기쁨과 만족 감을 느낄 것이다.

---

* 기존 인플루언서들이 제품을 홍보하고 소비를 부추기는 것과 반대로, 특정 제품을 '사지 말라'고 권하거나 과대광고된 제품의 실체를 폭로하는 사람

'새 물건 안 사기' 30일 챌린지

Day 1	Day 2	Day 3
승리를 시각화하기 ○	러브 리스트 작성하기 ○	필요 노트 쓰기 ○

Day 7	Day 8	Day 9
기프트카드 모으기 ○	마케팅 알림 끄기 ○	쇼핑 경로 차단하기 ○

Day 13	Day 14	Day 15
중고 쇼핑하기 ○	윤리적인 방법으로 물건 처분하기 ○	쌓여 있는 물건 치우기 ○

Day 19	Day 20	Day 21
미용 제품 정리하기 ○	전자기기 점검하기 ○	공간 재배치하기 ○

Day 25	Day 26	Day 27
나눔 실천하기 ○	쇼핑 없이 어울려 놀기 ○	의식적으로 여행하기 ○

Day 4	Day 5	Day 6
커뮤니티와 연결되기 ◯	구매 트리거 추적하기 ◯	반품 해결하기 ◯

Day 10	Day 11	Day 12
구독 끊기 ◯	배달 앱 삭제하기 ◯	업사이클링 시도하기 ◯

Day 16	Day 17	Day 18
물건 광내기 ◯	의류 관리하기 ◯	집에서 쇼핑하기 ◯

Day 22	Day 23	Day 24
먹을거리 돌아보기 ◯	사기 전에 빌려 쓰기 ◯	선물 고르기 ◯

Day 28	Day 29	Day 30
지속 가능하게 자기 돌보기 ◯	물건과 관련 없는 목표 세우기 ◯	계산과 축하하기 ◯

메일 수신함을 살펴보자. 광고 메일이 와 있다면 메일 하단에 있는 구독 취소 버튼을 찾는다(법적으로 이메일에는 구독 취소 버튼이 반드시 포함되어 있어야 하지만, 그렇다고 반드시 쉽게 찾을 수 있는 곳에 있지는 않다). 혹은 현재 사용하는 이메일 서비스 기능을 이용해 구독 취소, 차단, 스팸 신고 등을 할 수도 있다. 원치 않는 메일을 받을 때마다 반복하자. 광고성 이메일 수신에 동의한 브랜드를 기억한다면 해당 웹사이트에 접속해서 적극적으로 구독 취소를 할 수도 있다.

휴대폰과 태블릿에서 어떤 업체가 푸시 알림을 보내는지 확인한 뒤 해당 업체 앱을 삭제한다(이것이 푸시 알림 설정을 바꾸는 것보다 훨씬 빠를 수 있다). 업체에서 문자 메시지를 보내는 경우에는 메시지가 올 때마다 수신을 거부하거나 차단한다.

TV, 영화, 동영상, 음악, 팟캐스트 등 현재 이용 중인 스트리밍 서비스를 전부 정리해 보자. 그리고 1) 그걸 실제로 이용하고 있는지, 2) 이용 중이라면 광고 없이 즐길 수 있는 옵션이 있는지 살펴본다. 그런 다음 광고 노출을 최소화하겠다는 목표에 적합한 요금제를 선택한다.

요즘 마케터들은 사이에선 예전만큼 각광받지 못하지만, 여전히 종이 광고 우편물을 보내는 업체들이 있다. 이건 귀찮을 뿐만 아니라 지구에도 해롭고 최악의 경우 특정한 사람들(특히 노년층)에게 악영향을 미친다. 연방거래위원회 FTC의 '광고 우편물 차단 방법' 지침을 참조해서 이런 업체들의 발송 목록에서 본인 정보를 삭제하는 것부터 시작하자.[7] •

소셜미디어를 '목표를 망치는 존재'가 아니라 '목표를 지지해 주는 도구'로 재편하자. 쇼핑을 유도하거나 기분을 상하게 만드는 인플루언서와 홍보성 계정은 과감히 구독 취소, 언팔로우한다. 또 특정 SNS 플랫폼이 당신을 수익 창출에 이용한다고 생각되면 해당 앱을 삭제하고 아예 접근하지 않는 것도 좋은 선택이다. 이 원칙은 지인들의 SNS 계정에도 적용하되, 누군가를 언팔로우할 경우 문제가 생길 것 같다면 해당 프로필은 뮤트 처리해도 충분하다. 그렇게 팔로우 계정을 정리한 다음에는 당신의 관심사와 목표, 원하는 분위기에 적합한 계정과 사람을 팔로우하자.

• 한국에는 미국처럼 광고 우편을 일괄적으로 차단해 주는 공적 시스템은 없다. 대신 개별 기업·금융사·카드사 홈페이지에서 마케팅 정보 수신 동의를 철회하거나, 반복 발송되는 우편물의 발송처에 직접 중단을 요청하는 방식이 일반적이다.

쇼핑 경로 차단하기  Day 9

직장에서 컨퍼런스에 참석했을 때 받는 투명한 목걸이형 사원증을 아는가? 맞다, 출퇴근 지하철이나 퇴근 후 술집에서도 목이나 허리띠 고리에 걸어두는 그것 말이다. 네, 딜로이트에서 일하시는 라이언님, 무슨 일 하시는지 잘 보이네요. 이처럼 사원증에는 개인 정보가 그대로 노출되어 있어서 거기에 신용카드를 넣어두는 사람은 없을 것이다. 그런데 우리 중 80퍼센트는 각종 쇼핑몰 사이트나 위젯, 앱에 결제 정보를 저장해 놓고 터치 한 번에 결제가 되도록 해놓았다.[1] 이렇게 저장해 두면 번거로운 구매 장벽이 사라진다. 그리고 그게 바로 업체들이 정말 바라는 바다.

잠시 "요즘 젊은 것들은 말이야"라고 말문을 여는 노인의 심정으로 얘기해 보겠다. 예전에는 뭔가를 사고 싶으면 직접 발품을 팔아 매장에 가야 했다. 외출복으로 갈아입고 어떤 수단을 써서든 이동해야 했다. 어떤 날은 현금을 인출하기 위해 오프라인 은행이나 ATM에 가야 할 때도 있었다. 전자상거래 초창기에도 최소한 엉덩이를 들고 일어나 지갑을 찾아서 신용카드를 꺼내고 키보드로 일련의 긴 숫자를 입력해야만 결제를 할 수 있었다.

지금은? TV 소리가 시끄럽게 울려 퍼지는 집 안에서 알몸으로 화장실에 앉아 손가락을 까딱하는 것만으로도 고급 요트부터 자신과 닮은 실물 크기의 조형물에 이르기까지 무엇이든 살 수 있다. 그리고 실물 결제 수단을 꺼낼 필요가 없어서 마치 게임 머니를 가지고 노는 것처럼 비현실적으로 느껴지기도 한다. 이런 마찰 없는frictionless 간단한 결제 방식은 판매자들에게 큰 기쁨을 안겨 준다. 결제 과정이 간소화되면, 카드를 꺼내려다가 귀찮아져서 쇼핑을 포기할 가능성이 줄어들기 때문이다.[2] 게다가 요즘 시스템은 또 얼마나 똑똑한지, 은행에서 새 신용카드를 발급하면 결제 정보가 자동으로 업데이트된다. 하지만 여러분은 어떨지 몰라도 나는 내가 비자 카드를 재발급받았다는 사실을 나보다 먼저 혹은 나와 동시에 업체에서 알게 된다는 사실이 썩 유쾌하진 않다.

그러니 마음 단단히 먹자. 오늘은 곳곳에 저장된 결제 정보를 삭제해서 의도적으로 '구매 장벽'을 세워보려 한다. 간편 결제에 익숙해진 탓에 조금 불편하겠지만, 당신의 지갑 사정은 훨씬 나아질 것이다. 앞서 말했듯이 지갑을 가지러 가는 3~5분 사이에 머리가 맑아져서 구매를 망설이게 될 수 있다. '잠깐, 난 작은 원룸에 살잖아. 독립형 적외선 사우나 같은 건 필요 없다고.'

지칠 때까지 쇼핑하는 경향이 있다면 브라우저 기능이나 전용 웹사이트 차단기를 이용해 쇼핑 사이트에 영구적으로 혹은 특정 시간 동안 접속하지 못하게 막아두자. 몇 시간씩 쇼핑 사이트를 둘러보면서 시간을 허비하는 습관을 꺾는 데 사이트 차단기는 정말 중요한 역할을 한다. 쇼핑몰 웹사이트에 접속하지 못하면 당연히 거기서 물건을 살 수 없게 되니까.

그리고 여기서 하나 더. 겉보기엔 편리해 보이지만 감당할 수 없는 수준까지 돈을 쓰게 만드는 '후불 결제 프로그램'도 없앨 수 있다. 애프터페이Afterpay, 클라나Klarna, 어펌Affirm 등 지금 구매하고 나중에 결제하는 '선구매 후지불BNPL' 프로그램의 인기가 단 몇 년 만에 1,100퍼센트나 급등했다.[3] 특히 온라인에서 인기가 높아서, 인터넷 사용자의 25퍼센트가 이를 주요 결제 수단으로 사용하고 있다.[4] 하지만 이게 정확히 뭔지는 알고 써야 한다. 결국엔 그냥 할부 대출이며, 다른 신용대출 수단과 마찬가지로 여기에도 함정이 있다.

예전에는 이런 프로그램이 꽤 큰 돈이 드는 구매에만 쓰였다. 하지만 요즘에는 샐러드볼 같은 소액 품목부터 천문학적으로 비싼 호화 여행에 이르기까지 모든 걸 선구매할 수 있다. 언뜻 보기에 대출은 현재 능력으로는 감당할 수 없는 물건을 살 수 있게 해주니까 매력적으로 느껴진다. 특히 첫해에는 무이자 혜택이 제공되는 경우가 많다. 또 이런 대출은 신용 평가 기관에 보고되지 않

국내의 경우, 해외보다 신용카드 발급이 쉬워 인기가 많지는 않다.

기 때문에 '유령 채무'라고도 하는데, 그래서 신용 등급이 낮은 사람들에게는 오히려 유리할 수 있다. 지금까지는 괜찮게 들리지 않는가? 하지만 본인 능력으로 감당할 수 없는 물건을 사라고 계속 부추기는 상황과 마찬가지로, 이 프로그램 이용자의 70퍼센트는 선구매 후지불 방식 때문에 과소비를 했고, 42퍼센트는 연체를 경험했다고 한다.[5] 이러한 결제 방식이 SNS 플랫폼과 결합되면서, 인플루언서의 광고를 보고 현실적으로 살 능력이 없는 고가의 제품을 충동 구매하면서 큰 빚을 지는 사람들이 크게 늘어났다.

BNPL 기업들은 당신을 위해 공짜 돈을 나눠주는 자선 단체가 아니다. 그들의 사업 모델은 말 그대로 당신이 과거의 결제를 잊고 영원히 돈을 쓰는 상황에 기대고 있다. 게다가 이 유령 채무는 신용카드 대금을 갚았을 때와는 다르게 신용도를 높일 수도 없다. 나를 '선구매 후지불을 혐오하는 사람'이라고 낙인찍기 전에 분명히 말해두지만, 이런 방식이 전적으로 나쁘다는 게 아니다. 때로는 사람들의 생명줄이 되어 줄 테니까. 하지만 챌린지 기간만큼은 가급적 이런 프로그램에 거리를 두자고 당부하는 것이다.

지금까지 언급한 방법을 다 동원해도 쇼핑을 원천 차단하기에 충분치 않다면, 내가 챌린지를 처음 할 때 자주 사용했던 방법을 소개하겠다. 좀 극단적인 방법이다. 바로 외출할 때 신용카드를 집에 두고 나오는 것이다. 현금과 다른 결제 수단도 전부. 집에 있을 때는 더했다. 카드를 물 담긴 통에 넣어 얼리거나 아주 높은 캐비닛에 넣어두어 꺼내기 어렵게 만들었다. 좀 가혹한 방법이었지만 그런데도 꽤 행복하게 잘 살았다. 우선 그날 하루의 일정과 필요에 맞춰 지출 계획을 세웠다. 친구 생일 모임에 가야 하는 날이나 회사에서 커피를 돌려야 하는 날에 돈을 다 두고 나오는 그런 얼간이는 아니었다. 하지만 특별히 돈을 쓸 일이 없는 날에는 비상용 소액 현금만 챙기거나, 도시락, 커피 보온병, 통근용 기차표 등 필요한 것을 미리 준비해 두었다. 좀 과해 보일지 모르지만, 쇼핑을 차단하는 이렇게 단순한 방법도 없으니까. 결제 수단이 없으면 아무것도 살 수 없다. 이런 고전적이고 절대주의적인 방법이 마음에 든다면 시도해 보길 바란다.

실행 과제 1

컴퓨터, 태블릿, TV, 워치, 휴대폰 등 모든 기기에서 쇼핑 사이트와 앱 내 자동 결제 정보를 삭제하자.

실행 과제 2

사이트 차단기와 팝업 차단기를 이용해서 당신을 유혹하는 웹사이트에 접근하기 어렵게 만들자. 휴대폰과 다른 기기에 설치되어 있는 쇼핑 앱과 위젯을 삭제한다.

적어도 챌린지 기간에는 선결제, 할부 유예나 분할 결제 프로그램을 사용하지 않기로 스스로 약속하자. 당장 감당할 수 없는 지출을 경계하는 마음가짐을 갖는다면, 예기치 못한 상황에서도 흔들리지 않는 건강한 경제 습관을 만들 수 있다.

보다 철저하게 쇼핑을 차단하고 싶다면 결제 수단을 집에 두고 나오거나 손 닿기 어려운 곳에 하루 이상 두자.

"이런, 미안해." 에이미는 현관문 앞에 쌓여 있는 짐을 치우면서 말했다. 그녀의 집 앞에는 피라미드처럼 쌓인 택배 상자 수십 개가 뜨거운 햇볕에 뜨겁게 달궈지고 있었다. 우리는 한 시간에 걸쳐 택배 상자를 모두 풀었다. 거기에는 유리병과 가정용 세제를 만들기 위한 알약들, '정기 배송Subscribe and Save'된 데오도란트 리필, 반려견 사료, 집에서 고급 호텔 향기가 나게 해주는 고급 방향제 카트리지, 스몰 사이즈의 운동복 두 벌("이거 입으려면 좀 기다려야겠네." 에이미는 어이없다는 표정으로 임신 7개월 차인 자신의 배를 토닥였다), 1년 동안 쓸 분량의 면도기와 면도크림 등이 들어 있었다. 또 세계 각국의 간식, 잡지 에디터가 엄선한 화장품, 헤어케어 세트, 백화점에서 큐레이션한 남편을 위한 옷장 아이템 같은 것들로 채워진 테

173　　　　　　　　　　　

마별 구독 상자도 있었다.

"으, 이건 너무한데." 에이미는 상자와 우편물 발송용 봉투, 뽁뽁이로 뒤덮인 바닥을 가리키면서 외쳤다. 한때는 삶을 더 편하게 만들어줄 것이라고 기대했던 구독 서비스와 멤버십들이 지금은 그녀를 완전히 압도하고 있었다. 사실 우리가 소유한 물건들 대부분이 그런 아이러니컬한 존재 아닐까?

나는 친구로서의 도리를 다하기 위해, 에이미에게 위층에 올라가 낮잠을 자라고 한 뒤 난장판이 된 아래층을 치웠다. 그리고 자고 일어난 친구와 함께 숨어 있던 구독 서비스와 멤버십을 전부 찾아내고, 더 이상 필요 없는 것들을 모두 해지했다. 덕분에 에이미는 매달 712달러, 그리고 그에 따르는 각종 잡동사니와 부담감을 없앨 수 있었다.

오늘은 당신 차례다. "이게 챌린지랑 무슨 상관이야? 구독이나 멤버십은 '물건'도 아닌데?"라고 생각할 수도 있다. 하지만 이 편리해 보이는 서비스들은 우리가 물건을 더 사게 만들기도 하고, 불필요한 물건을 집 안으로 끌어들이기도 한다. 할부 프로그램과 마찬가지로, 우리 중 42퍼센트는 자신이 무엇을 구독하고 있는지도 자주 잊어버리고,[1] 구독한 상품 가운데 86퍼센트는 아예 사용하지도 않는다.[2] 구독 상품은 가입이 매우 간단하고 잊어버리기도 쉬워서 우리가 얼마나 많은 상품을 구독하고 있는지, 그게 얼마나 많은 비용 지출을 초래하는지에 관한 인식이 심각하게 왜곡되어 있다. 대부분의 사람들은 이런 편리한 상품에 매달 약 62달러 남짓 쓴다고 생각하지만, 실제로는 300달러에 가깝다.[3]

또 이런 서비스를 이용하다 보면 실제로 원하는 것보다 더 많은 상품을 구매하게 된다. 아마존 프라임Amazon Prime을 비롯한 멤버십은 선불 할인, 다양한 요금제, 자동 배송 옵션, 무료 배송 및 신속 배송, 영화와 오디오북 이용 같은 추가 혜택, 심지어 회원 전용 할인 행사까지 내세우며 구매를 유도한다. 이 때문에 회원들은 아마존 생태계에 계속 몸을 담은 채 멤버십이 없었다면 하지 않았을 소비를 하게 된다. 어디 아마존뿐인가? 아마존은 규모가 가장 큰 기업 중 하나일 뿐, 수많은 기업이 구독 모델로 수익을 창출한다.

나도 그런 회사에서 일한 적이 있는데, 그곳의 사내 슬로건은 "'쉽게, 쉽게, 어렵게Easy, Easy, Hard"였다. 이는 "가입은 쉽고, 잊기는 더 쉽고, 해지는 어렵게"라는 뜻이다. 그래서 가입 절차는 간단하고 원활하게 진행되는 반면, 취소 절차는 정말 골치 아플 정도로 까다롭다. 그리고 제정신인 회사라면 이미 완전히 어장에 갇힌 물고기 신세인 고객에게 굳이 홍보 메시지를 보내지 않을 테니, 사람들은 가입한 사실을 쉽게 잊게 된다. 정말 교활하기 그지없다.

오늘의 과제를 좀 더 쉽게 처리할 수 있도록 구독 유형을 세 가지로 나누겠다. 1) 스트리밍 서비스나 헬스장 같은 서비스형 구독, 2) 정기적으로 자동 배송되는 리필형 구독, 3) 그 외 모든 것(예: 신기한 상품이나 새로 나온 제품을 배송받는 것). 첫 번째 범주에 속하는 서비스는 물건이 아니므로 오늘 자세히 다루지는 않겠다. 하지만 사용하지 않는 서비스를 싹 정리하고 싶다면 같이 살펴보자.

이제 특히 요즘 인기 있는 '정기 배송'에 대해 알아보겠다. 인간은 원래 결핍을 기반으로 움직이는 존재다. 그래서 고작 설거지 세제라도 절대 떨어지지 않게 해주겠다고 보장해 주면 우리의 원시적인 뇌는 안심한다. 실제로 사용하는 개인 위생용품, 청소용품, 가정용품 등을 매달 정기 배송받는 것은 분명 편리하다. 하지만 필수품에 대한 기준이 흐릿해지면서, 어느새 필수품뿐만 아니라 그냥 있으면 좋을 만한 물건까지 정기 구독을 해버린다. 매달 반려동물 사료를 배달받는다면? 도움이 될 것이다. 친환경 화장지가 집으로 배송된다면? 그러면 이제 무거운 상자를 들고 지하철을 탈 필요가 없다. 유기농 간편식과 스무디는? 음, 좀 사치스러운 것 같지만 그래도 먹으면 좋지. 그런데 여행을 가면서 배달을 중단시키는 걸 깜박 잊는 바람에 두 상자분의 음식이 상했다고? 저런. 매달 보내주는 강아지 장난감 구독은 어떤가? 물론 강아지는 좋아하겠지만 그게 꼭 필요할까? 다달이 새로운 향수가 배송된다고? 흠, 이제는 그냥 날 화나게 하려고 떠보는 것 같은데, 그건 결코 필수품이 아니다. 특히 반쯤 남은 향수가 여럿 있는 상황에서는 말이다. 내 말 이해하겠는가? 정기 배송은 정말 쉽게 과잉 소비로 이어진다. 객관적으로 봤을 때 필요하지도 않고 자주 사용하지도 않는 수많은 물건을 정기적으로 배송받고 있을 가능성이 높다. 착실히 요금을 지불하면서 말이다.

　마지막은 '상품 구독 박스'다. 새로움과 신기함이라는 명목하에 큐레이션한 잡동사니들을 집 앞까지 직배송해 주는 서비스다. 정말 다양한 관심사를 모두 충족시켜 준다. 미용에 관심이 있는가? 여러분이 천연 제품 마니아든 아니면 특정한 유명인의 최신 아이템을 원하든, 매달 최신 상품이 담긴 택배 상자를 받아볼 수 있다. 자녀들이 장난감에 싫증을 느끼는 경우(아이들은 누구나 다 그렇지만)가 자주 있는가? 몇 주에 한 번씩 새로운 장난감을 배송해 주는 서비스가 있다. 또 버번위스키와 전자기기부터 캠핑용품에 이르기까지 인간의 모든 취미와 관심사를 위한 물건을 보내주는 구독 서비스도 존재한다.

이런 서비스를 이용해 본 적이 있다면 대충 어떤 식으로 진행되는지 알 것이다. 첫 번째 배송을 받을 때는 엄청난 기대감에 도파민이 터진다! 실제로 마음에 드는 상품도 많다. 하지만 시간이 지날수록 패키지 구성이 점점 실망스러워지기 시작한다. 별로 관심 없는 물건들이 집에 쌓여가고, 이를 어떻게 해야 할지 고민하게 된다. 보통 이런 일이 생기면 '구독을 취소해야겠다'라고 마음먹지만, 바쁘다는 이유로 잊고 또 다음 달 박스를 받게 된다. 실제로 이런 기업의 비즈니스 모델은 바로 그 '망각'에 기댄다. 고객이 애초에 구독했다는 사실을 잊어버리거나 너무 바빠서 구독을 취소하지 못하는 상황 말이다. 농담이 아니라 기업들은 고객의 건망증 덕분에 매출이 200퍼센트 증가했다며 공을 돌린다.[4] 구독을 해지하려고 시도해 본 적이 있다면, "취소 대신 일시 중지하시겠습니까?"라고 물으면서 시간을 허비하게 만드는 팝업이나 할인을 제안하는 광고를 접해봤을 것이다.

그러니 오늘 당장 마음을 단단히 먹고 관련 작업을 단번에 처리하자. 가입한 모든 멤버십과 구독 서비스를 꼼꼼히 살펴보고, 그중 잘 사용하고 있는 것과 전혀 사용하지 않는 것을 파악해서 불필요한 구독을 해지하자. 그렇게 해서 절약된 금액을 계산하고, 필요 없는 택배 상자들로 막히지 않은 현관 앞을 상상해 보자.

실행 과제 1

기억력을 발휘하거나 요금이 반복 청구되는 항목을 찾아주는 앱을 사용해서 다음 세 가지 유형에 속하는 구독과 멤버십을 모두 확인하자.

1. 서비스형 구독

스트리밍 엔터테인먼트, 헬스클럽 멤버십

2. 리필형 구독

아마존 프라임 회원을 위한 '정기 배송' 주문, 면도용품이나 개인 위생용품, 건강 보조 식품, 가정용품 및 세탁용품, 식품 및 식사 배달, 반려동물 용품 등을 정기 배송해 주는 기업들

3. 그 외 전부

특히 '발견'이나 '큐레이션'을 내세운, 새로움과 신기함을 파는 물건 배송 구독

실행 과제 2

사용하지 않거나 잊어버린 구독 서비스는 과감하게 해지하거나 일시 중단하자.

불필요한 구독을 취소해서 한 달에 돈을 얼마나 절약할 수 있는지 계산해 보자. 당신이 재정 관리라는 배의 선장이라는 사실을 떠올리며 자부심을 안고 당당하게 걸어가자.

배달 앱 삭제하기

2022년 여름, '새 물건 안 사기' 챌린지를 진행하던 중 당황스러운 사실을 발견했다. 챌린지 원칙을 철저히 따랐는데도 평소와 다르게 돈을 절약하지 못한 것이다. 도무지 이해가 되지 않았다. 공과금이 많이 나온 달이었나? 아니다. 항공권 같은 큰돈 나갈 만한 걸 샀나? 그것도 아니다. 그럼 대체 뭐지? 은행 명세서를 확인한 결과 배달 앱 결제가 줄줄이 찍혀 있었고, 7월 한 달 동안에만 거의 928달러나 되는 엄청난 금액을 썼다. 그 순간 수많은 테이크아웃 용기에 머리를 얻어맞은 기분이었다.

하지만 증거는 너무도 명확했다. 숙취를 달래겠다며 시킨 아이스 커피와 도넛에 42달러, 엄마가 놀러 온 금요일 밤 벌인 파스타 파티에 153달러, 그리고 내가 가장 좋아하는 에티오피아 식당에서 배달 주문 여섯 번. 한 달 사이에 여섯 번이나! 그동안 수천 명에게 소비를 통제하라고 가르쳐 온 '과소비 극복 전문가'로서 차마 고개를 들 수가 없다. 내가 그토록 경계하던 바보 같은 실수를 배달 음식 앞에서 반복하고 있었던 것이다. 자랑스러운 일은 아니지만, 내가 겪은 어려움에 대해서 숨기지 않겠다. 이건 의심의 여지 없이 내 약점이었다.

"하지만 애슐리, 챌린지 기간에 음식 배달은 괜찮다고 생각했는데요!" 맞다. 음식 배달, 음식 포장, 식료품 구매, 외식 등은 모두 허용된다. 하지만 이 습관이 내 목표를 방해하고 있다는 게 중요했다. 이런 주문 배달 서비스가 그동안 쇼핑을 줄이고 이를 다른 습관으로 대체하려는 노력을 한방에 무너뜨릴 수도 있다. 음식 배달도 결국에는 소비이기 때문이다. 인터넷에 조금만 검색해 봐도 '음식 배달 중독'에서 벗어나고 싶은 이들이 쓴 글이 정말 많다. 파산이나 비만을 면하기 위해서 말이다. 사실 이런 주문 앱의 편리함은 온라인 쇼핑과 마찬가지로 도파민을 자극해 끝없는 과소비의 악순환에 우리를 묶어둔다.[1]

내가 온라인 쇼핑 충동은 잘 참으면서 음식 배달 앞에서는 쉽게 무너진 이유를 생각해 보니, 인정하고 싶지 않은 한 가지 이유로 귀결됐다. 바로 게으름 말이다. 사실 요리를 못하는 것도 아니며 집 근처엔 걸어서 5분만 가면 맛집이 수두룩하다. 게다가 여름이었으니 눈보라 핑계를 댈 수도 없었다. 이건 팬데믹 기간에 생긴 나쁜 습관을 제대로 고치지 못한 결과였다. 2020년 4월의 불안을 달래기 위해 시작한 늦은 밤 아이스크림 파티는 귀여운 도피였을지도 모른다. 하지만 4년이 지난 지금, 그 습관이 내 건강과 재정, 행동 목표에 도움이 되느냐고 묻는다면… 아마 아닐 것이다.

그래서 오늘은 물건은 아니지만 '편리함'을 파는 온디맨드^{on-demand} 앱과의 관계를 점검해 보고, 그것이 건강한 습관을 기르는 데 도움이 되는지 아니면 방해가 되는지 살펴보려고 한다. 식료품, 주류, 편의점 배달 앱(8일 차와 9일 차에 아직 작별하지 않은 앱들), 쿠폰 앱, 게임 앱, 그 밖에 소비와 밀접한 관련이 있는 편리한 포털 사이트를 생각해 보자. 당신이 이런 앱들을 아주 절제력 있게 사용하고 있다면, 뭘 하지 않아도 된다. 하지만 나처럼 평범한 사람이라면 앱을 삭제하거나 숨기거나 최소한 결제 정보라도 삭제하는 것을 추천한다. 이런 편리한 기능 사용을 줄이거나 좀 더 건전하게 사용하려면 어디서 어떻게 마찰을 만들 수 있을지 고민해 보자. 앱은 그대로 두되 배달 대신 포장만 허용하는 규칙을 만들 수도 있고, 아니면 정말 특별한 경우나 감기에 걸렸을 때처럼 예외적인 상황에만 허용할 수도 있다.

나는 지금도 버튼 하나만 누르면 갓 만든 음식이 집 앞까지 배달되는 그 마법 같은 유혹을 완전히 뿌리치지는 못한다. 이런 나 자신을 잘 알기에 휴대폰에 배달 앱을 설치하지 않고 냉장고와 식료품 저장실에 바로 먹을 수 있는 맛있는 음식을 늘 준비해 둔다. 나도 이 부분에서는 아직 걸음마 단계다. 소비 습관을 더 의식적으로 다루면 과소비를 억제하는 능력이 훨씬 커지고 자동화될 것이다.

실행 과제 1

8일 차와 9일 차에 휴대폰과 기타 기기에서 쇼핑 앱을 완전히 삭제하지 않았다면 지금 삭제하자.

실행 과제 2

돈과 시간을 낭비하는 온디맨드 앱을 모두 삭제한다. 식료품, 음식 배달, 게임 등 챌린지에서 허용하지만 소비 충동을 일으키는 모든 앱이 여기 해당된다.

실행 과제 3

이런 앱을 책임감 있게 사용할 수 있다고 생각한다면 적절한 수준의 마찰을 추가한다. 결제 정보를 삭제하거나 유혹적인 앱에 차단 또는 제한 기능을 설정한다.

실행 과제 4

음식 배달 앱을 삭제하기 어렵다면 장을 미리 보거나 식사 계획을 세워서 일주일 내내 맛있는 음식을 편히 먹을 수 있게 준비해 놓자. 특히 배달 앱을 사용하고 싶은 충동이 자주 드는 시기에는 더더욱. 22일 차로 넘어가면 식료품을 마련하거나 신속하게 식사 준비를 할 수 있는 방법이 나온다.

온디맨드 앱이 당신에게 강력한 트리거로 작용한다면, 일일 쇼핑 트리거를 추적할 때 이 내용도 기록하자. 이런 유혹을 차단할 장애물을 만든 덕분에 얼마나 많은 돈을 아꼈는지 확인하면 아마 정신이 번쩍 들 것이다.

지난 며칠 동안 성가신 쇼핑 유혹을 차단했다면, 이제는 챌린지 전반에 걸쳐 도움이 될 사고방식과 기술을 기르는 단계로 넘어갈 차례다.

SUPER 시스템에는 익숙해졌겠지만 솔직히 지금까지 중고로 물건을 사거나 재활용을 해본 적이 없다면 어떻게 30일 동안 그 방식으로 버틸지 막막할 것이다. 하지만 걱정할 필요 없다. 이번 주의 남은 사흘은 '새 물건 안 사기' 라이프스타일에 꼭 필요한 습관을 단련하게 될 것이다. 그리고 장담하건대, 이 습관은 생각보다 훨씬 유용하고 재미도 있다. 오늘은 '지금 가지고 있는 물건을 다시 쓰는' 데 집중할 예정인데, 이를 '업사이클링', '용도 변경', '재구성'이라고 부른다.

필요한 물건이 있다는 생각에 급히 가게로 달려갔다가, 며칠 뒤 거의 같은 물건을 집에서 발견하고 충분히 대신 쓸 수 있어서 아까웠던 경험, 있지 않은가? 다들 알고 있겠지만, 우리는 새 물건을 사지 않아도 되는 상황에서도 늘 새것을 선택하기 때문에 엄청난 재정적, 환경적 낭비가 발생한다. 이는 이성적 판단이 아닌 습관의 관성 때문이다. 즉, 늘 그래왔기 때문에 별 다른 고민 없이 반복하는 것이다.

하지만 우리가 늘 그렇게 살았던 건 아니다. 무엇도 쉽게 버려지지 않던 시절이 있었다. 사람들은 물건이 거의 닳아 없어질 때까지 계속 재활용해서 사용했고, 심지어 우리 조상들은 완전히 닳아버린 뒤에도 무언가로 바꿀 방법을 찾았을 것이다. 당시에는 돈도 물건도 지금처럼 풍족하지 않았기 때문에 재사용과 수리는 필수였다. 그건 단순히 궁여지책이 아니라 힘들게 얻은 자신의 물건을 존중하는 태도이자 일종의 자부심이기도 했다.

오늘 우리는 이미 소유한 것들을 존중하고 재활용하는 도전을 하게 된다. 재활용은 돈을 절약하고 불필요한 낭비를 줄이는 데 도움이 되지만, 그보다 더 중요한 보너스가 있으니 바로 창의성이다. 동시에 창의력을 키울 수 있다는 추가적인 이점도 있다. 우리는 선택지가 많을수록 가능성도 커진다는 소비주의적 믿음에 빠져 있지만, 진정한 창의성은 제약이 있을 때 나온다. 그렇다. 이 챌린지가 물건을 얻는 방식을 제한하는 이유도 바로 여기에 있다. 과소비 문화는 우리가 스스로 생각하고 만들어내는 힘을 잃게 만들었다. 그 결과 점점 마케팅 제안에 따라 움직이느라 자신이 가진 자원을 활용하는 능력을 잃어버렸다. 과소비에 너무 깊이 빠지면 창의적인 활동을 통해 얻을 수 있는 만족감과 행복의 기회까지 놓치게 된다.[1] 재사용을 차선책이 아닌 첫 번째 선택지로 떠올리는 습관을 들이면 인지 능력이 향상된다. 만약 아이들과 함께한다면 아이의 건강한 발달에도 도움이 된다.[2] 일단 시작하면 모든 물건을 다양한 용도로 활용할 수 있는 방법이 떠오르기 시작한다. 그리고 '이건 이럴 때만 쓰이는 물건'이라고 배웠던 수많은 것들에 실제로는 다양한 용도가 있다는 것을 깨닫게 된다. 더 중요한 사실은 그런 유용한 물건들이 이미 당신 집에 있다는 것이다.

오늘은 '필요 노트'에 적어둔 항목 중 하나를 업사이클링을 통해 마련할 것이다. 예를 들어, 청소용 걸레가 필요하다면 낡은 시트나 수건, 티셔츠를 잘라서 만들 수 있다. 짝 잃은 양말을 먼지떨이로 활용하는 건 어떨까? 부러진 옷걸이는 테이프나 리본, 실을 정리하는 데 제법 유용하다. 튼튼한 플라스틱으로 만든 과일 용기는 작은 레고 조각이나 바비 인형 액세서리를 모아두는 데 안성맞춤이다. 한번 창의력의 물꼬가 트이면 가능성은 무궁무진하다. 도움이 필요하면 인터넷을 활용하자. 포장지, 새 모이통, 차량 정리함, 자동 급수 화분까지, 온갖 아이디어를 활용할 수 있는 기발한 튜토리얼이 넘쳐난다.

우리 집에서는 유리병을 모아 다용도로 재사용하는, 기본적인 것 뿐만 아니라 조금은 극단적인 재사용 습관도 있다. 일례로 식품 포장지 밀봉용으로 파는 플라스틱 도구(과자봉지 클립 같은 것)는 사지 않는다. 대신 깨끗한 고무줄이나 15년 된 바인더 클립을 사용해서 식품을 밀봉한다. 화분도 새로 사지 않는다. 오래된 큰 접시나 다 쓴 캔들 용기, 향신료 병이면 충분히 멋지고 기능적으로도 문제없다. 생분해성이라고 홍보하지만 실제로는 생분해되지 않는 반려동물 배설물 봉투도 사지 않는다. 대신 재활용하기 까다로운 얇은 비닐로 된 식품 봉지나 집에 많이 쌓여 있는 배송용 포장재를 쓴다.

여러분이 오늘의 실행 과제를 마치자마자 바로 엄청난 독창성을 발휘할 수 있으리라고 기대하지는 않는다. 하지만 업사이클링을 통해 창의성을 발휘하다 보면 예전에는 평범해 보이던 물건들을 훨씬 더 흥미롭고 확장된 시선으로 바라보게 될 것이다.

실행 과제 1

'필요 노트'에서 용도를 바꿔볼 생각으로 U라고 표시해 둔 품목 중, 실제로 재활용하거나 재구성할 물건 하나를 정하자.

실행 과제 2

집 안을 둘러보며 다른 용도로 쓸 수 있거나 새롭게 해석할 수 있는 물건들을 찾아본다. 아이디어가 필요하다면 업사이클링 사례나 방법을 찾아보며 영감을 얻어도 좋다.

실행 과제 3

가능하면 친구나 가족, 아이들을 이 과정에 끌어들이자. 재미와 배움의 밀도를 한 단계 끌어올릴 수 있다.

실행 과제 4

업사이클링 작업을 완료한 뒤 '필요 노트'를 다시 살펴보자. 전에는 다른 SUPER 시스템 코드를 지정했지만, 이제 보니 업사이클이 가능하다고 생각되는 물건이 있는지 찾아보고, 만약 있다면 U 코드로 다시 지정한다.

군이 말하지 않아도 알겠지만, 이 챌린지는 새것이 아닌 물건에 크게 의존한다. 그리고 사람에 따라서 '중고'라는 주제에 다양한 감정을 느낀다. 중고품에 관한 오명 때문이다. 그리고 이런 낙인 중 상당수가 소비주의 사회에서 가난을 악으로 만들어온 역사와 맞닿아 있다.[1]

중고 매장에 한 번도 가본 적이 없는 사람들이 "중고품은 더럽고 찝찝해"라고 말할 때마다 내 수중에 5센트씩 들어온다면, 난 이미 우주선을 만들어 이 지옥 같은 세상에서 탈출했을 것이다. 또 어떤 사람은 중고 시장에만 의존해서 살아갈 만큼 물건이 충분한지에 대해 의문을 품기도 한다. 답은 단연코 '그렇다'이다. 내가 가진 물건의 약 98퍼센트가 중고인데, 난 여전히 잘 살아 있을 뿐만 아니라, 벌레나 발진에 시달리지도 않고, 이상한 냄새를 풍기지도 않는다. 이정도면 이런 오명들을 하나씩 풀어보고, 당신의 걱정을 조금은 덜어줄 자격은 있다고 생각한다.

먼저, 중고품이 지저분하고 세균투성이라는 우려부터 살펴보자. 누군가가 전에 착용했거나 소유했던 물건을 산다는 게 조금 낯설게 느껴질 수 있다. 하지만 호텔에 가본 적이 있는가? 당신이 그 호텔에 묵기 전에 얼마나 많은 사람들이 그 방을 쓰면서 수건으로 몸을 닦고, 시트 위에서 잠을 자고, 알몸으로 가구 위에 누워 있었을지 생각해 보라. 당신이 살지 말지 고민 중인 중고 티셔츠보다 그 호텔이 훨씬 많은 사람들을 거쳤을 것이다. 그럼에도 우리 대부분은 호텔에 묵는 것은 별로 망설이지 않는다. 왜냐하면 호텔을 사치와 연관시키는 데 익숙해져 있기 때문이다.

인간은 원래 예전부터 남들에게 물려 입고 물려 써왔다. 그런데 중고품은 더럽다는 부당한 가정이 1800년대 후반 〈새터데이 이브닝 포스트 Saturday Evening Post〉에 실린 풍자 기사에서 비롯되었다. 당시에는 취업 기회가 제한되어 있었기 때문에 유대인 이민자들은 손수레에 헌 옷을 늘어놓고 파는 일을 하는 경우가 많았다. 그런데 이 잡지는 반유대주의적 비방 기사를 교훈담처럼 포장해 실었다. 유대인이 운영하는 중고 상점에서 산 옷 때문에 천연두에 걸려 사회적 지위와 미모가 다 망가진 금발 여성에 대한 이야기였다. 그 결과 중고품이 부당한 비난을 받게 되었다.[2] 물론 중고품을 살 때는 상식적으로 생각해야 한다. 비에 젖은 채 골목에 버려진 이불을 집에 들이는 건 삼가야겠지만, 중고품은 대부분 튼튼하고 깨끗하며 조금만 노력하면 쉽게 세척할 수 있다.

또 하나의 걱정, 그러니까 혹시 챌린지 기간 동안 당신이 필요한 만큼 물건이 많지 않거나 좋은 물건이 많지 않을까 봐 걱정된다면, 잠시 기다려달라. 내가 몇 가지 사실로 안심시켜 줄 테니까. 지구상에는 이미 훌륭하고 유용하며 스타일리시한 물건이 넘쳐난다. 중고 의류 시장은 전체 소매 시장의 약 42퍼센트를 차지하고 있고, 2026년까지 127퍼센트 성장할 것으로 예상된다. 이는 전체 의류 시장의 성장 속도보다 세 배 빠른 것이다.[3] 기술 제품부터 유아복, 심지어 성인용품에 이르기까지 온갖 중고품을 살 수 있는 새로운 매장과 앱, 플랫폼이 매일같이 생겨나고 있는데, 이는 수요가 엄청나다는 뜻이기도 하고, 입맛에 맞는 상품도 넘쳐난다는 신호다.

영국 패션 협회는 현재 지구상에 있는 옷만으로도 다음 여섯 세대를 입히기에 충분하다고 추정한다.[4] 우리 사회는 늘 새로운 것을 소비하려고 하기 때문에 멀쩡하거나 심지어 한 번도 쓰지 않은 물건을 단지 '질렸다는 이유'로 버린다. 실제로 매년 전 세계에서 생산되는 1,000억 벌의 의류 가운데 65퍼센트가 구매 후 12개월 이내에 버려지는데 그중 상당수는 거의 새것이다.[5] 이는 소비주의가 만들어낸 매우 불행하고 해로운 결과지만, 동시에 중고 생태계에는 당신의 필요를 충족시킬 뿐만 아니라 스타일과 감성까지 만족시킬 수 있는 훌륭한 물건들이 충분하다는 신호이기도 하다.

중고를 먼저 고려하기

이제 중고품 개념을 이해했으니, 이 방법으로 필요한 물건을 완벽하게 구할 수 있는 방법을 알려주겠다. 먼저 '필요 노트'를 살펴보자. S 코드에 해당되는 물건이 있는가? 그중 가장 쉽게 구할 수 있을 만한 물건을 골라서 오늘 반드시 중고로 해결하는 것을 목표로 삼자. 요즘은 말 그대로 뭐든지 다 중고로 살 수 있다. 가구, 인테리어 소품, 가전제품, 의류 등 무엇을 원하든 간에 다음 단계를 따라가다 보면 찾는 물건을 원하는 상태와 적절한 가격에 구할 수 있을 것이다.

- **목적지 정하기**: 커뮤니티와 각종 모임, 인터넷 검색, 리뷰 등을 활용해서 원하는 물건을 구하기에 가장 적합한 중고 구매처를 찾아보자. 온라인인가, 오프라인인가? 가구 전문점인가, 아니면 대형 중고 매장인가? 온라인 플랫폼이라면 평판이 괜찮은가? 명품이나 디자이너 제품을 찾는 경우, 해당 매장에서 정품 감정 서비스를 제공하는가? 일례로 내가 웨스트 엘름^{West Elm} 램프를 구할 때는 지역 중고 매장에서 우연히 발견하기를 기대하기보다는, 브랜드명이나 기타 특징으로 검색해서 필터링할 수 있는 앱이나 온라인 플랫폼을 이용하는 편이 훨씬 수월했다. 그런가 하면 일부 오프라인 매장에는 가구나 의류 위탁 판매 같은 전문 분야도 있으니, 어떤 매장이 가장 적합할지 가늠해 보자.

- **예산 정하기**: 품목을 조사한 뒤 지출할 금액을 정한다. 특정 브랜드나 스타일을 찾고 있다면 간단한 검색만으로 제조업체의 권장 소비자 가격을 확인할 수 있다. 이를 기준 삼아 제품 상태에 따라 합리적인 예산을 조정하면 된다.

이제부터는 온라인에서 구매하는 경우와 오프라인 매장에서 구매하는 경우에 따라 쇼핑 과정이 달라진다.

오프라인 매장

- **준비물**: 작은 줄자(관련 공간 치수도 미리 측정해서), 얼룩 제거용 펜, 현금, 넉넉한 사이즈의 재사용 가능한 쇼핑백을 챙기자. 나는 가려는 매장에 손을 깊숙이 넣어서 뒤져봐야 하는 가판대가 있다면 장갑도 가져간다. 또 신발을 신어볼 예정이라면 양말을 신고, 대부분의 탈의실이 없기 때문에 사려는 옷을 걸쳐보기 쉬운 착장을 입고 간다. 휴대폰에 '필요 노트'를 저장해 두면 괜찮은 물건을 발견했을 때 그게 목록에 있는 품목인지 확인할 수 있다.
- **주의 사항**: 중고 쇼핑은 즐겁지만 성수기에는 정신없이 바쁠 수 있기 때문에 스트레스를 최소화하기 위해 한산한 날에 방문하려고 한다. 직원들과의 채팅을 통해 일정을 파악하고, 매장 SNS 계정을 팔로우해서 세일 기간과 새 상품이 도착하는

시기를 확인한다.

- **열린 마음으로 접근하기**: 아이템의 활용 가능성을 다양한 각도로 살펴본다. 화병을 찾고 있다면 항아리, 키 큰 유리잔, 우산 꽂이까지 범위를 넓혀보고, 물건에는 언제나 하나 이상의 쓰임이 있다는 사실을 기억하자. 그리고 쉽게 지나치는 코너도 놓치지 말 것. 예를 들어, 원단을 찾는다면 침구 코너도 함께 살펴보는 게 좋다. 멋지고 오래된 베갯잇으로 쿠션 커버를 만들 수도 있다. 내가 가장 좋아하는 스웨트셔츠는 80년대풍의 싱글 스티치로 만든 정말 부드러운 제품인데, 아동복 코너에서 발견해 단 1달러에 산 것이다.

- **반품 진열대 확인하기**: 이런 진열대의 위치는 매장마다 다르다. 대개 사람들 눈길을 사로잡았지만 결국 판매되지 않은 물건들을 모아두는 곳이다. 누군가가 이미 선별한 품목이기 때문에 여기서 가끔 정말 멋진 물건을 발견하기도 한다.

- **한계 알기**: 내 경험상 화장품 얼룩은 대부분 제거할 수 있다. 쇼핑할 때 얼룩 제거용 펜을 챙겨 가는 것도 물건을 사기 전에 얼룩을 제거할 수 있는지 확인하기 위해서다. 단추와 밑단은 수선할 수 있고 니트는 보풀을 제거할 수 있다. 하지만 10년 동안 담배 연기에 절여진 가죽은 어떨까? 쉽지 않다. 가구와 가정용품의 경우 녹, 얼룩진 목재, 허술한 철물, 불안정한 이음새 같은 문제는 특별한 기술 없이도 쉽게 해결할 수 있다. 하지만 깨진 거울과 유리는 그렇지 않다. 그러니 본인과 동네 목수, 구두 수선공, 재단사, 세탁소에서 어느 정도 수준

까지 수선할 수 있는지 알아두고 복구나 관리가 너무 어려운 물건은 피하자. 가정용품과 의류를 식별하고 수리하는 방법에 관한 자세한 내용은 16일 차와 17일 차 내용을 참고하자.

- **품질 확인하기**: 요즘 나온 패스트패션이나 가구도 중고로 쉽게 찾을 수 있지만, 대체로 오래된 물건일수록 더 튼튼하다. 의류와 액세서리의 경우 모직, 면, 신축성 없는 데님, 실크, 가죽 같은 천연 소재와 밑단과 안감이 보강된 견고한 제품을 선택한다. 가정용품의 경우 원목, 돌, 유리, 주철, 세라믹, 금속 등으로 만들어진 것을 우선하고, 접착제보다 나사를 사용해서 수리가 가능한 제품을 선택해야 한다.

- **꼼꼼히 살펴보기**: 사고자 하는 제품 내부와 외부를 꼼꼼히 살펴보자. 대부분의 중고 판매점은 반품이 불가하므로 구매하기 전에 제품을 잘 확인해야 한다. 어떤 제품인지 잘 모르겠다면 사진을 찍은 뒤 구글 렌즈의 기능을 이용해서 출처, 용도, 시장 가치 등을 알아보자.

- **과소비 경계하기**: 새 제품을 살 때 빠지는 함정은 중고 쇼핑 때도 발생할 수 있다. 저렴한 가격과 직접 보고 고르는 재미에 빠져 판단력이 흐려지거나 실제 필요한 것보다 더 많이 구입하지 않도록 주의해야 한다. 정말 마음에 드는 제품이 아니면 사지 말자.

- **사려 깊게 행동하기**: 매장과 다른 사람들을 존중해야 한다. 중고 매장에서도 다른 매장에서처럼 예의 바르게 행동해야 한다. 물건을 원래 있던 자리에 돌려놓고, 입어보기만 하고 사

지 않을 옷을 아무 데나 쌓아 두면 안 된다. 또 중고 시장에는 플러스 사이즈 의류가 매우 부족하기 때문에, 본인이 해당 사이즈가 아니라면 얼마 남지 않은 재고를 모두 소진시키지 말자.

- **인내하기**: 원하는 제품을 찾는 데 시간이 걸릴 수 있다. 오프라인 중고 쇼핑이 처음이라면 쇼핑을 끝낼 시간을 미리 정해 두거나, 너무 일찍부터 지치거나 실망하지 않도록 규모가 작고 잘 정리된 매장을 택한다.

온라인 쇼핑

- **기능에 익숙해지기**: 대부분의 온라인 플랫폼에서는 브랜드, 색상, 제품 상태, 사이즈, 가격, 소재, 기타 속성별로 필터링해서 검색할 수 있다. 관련 상품 목록을 찾았으면 낮은 가격부터 높은 가격순으로 정렬해서 그중 상태가 가장 좋은 상품부터 확인한다. 선물할 물건을 찾고 있거나 신제품에 가까운 상태의 물건을 원한다면 '태그가 달린 미개봉 상품'으로 필터링한다. 앱과 플랫폼마다 제공하는 기능이 다르므로 원하는 상품을 정확하게 찾는 방법을 익혀두자. 예를 들어, 어떤 앱은 키워드나 품목에 대한 알림을 설정해서 새 상품이 등록되면 알림을 받을 수 있게 해주고 어떤 앱은 비슷한 상품을 함께 추천한다.

- **정확한 스펙과 사이즈 파악하기**: 가구를 찾고 있다면 자기 집 공간에 맞는 가구 치수를 알고 있어야 한다. 의류나 액세서리의 경우, 반품이 불가능한 플랫폼이 많으므로 어떤 브랜드가 자신에게 어울리는지 아는 것이 중요하다. 나는 종종 오프라인 매장에 가서 원하는 제품이나 그와 비슷한 것을 입어보며 가장 적합한 사이즈를 찾는다. 그런 다음 온라인에서 해당 사이즈를 검색한다.

- **틀린 철자로 검색하기**: 좀 엉뚱하게 들릴 수 있지만, 나는 브랜드명을 철자가 틀린 버전으로 검색한 덕분에 디자이너 제품을 저렴한 가격에 구매하는 행운을 얻었다. 내가 가장 좋아하는 헬무트 랭^{Helmut Lang} 정장은 '헬멧 랭^{Helmet Lang}'으로 검색해서 찾았다.

- **꼼꼼히 읽고 문의하기**: 마음에 드는 상품이 있으면 내용을 꼼꼼히 읽어본다. 사진은 확대해서 자세히 살펴보고 상품 상태를 파악한다. 실제 상품 사진은 없이 소매점 이미지만 있다면 판매자에게 사진을 요청하자. 그리고 상품과 관련해서 다른 궁금한 점이 있으면 꼭 물어봐야 한다! 중고 사이트는 반품이 거의 불가하므로 구매 전에 꼼꼼히 확인하는 것이 중요하다.

- **리뷰 읽기**: 대부분의 사이트에서는 판매자 평점이나 리뷰를 볼 수 있다. 이 정보를 활용해서 물건을 구매하려는 판매자의 평판이 좋은지 확인하자. 그리고 직접 사용 경험에 대한 리뷰를 남겨서 이 생태계가 건강하게 유지되도록 돕자.

- **안전을 최우선으로**: 특정 가격 이상의 품목을 살 때는 안전 결

제나 인증 같은 소비자 보호 기능을 제공하는 플랫폼에서 구입하자. 그리고 이런 사이트에 민감한 금융 정보나 개인 정보를 제공해서는 안 된다. 사기꾼은 어디에나 존재한다. 온라인에서 연결해 오프라인으로 거래하는 사이트에서 물건을 살 때는 항상 사람이 많은 공공장소에서 거래하자.

- **적절한 흥정 시점 파악**: 상품의 소매 가격을 알고 있으면 오프라인 중고 매장보다 온라인 앱에서 더 좋은 가격으로 흥정을 시도해 볼 수 있다. 이는 만족스러운 거래를 할 수 있는 기회이지만 그래도 공정하게 해야 한다. 원가가 200달러인 제품을 판매자가 80달러에 내놓았을 때 10달러를 제시하는 터무니없는 짓은 하지 말자.

내 물건 팔기

이 이야기를 하지 않고 넘어가면 섭섭할 것 같다. 내 물건을 중고로 파는 일은 꽤 만족스러운 경험이고, 수익성도 높으며, 무엇보다 지구에도 도움이 된다. 위탁 판매점, 특정 카테고리 전용 앱, SNS, 일반 벼룩시장까지. 다양한 방법을 통해 자신이 쓰던 물건을 판매하면 물건의 새 주인을 찾아주는 동시에 약간의 수입까지 얻을 수 있어 보람차다. 물론 여기서 이 문제를 아주 깊게 다룰 생각은 없다. 직장을 그만두고 중고시장 셀러로 활동하려는 건 아닐 테니까 말이다. 하지만 다음 단계를 따라 하면 어디서 무엇을 판매할 것인지, 그리고 팔리지 않는 물건은 어떻게 처리할지 쉽게 결정할 수 있다.

- **가격 기준 정하기**: 판매에는 시간과 관리가 필요하다. 그래서 나는 그런 노력을 들일 가치가 있는 물건과 무료 나눔 모임에 가져가는 편이 나은 물건을 구분하기 위해 가격 기준을 정했다. 기준은 사람마다 다르겠지만 나는 일반적으로 1) 팔릴 가능성이 높고, 2) 40달러 이상 벌 수 있는 경우, 온라인으로 물건을 판매한다. 15달러 이상에 팔릴 것 같은 물건은 오프라인 위탁 판매점에 맡기거나 리세일 플랫폼에 보내는데, 둘 다 내가 온라인상에서 직접 판매하는 것보다 시간이 덜 걸린다. 물론 이건 내 개인적인 기준이므로 본인들의 기준은 스스로 정하면 된다.
- **한꺼번에 등록하기**: 인터넷에서 팔고 싶은 물건이 많을 때는 물건의 사진을 찍고, 치수를 재고, 가격과 브랜드 정보를 미리 조사한 뒤 휴대폰 메모 앱에 정리해 두는 게 좋다. 그러면 나중에 제품을 등록할 때 복사해서 붙여넣기가 쉽기 때문이다. 그런 다음 따로 시간을 내서 일괄 등록하는 걸 추천한다.
- **과대평가하지 않기**: 우리는 자기 물건에 감정적으로 더 높은 가치를 부여하는 경향이 있다. 그 물건을 더 이상 원하지 않거나 필요하지 않게 되더라도 그 감정은 계속 남기 때문에 물건의 가치를 과대평가하게 된다. 이를 '소유 효과endowment effect'라고 하는데, 이 때문에 물건의 가격을 너무 높게 책정

하기 쉽다. 판매할 물건의 시세를 조사해서 공정하면서도 경
쟁력 있는 가격으로 판매하고, 합리적인 흥정 제안은 열린 마
음으로 받아들이자.

- **설명을 구체적으로 쓰기**: 구매자가 제품 관련 정보를 요청할
  것이므로, 고해상도 사진을 촬영하고 제품 설명에 치수와 사
  양을 적어두자. 판매 감각이 있다면 간단한 스토리텔링을 추
  가해서, 구매자의 옷장이나 생활에서 어떤 식으로 어울릴 수
  있을지 상상하게 만들자.

- **꾸준히 관리하기**: 구매자의 관심을 유지할 수 있도록 메시지
  와 문의에 답하고, 상품을 다시 게시하자. 일정 기간이 지나
  면 자동으로 게시가 만료되는 경우도 있다. 내가 게시한 상품
  에 관심을 누른 사람들에게 할인가를 제시하거나, 배송비를
  할인해 줄 수도 있다. 구매자가 나타나고 가격이 적당하다면
  거래를 빨리 진행하자. 최대한 빠른 시간 안에 물건을 택배로
  보내거나 직접 거래할 수 있는 일정을 잡자. 온라인상에서는
  사람들의 주의 지속 시간이 매우 짧기 때문에 중고 거래의
  적은 시간이다. 이 작업의 목적은 펜팔 친구를 사귀는 게 아
  니라, 효율적인 방법으로 본인이 원치 않는 물건의 새 주인을
  찾아주는 것이다.

- **친절하게 대하기**: 말할 필요도 없지만, 사람들과 소통할 때는
  친절하게 대해야 한다. 나는 구매자에게 물건을 보낼 때 재활
  용 카드에 짧은 메모를 적거나 가끔 집 안에 굴러다니는 작
  은 샘플을 함께 보내기도 한다. 상대방이 좋은 리뷰를 남기면

당신이 등록한 상품에 관심을 끄는 데 도움이 될 뿐더러 이런 작은 배려 덕분에 중고 쇼핑이 개개인끼리의 사려 깊은 경험으로 느껴진다. 게다가 중고 쇼핑을 할 때 긍정적인 경험을 하면 사람들이 새 상품보다 중고 상품을 선택할 가능성이 높아진다고 나는 믿는다.

- **계절성을 고려하기**: 위탁 판매점에 직접 물건을 갖다줄 때는 지금 계절에 적합한 상품인지 확인해야 한다. 7월에 모직 코트를 판매하기는 쉽지 않으니까 말이다. 한편 온라인에서는 계절성이 덜 중요하다. 그쪽은 시장이 더 활발하기 때문이다.
- **판매를 위한 준비물 갖추기**: 온라인 판매에는(배송 라벨을 출력할 수 있는 방법), 1) 포장재, 2) 우체국이나 택배 접근성 등을 고려해야 한다. 나는 집에 들어오는 포장재를 모두 모았다가 구매자에게 택배를 보낼 때 재활용한다. 평소 무료 나눔 행사나 동네 모임 등을 통해 포장재를 비축해 두기도 한다. 거기서 남는 포장 테이프와 에어캡을 얻은 적도 있다.

대부분의 앱과 위탁 판매점은 거래 대금을 자기네 플랫폼에 보관하면 현금 거래나 무통장 입금을 했을 때보다 더 많은 금액을 준다. 이런 중고 플랫폼은 전통적인 소비주의의 훌륭한 대안이지만, 그래도 완전히 다른 세계는 아니라는 점을 기억하자. 꼭 필요한 물건이 있을 때 여윳돈으로 사는 것은 괜찮다. 하지만 집 안으로 새로 들어오는 물건을 줄이고 싶거나 쇼핑 횟수를 줄이고 싶다면 그냥 통장에 넣어두는 게 현명한 방법이다.

실행 과제 1

'필요 노트'에서 S 코드가 적힌 품목 하나를 찾자.

실행 과제 2

인맥과 자원을 활용해서 '필요 노트'에 적힌 품목을 구매하기에 가장 적합한 중고 거래처를 찾는다. 앱이나 웹사이트, 오프라인 전문 위탁 판매점 가운데 가장 적합한 구매처는 어디일까?

실행 과제 3

어디에서 그 품목을 찾을지 정했으면 앞에서 소개한 팁을 활용해 최대한 순조롭고 즐거운 구매 여정을 즐기자.

실행 과제 4

더 이상 원치 않거나 필요하지 않은 물건을 온라인이나 오프라인에서 판매해 보자. 이번 주에는 물건을 등록하거나 판매할 기회가 없더라도 걱정할 필요 없다. 다음 주의 실행 과제를 진행하는 동안 자연스레 팔고 싶은 물건이 생길 테니까.

내게는 많은 꿈이 있지만 그중에서도 가장 큰 꿈은 정리 예능 프로그램을 진행하는 것이다. 단, 그 프로그램에서는 1) 플라스틱 정리함을 수십 개씩 새로 사들이지 않고, 2) 멀쩡한 물건으로 가득한 쓰레기 봉지를 수십 개씩 내다 버리거나 누군지도 모르는 사람에게 보내지도 않을 것이다. 기존의 정리 프로그램들도 분명 재미있고 영감을 주지만, 그 기저에 깔린 "그냥 버려"라는 메시지가 얼마나 무신경하게 일회용 문화를 부추기는지 생각하면 소름이 돋는다. 지구상에서 '멀리' 치워버린다는 건 불가능하다는 사실을 알아야 한다. 쓰레기 수거원들이 우리 쓰레기를 다른 우주로 운반한다고 착각하기 쉽지만, 실제로 분해되어 사라지는 것은 거의 없다.

대형 기부 센터에 물건을 갖다주고 나면 왠지 마음이 따뜻한 기분이 들지도 모르지만, 이런 기부 센터가 아무리 훌륭한 일을 하더라도 그들도 결국 사업체다. 여느 사업체와 마찬가지로 되팔 시장이 없거나, 그 물건을 전시해서 판매할 공간이 부족하거나, 수십억 킬로그램의 물건을 분류할 직원이 충분하지 않다면 상당수의 기부품이 매립지로 갈 가능성이 높다. 미국 환경보호청 EPA은 기부된 물품 가운데 실제로 재판매되는 건 16퍼센트뿐이라고 추정하고 있다. 나머지 84퍼센트가 어디로 가는지는 굳이 말하지 않아도 알 것이다.[1] 그런데 주변에서 "그 물건은 '아름다운 가게'에 보낼 거야"라든가 "그 가방은 구세군에 기부하려고"라는 말을 얼마나 자주 듣는가? 미국에서는 무차별적인 기부가 너무 흔한 탓에 특정한 회사 이름을 기부라는 동사와 혼용해서 사용할 정도다. 그리고 매립지에는 물건이 분해되는 데 필요한 햇빛, 미생물, 산소 등이 매우 부족하기 때문에 여러분의 물건은 사실상 미라처럼 보존되어 엄청난 양의 유해 메탄을 내뿜게 된다.

게다가 길가에 놓인 대부분의 기부품 수거함은 우리가 버린 옷을 자원이 부족한 국가로 보내서 다른 지역 사회에 문제를 일으키는 중개자일 뿐이다. 예를 들어, 헌옷은 대부분 남미, 아프리카, 아시아 국가로 보내서 재판매하지만 그중 약 40퍼센트는 상태가 너무 나빠 폐기해야 하는 상태로 도착한다.[2] 가나의 수도 아크라에는 매주 1,500만 벌의 원치 않는 옷이 도착한다. 그 양이 너무 많아서 코를 라군 Korle Lagoon 주변의 급경사면은 거의 전적으로 서양인들이 버린 옷으로 이루어져 있다.[3] 제대로 읽은 것 맞다. 말 그대로 이 땅덩어리는 우리가 책임지기 귀찮아 새 주인을 찾아주지 못한 옷들로 이루어져 있다. 지구에서 가장 오래된 사막 중 하나라는 칠레의 아름다운 아타카마^{Atacama} 사막에는 매년 3만 9,000톤의 패스트패션 의류가 버려져, 그 옷더미는 우주에서도 보일 정도다.[4] 정말이다.

우리 과소비의 결과물을 역사적으로 억압받아온 지역에 떠넘기는 구조는 또 다른 형태의 식민주의다. 제조업체들이 자사 제품의 수명 연장과 폐기 문제를 확실하게 책임지기 전까지는 우리 소유물은 우리가 책임져야 한다. 그리고 대부분의 사람들은 이런 해악과 오염을 타인에게 떠넘기고 싶어 하지 않을 것이다. 이런 악순환을 끊는 가장 좋은 방법은 무엇보다 물건을 덜 사는 것이다. 이 챌린지에 참여하고 있는 당신은 이미 그러고 있다고 생각해도 될 것 같다. 두 번째는 원치 않는 물건을 처분할 때보다 적극적인 방법을 취하는 것이다. 그 물건을 사용할 의향이 있는 사람이나 확실히 재활용할 곳을 찾자는 얘기다. 나는 이걸 '윤리적인 처분^{ethical off-loading}'이라고 부르는데, 생각보다 훨씬 쉽다. 윤리적인 처분의 예로는 다음과 같은 것들이 있다.

- 해당 물품이 필요하다고 명확히 밝힌 단체에 기부하기
- 주변 사람들 가운데 그 물건을 사용하겠다는 사람에게 주기
- 더 이상 필요하지 않은 물건을 무료 나눔 모임에 게시하기
- 온라인 거래 플랫폼, 앱, 위탁 판매점, 벼룩시장 등을 통해 필요 없는 물건 판매하기(맞다, 13일 차 활동도 윤리적 처분의 한 형태다!)

- 처분하기 어렵거나 고장 난 물건은 전문 재활용처에 맡기기

공통점은 물건을 쓰레기 더미에 버리지 말고, 유용하게 쓸 수 있는 사람이나 재활용할 수 있는 곳에 보내라는 것이다. 그래야 지구와 공동체에 더 좋을 뿐 아니라, 우리가 사용하지 않는 물건이 다른 사람에게 도움이 될 수 있다는 사실을 알면 정말 기분이 좋다. 임부복이 가득 든 상자는 예비 엄마에게 도움이 될 수 있고, 낡은 담요는 평생 머무를 집을 기다리는 임시 보호소의 사랑스러운 동물들에게 아늑한 잠자리가 된다. 6일 차에 물건을 반품했을 때처럼, 이 실습은 우리의 물건이 생각보다 훨씬 많은 시간과 주의를 요구한다는 점을 일깨워 준다.

실행 과제 1

집이나 옷장에 윤리적으로 처분할 수 있는 물건이 있는지 살펴보자. 어쩌면 아무 기부처에나 가져다주려고 했던 물건이 산더미처럼 쌓여 있을지 모른다. 오늘 내용을 읽고 생각이 바뀌었다면 책임감 있게 새 주인을 찾아주거나 재활용할 방법을 찾아보자.

대형 기부 센터에 맡기려고 했던 물건을 한 가지 이상 찾아서 윤리적으로 처분하거나 재활용할 수 있는 곳에 가져가 보자. 좋은 방법이 떠오를 때마다 더 많은 물건에 대해서 이 과정을 반복한다.

원치 않는 물건이 생길 때마다 윤리적인 처분을 실천하겠다는 마음가짐을 기르고 실행에 옮긴다. 목적지가 확실한 곳에 기부를 할 수 있는 방법을 찾아 목록을 만들고, 이를 정기적으로 업데이트한다(새로운 방법이 계속 생겨나니까!). 그리고 필요할 때마다 이 목록을 참고하자.

14일이 지났다! 공식적으로 챌린지 기간의 절반이 끝났는데 기분이 어떤가? 나는 개인적으로 2주 차를 특히 좋아한다. 매주 의미 있는 주제와 실행 과제가 등장하지만, 이 주에는 대체 불가능한 무언가가 있기 때문이다. 1) 시끄러운 소비주의 메시지를 차단하기 시작하는 것, 2) 물건을 보다 책임감 있게 대하는 방법을 익히는 것. 다양한 실행 과제가 여러분에게 즐겁고 유익한 습관이 되기를 바란다.

예를 들어, 나는 매달 SNS를 살펴보면서 내게 도움이 되지 않는 계정을 정리한다. 이는 통근길 지하철 안이나 계단을 오를 때처럼 이동 중에도 쉽게 할 수 있는 일이고, 그때마다 내가 무엇을 소비할지 결정하는 주체가 나 자신임을 확인할 수 있다. 또 메일함에 광고성 메일이 들어오면 바로 구독 취소를 누른다. 이런 행동을 반복하면서 프로모션이나 비교의 함정에 빠지는 일이 줄고, 평온함을 누릴 수 있는 튼튼한 신경망이 구축된다.

일반적인 물품이 필요할 때는 용도를 바꾸어 쓸 수 있는 물건이 있는지 확인한다. 특정한 물건이 필요할 때는 바로 중고로 구할 수 있는지부터 알아본다. 순환 경제 덕에 대개는 성공한다! 이렇게 순환 경제에 익숙해진 덕분에 창의력을 마음껏 발휘할 수 있고 전형적인 소매업체의 함정에서 벗어날 수 있었다. 여러분도 이번 주의 실행 과제를 시도하고 개선하면서 더 많은 자유와 만족감을 느낄 수 있기를 진심으로 바란다.

아래 질문에 답해보자. 이번 주와 지난주에 절약한 돈을 합산해서 얼마나 많은 돈을 아꼈는지 확인해 보는 것도 재미있을 것이다. 자, 기쁜 마음으로 하이파이브! 그리고 매주 그렇듯이 시간을 내 '러브 리스트'에 적어둔 사치스러운 활동을 하나 하면서 자신의 수고를 보상하자. 당신은 그럴 자격이 충분하다.

질문	답변
이번 주의 전반적인 기분은 어땠는가? 챌린지가 순조롭게 진행되었는가? 그 이유는 무엇인가?	

힘들었던 날이나 실행 과제가 있었는가? 어떤 것이며, 그 이유는 무엇인가?	
정말 기분 좋았던 날이나 실행 과제가 있었는가? 어떤 것이며, 그 이유는 무엇인가?	
쇼핑이나 물건과의 관계에 있어 지금까지 몰랐던 통찰이나 깨달음을 얻었는가? 어떤 깨달음인가?	
다음 주에 가장 기대되는 것은 무엇인가?	
이번 주의 '트리거 기록장'을 집계해 보자. 돈을 얼마나 절약했는가?	
1주 차와 2주 차에 모은 돈을 합산해 보자. 챌린지 시작 후 돈을 얼마나 절약했는가?	

이번 주에 중고품을 판매한 적 있는가? 있다면 판매 총액을 적어보자.	
1주 차와 2주 차에 절약한 돈, 그리고 중고품 판매 금액을 합산한다.	

'새 물건 안 사기'는 새로운 물건을 덜 사거나 아예 사지 않는 것을 목표로 하는 챌린지지만 그와 동시에, 이미 가진 것들에 대한 감사하는 마음을 기르는 활동이기도 하다. 그리고 그걸 가장 빠르게 체감하는 방법 중 하나는 기존에 가지고 있는 물건을 꼼꼼히 살피고 잘 관리하는 것이다. 방 안에 아무렇게나 굴러다니고 있거나 더러운 상태로 방치되어 있는 물건들에게는 고마운 마음을 느끼기가 쉽지 않다.

　　이번 주에는 당신이 좋아하고 잘 쓸 만한 물건들만 골라서 그 물건들을 닦고 수리하고 정리하는 등의 작업을 할 것이다. 이번 주에는 보너스로 하루가 더 주어지지만, 하루가 24시간이라는 사실에는 변함이 없다.

정리를 그냥 일상적인 절차나 유행하는 활동으로 여기는 사람도 많지만, 나는 이 과정이 꽤 깊이 있는 변화를 만들어낼 수 있다고 생각한다. 실제로 나는 간단한 정리가 누군가의 인생 궤도와 정신 상태를 바꾸는 모습을 수도 없이 보았다. 주변 공간을 정리하면 몸이 건강해지고 수면의 질이 높아지며 인지 기능이 향상되고, 심지어 사고 예방과 같은 뜻밖의 이점이 생긴다는 과학적 증거도 있다.[1]

소유물 목록을 작성하고 하나하나 돌보는 행위는 당신이 이미 누리고 있는 풍요로움을 가시적으로 보여주는 증거이기도 하다. 그렇게 가진 것에 감사하고 관심을 기울이는 태도는 자본주의 사회에서 우리를 괴롭히는 결핍감을 해소하는 놀라운 해독제다. 온갖 멋진 옷을 다 가지고 있으면서 어떻게 유행에 뒤떨어졌다는 생각을 할 수 있단 말인가? 아늑하고 편안하고 안전하며 필요한 게 다 있는 집에 살고 있다는 사실을 의식하면 부족하다는 생각이 훨씬 줄어들 것이다. 세상에, 바디워시가 세 종류나 있다고? 정말 부자 아닌가! 물론 살다 보면 늘 원하는 게 생기고 풍요의 수준도 사람마다 다르겠지만, 우리가 누리고 있는 것이 무엇인지 제대로 알 필요가 있다.

오늘부터 물건으로 꽉 찬 공간이 유발하는 피로와 무력감을 극복하기 위한 한 주가 시작된다. 미룰수록 더 극복하기 어려워진다는 것을 기억하자. 물론 일주일 내내 물건에 집중하는 일이 부담스러울 수도 있지만, 많은 참가자들은 이번 주부터 상황이 급격하게 변하기 시작한다고 증언했다. 실제로 간소하고 깔끔하게 정리된 매력적인 공간과 물건을 보면 기분이 좋아질 것이다. 자신의 소유물을 돌보는 동안 지금 얼마나 많은 걸 가지고 있는지 깨달으면, '결코 충분하지 않다'는 마케팅 논리를 무너뜨릴 수 있다. 그러니 잠깐의 기분 전환에 불과한 쇼핑 테라피 대신, 이번 주 과제를 여러분의 공간과 정신을 근본적으로 보살피는 명상적인 과정으로 받아들여 보자. 이것이야말로 삶에 실질적이고 지속적인 치유를 가져다줄 것이다.

미니멀리스트 수도승이나 금욕주의자가 아니라면, 아마 당신의 생활 공간은 물건으로 가득할 것이다. 그게 꼭 나쁜 것만은 아니지만, 당신도 보통의 사람이라면 그런 어수선한 환경은 별 도움이 되지 않을 것이다. 평균적인 미국 가정에는 30만 개가 넘는 물건이 있는 것으로 추산되는데,[1] 59퍼센트의 경우에는 "그중 상당수가 더 이상 원치 않거나 필요 없는 물건"이라고 답했다.[2] 그리고 "어수선한 환경은 곧 스트레스이므로" 우리는 망가졌거나 원치 않는 물건이 눈에 띄지 않기를 바란다. 그래서 스트레스를 유발하는 물건을 감추려고 벽장, 지하실, 다락방, 차고를 한계까지 채운다. 문제는 그렇게 숨겨진 물건 자리에 또 다른 물건을 사서 채운다는 거다. 내가 과장하는 것 같은가? 절대 아니다. 온갖 쓸데없는 물건들 때문에 차 두 대 크기의 차고를 가진 미국인의 32퍼센트는 차고에 차를 한 대만 겨우 넣고, 25퍼센트는 한 대도 세우지 못한다.[3] 그리고 집 안이 꽉 차면 어떻게 할까? 20퍼센트는 물품 보관 시설을 선택하는데, 그 결과 물품 보관소는 상업용 부동산에서 가장 수익성이 높은 업종 중 하나가 되었다.[4]

팬데믹을 기점으로 사람과 소유물의 관계에 전환점이 생겼다. 다들 짐작하겠지만, 매일 집 안에 갇혀 지내는 동안 우리 중 78퍼센트는 '맙소사, 물건이 너무 많아'라는 생각에 이르렀다. 그렇다면 이런 깨달음 때문에 물건을 덜 사게 되었을까? 아니, 전혀. 한쪽에서 물건 기부가 급증하는 동안, 다른 한쪽에서는 '따분함을 잊기 위한 쇼핑'에 빠져들었고, 운동복이나 실내 장식품 같은 필수적이지 않은 상품 매출이 65퍼센트나 급증했다.[5] 우리는 충분하고도 남을 만큼 많은 물건을 가지고 있다.

그래서 오늘의 첫 번째 과제는 더 이상 나에게 쓸모없는 물건을 처리하는 것이다. 당신의 집에도 기부 센터나 특수 재활용 센터, 동물 보호소, 작은 도서관 등에 가져다주겠다고 해놓고 몇 주째 방치된 봉투나 상자가 있을 것이다. 오늘은 바로 그런 물건들을 처리하는 날이다. 수많은 물건 가운데 어떤 걸 버리고 어떤 걸 남길지 정하는 것은 대부분의 가정에 큰 과제이자, 남은 챌린지 기간을 잘 보내는 데 꼭 필요한 단계다. 그래서 이 과정은 하루에 끝나지 않는다. 공간별로 나눠서 30일째 되는 날 끝내는 걸 목표로 삼자. 즉, 이 챌린지가 끝날 즈음에는 당신의 공간과 물건이 모두 정리되고 수리되어서 이전보다 훨씬 효율적으로 사용할 수 있게 될 것이다. 벌써 너무 어렵게 들린다면 걱정할 필요 없다. 특히 이번 주 실행 과제에는 정리 작업이 반복적으로 등장한다. 그러니 흐름을 계속 이어갈 수 있는 기회로 받아들이자.

버릴 물건을 어떻게 처리할지는 당신에게 달려 있다. 정리 전문가 곤도 마리에 Marie Kondo 처럼 물건을 버리기 전에 감사 인사를 해도 좋고, 옷장이나 서랍장에 든 물건을 전부 쏟아놓은 뒤 감정은 배제하고 빠르게 정리해도 된다. 오늘의 목표는 명확하다. 더 이상 필요하지 않은 물건, 윤리적인 처분 방법을 생각해 둔 물건을 처리하는 것이다. 그러니 비교적 쉬운 일부터 시작하자. 처분 방법을 생각해 뒀거나, 모아서 봉투에 담아둔 물건, 이미 처분할 준비가 된 물건들 말이다. 그리고 최근 4개월간 쓰지도 않았거나 없어진 줄도 몰랐던 물건이라면 앞으로도 쓸 일이 없을 것이다. 그런 것들도 모아서 처분하자.

오늘의 주된 목표는 필요 없거나 사용하지 않는 물건을 처분하는 것이지만, 그냥 대형 기부 센터에 맡기기보다는 14일 차에 얻은 정보를 활용해서 물건을 보낼 곳을 좀 더 숙고해 보자. 오늘의 목표는 쉽게 처분할 수 있는 물건을 정리해서 30일 챌린지가 끝나기 전까지 공간을 완전히 정리하는 것이다. 그 속도는 전적으로 당신의 선택이다.

기부하려고 모아둔 물건의 목록을 작성한다. 현관이나 차 트렁크에 오랫동안 쌓아뒀던 물건들 말이다. 오늘이 바로, 그 물건들이 제 갈 곳으로 떠나는 날이다.

실행 과제 2

물건을 기부할 장소를 아직 정하지 않았거나 그냥 대형 기부 센터에 갖다줄 계획이었다면, 14일 차 내용을 다시 읽으면서 윤리적인 처분이 무엇이고 그것이 당신과 지역 사회, 지구에 왜 중요한지 상기하자. 물건이 실제로 필요한 사람에게 가거나, 제대로 재활용될 수 있는 더 책임 있는 기부처를 찾아보자.

실행 과제 3

기부품과 버릴 물건을 모아서 정리하는 동안 쓰레기 처분, 재활용, 퇴비, 광고 우편물과 쌓여 있는 서류 정리 등 다른 잡다한 작업까지 처리해야 할 수도 있다. 이건 보너스다.

실행 과제 4

챌린지 기간 동안 정리를 이어가자. 앞으로 며칠 동안 하게 될 실행 과제 중 상당수가 이런 꾸준한 정리와 관련이 있으니 '겸사겸사'의 기회를 적극 활용하자.

시간을 내서 기부할 물품들을 살펴보자. 그 물건을 당신 삶에 들여오기 위해 돈과 시간을 쏟았을 것이다. 그 물건과 아직 당신 삶 속에 남아 있는 다른 물건들, 그리고 그걸 가능케 해준 자원에 감사를 느낄 수 있는가? 주변을 둘러보면서 당신이 꾸민 공간과 가진 것들에 감사를 느껴보자. 물건이 우리의 가치를 정의하는 건 아니지만 풍요로움을 눈으로 보게 해주는 증거가 될 수는 있다. 그리고 스스로 풍요롭다고 느낄수록 과소비할 가능성은 줄어든다.

물건 광내기 Day 16

불확실하고 절망적인 팬데믹 기간을 거치는 동안, 내가 폭 빠진 드라마가 있다. 순수함과 따뜻함이 느껴져 위안을 얻곤 했던 BBC 드라마 〈리페어 숍The Repair Shop〉이다. 드라마는 웨스트 서식스의 목가적인 시골에 있는 '리페어 숍'이라는 아름다운 건물을 배경으로 한다. 외관이 꼭 동화책에 나오는 건물처럼 생겨서 안으로 들어서면 작은 생쥐들이 앞치마를 두르고 딸기 파이를 굽고 있을 것만 같다. 하지만 실제로 문을 열고 들어가면, 많은 사랑을 받았지만 안타깝게도 망가진 물건들을 수리하는, 장인정신에 충실한 수리 장인들이 분주하게 움직인다.

매 에피소드마다 손님들은 제2차 세계대전 당시 디데이D-Day 에서 살아남은 할아버지의 시계나 윈스턴 처칠의 소유였다는 소문이 도는 일본 도자기처럼, 상태가 너무 나빠 당장이라도 쓰레기 더미로 갈 것 같은 물건을 들고 찾아온다. 복원팀은 찢어진 레이스부터 덮개까지 모든 걸 수선하고, 비틀린 금속 가공물을 복원하고, 깨진 도자기를 감쪽같이 다시 붙여 이음매가 눈에 띄지 않게 해준다. 이 과정을 지켜보는 일은 일종의 특권처럼 느껴지고, 수리가 그 자체로 하나의 예술이라는 사실이 깊이 와닿는다. 고친 물건과 재회한 손님들의 모습은, 잠깐 티슈 한 장만…. 그야말로 감동적이다. 이 드라마는 물건이 단순한 소유물 이상의 의미를 지닐 수 있다는 걸 완벽하게 보여준다. 리페어 숍의 장인들은 단순히 물건을 수리하는 게 아니라 추억을 되살리고, 유산을 재건하고, 역사를 다듬으며, 삶을 변화시킨다.

하지만 안타깝게도 요즘은 여러 가지 이유로 '수리'는 거의 잊혀진 기술이 되었다. 첫째, 실제로 이용 가능한 수리 옵션이 거의 없다. 예를 들어, 주변에서 청소기나 TV 수리점을 마지막으로 본 일이 언제인가? 고장 난 소형 가전제품을 해결할 방법을 찾으려고 제조사에 전화를 걸었더니 부품 교체 대신 새 제품을 보내주겠다는 제안을 받은 적이 있지 않은가? 간혹 수리 옵션이 있어도 '너무 비싸다'고 느껴진다. 값싼 노동 착취로 터무니없이 저렴해진 상품들에 익숙해져서 적정 가격에 대한 우리의 감각이 왜곡되었기 때문이다. 사실 심각한 부수적 피해 없이는 6달러짜리 쿠션을 생산할 수 없다. 그 피해는 대부분 화장실 갈 시간도 없이 하루 18시간씩 착취당하며 일하는 노동자들에게 돌아간다. 그러니 자라^{Zara}로퍼를 새로 사는 데는 30달러면 되는데, 밑창을 고치는 데 40달러를 내라고 하면 코웃음을 치는 것이다. 그리고 이런 "고치지 말고 버리라"는 태도는 모든 물건을 소모품으로 여기게 만드는데, 앞서 말했듯이 지구상에서 완벽하게 폐기되는 것은 아무것도 없다.

사실 매립지로 향하는 물건 중 상당수는 나사를 조이거나 이음새를 다시 붙이거나 손잡이를 교체하는 등의 아주 간단한 수리만으로도 다시 쓸 수 있는 물건들이다. 미국 환경보호청^{EPA}은 매년 버려지는 섬유 제품의 85퍼센트는 쉽게 수선하거나 재활용이 가능할 것이라고 추정한다. 옷만 그런 게 아니다. 가구는 어떨까? 미국에서는 매년 1,200만 톤의 가구가 버려지는데, 불과 60년 전보다 고형 폐기물 양이 450퍼센트나 늘어난 수치다.[1] 이런 물건은 쉽고 빠르게 분해되지 않고, 대신 이산화탄소보다 25배나 강력한 온실가스인 메탄을 대량으로 방출한다. 그래서 가구와 인테리어 소품의 목적지로 매립지는 정말 추천하지 않는다. 드라이버만 꺼냈어도 이런 유해 폐기물이 발생하는 걸 대부분 막을 수 있었을 텐데, 쯧.

우리는 오늘 그리고 남은 챌린지 기간 동안, 가구와 실내 장식품 같은 물건들을 새롭게 손볼 것이다. 옷과 전자기기의 경우, 이번 주에 정리하는 날이 별도로 있으니 잠시 미뤄두자. 오늘은 집 안 물건을 유심히 살펴보고, 그 물건을 더욱 근사하고 더 쓸모 있게 만들려면 무엇이 필요한지 진단해 보자. 부엌 의자가 짜증 날 정도로 흔들리고 삐걱대는 건 이제 쓸모가 다해서일까? 아니면 작은 볼트 두 개만 조이면 해결될 문제일까? 무쇠 팬이 심하게 녹슬었는데 되살릴 가능성이 전혀 없을까? 혹시 시즈닝만 해주면 다시 쓸 수 있을까? 꾀죄죄해 보이는 소파는 어떤가? 내다 버려야 할까, 아니면 전동 보풀 제거기로 한 번 밀고 얼룩만 좀 닦아내면 나중에 영화 볼 때 다시 쓸 수 있는 상태가 될까? 집에 있는 물건 중에 약간의 애정이 필요한 물건을 적어두고 정성을 다해 손질해 보자. 나는 집에 보살핌이 필요한 물건이 생길 때마다 계속 적어두는데, 이런 물건 중에는 별다른 노력을 기울이지 않아도 좋은 결과를 얻을 수 있는 게 많아서 때로는 왜 그렇게 오래 미뤄뒀는지 의아할 정도다.

대부분의 경우, 필요한 수리는 간단하고, 집에 있는 도구와 기술로도 충분히 해결할 수 있다. 하지만 좀 특수한 경우에는 전문가에게 청소나 수리를 맡겨야 하는데, 챌린지 중에 이런 비용은 얼마든지 써도 된다. 요즘 사람들은 무언가 고장 나도 수리를 먼저 떠올리지 못한다. 그래서 외부에 수리를 맡겨야 하는 대상을 과대평가하고 직접 수리할 수 있는 자신의 능력을 과소평가하기도 한다. 하지만 카펫 세척기만 빌려 오면 카펫을 다시 푹신하고 새것처럼 만들 수 있다는 얘기를 꼭 하고 싶다. 무료 나눔 모임이나 이웃으로부터 스티커 제거제와 목재 컨디셔너를 빌려 오면 스티커를 덕지덕지 붙여놓은 서랍장도 살릴 수 있다. 호텔에서 무료로 제공하는 재봉 키트를 사용하면 이불 커버의 작은 올 풀림을 고칠 수 있다. 수리를 완벽한 수준으로 해낼 필요는 없다. 당신이 물건을 얼마나 훌륭하게 단장했는지 평가하려고 인테리어 전문지 기자들이 예고도 없이 들이닥치지는 않으니까. 중요한 건 당신이 애정하는 물건에 새 생명을 불어넣는 작은 행동에서 느끼는 자부심이다. 그 물건들은 다시 쓸모를 되찾음으로써 당신의 삶에 보답할 것이다.

이런 작업은 물건의 수명을 늘려 매립지행을 막을 뿐만 아니라, 우리가 새 물건을 살 때 느끼는 신선한 기분도 안겨준다. 15일 차의 '내가 가진 것에 감사하기'가 잘 작동했다면, 이 말이 꽤 와닿을 것이다. 여러분은 여러분 물건의 관리자다. 그런 관점에서 생각하면, 베개 커버를 세탁하고, 흔들리는 테이블 다리를 고치고, 나무 협탁에 광을 내는 일은 우리 삶에 편안함을 주는 물건들에 대한 아주 자연스러운 감사 표현이다.

실행 과제 1

집 안을 살펴보고(자동차와 사무실이 있다면 거기도) 손길이 필요한 물건 목록을 작성해 보자. 본인이 직접 수리 또는 단장할 수 있는 것과 외부에 맡겨야 할 것을 구분한다.

실행 과제 2

직접 수리할 수 있는 물건은 부품이나 소모품, 도구 등을 빌리거나 주문해서 준비하자. 타이머를 설정해 놓고 한 시간 동안 그 물건이 최적의 기능을 발휘하는 데 필요한 수리와 청소, 정리 작업을 해본다. 챌린지 기간 동안 목록에 있는 일을 전부 완료해 보자.

전문적인 도구나 능력이 필요한 물건이라면 전문가에게 연락해 예약을 잡아 진행한다. 챌린지 기간 동안 목록에 적힌 모든 항목을 마무리하자.

수리할 물건을 점검하다 보면, 더 이상 필요 없는 물건을 정리하는 일과 자연스럽게 연결된다. 더 이상 쓸모가 없거나 즐거움을 주지 못하는 물건은 그 진가를 알아보고 유용하게 사용할 수 있는 곳에 윤리적인 방법으로 처분한다.

의류 관리하기

오늘은 옷장으로 시선을 이동해 보자. 특히 내 몸에 잘 맞고 편한 옷을 선별해서 잘 손질하고, 나머지 옷은 새 주인을 찾아주는 데 전념할 예정이다.

놀랍게도 아무리 미니멀하게 사는 사람도 옷장에 있는 옷의 20~30퍼센트 정도만 입는다고 한다. 그리고 수많은 선택지가 있음에도 불구하고 우리 중 61퍼센트는 입을 옷이 하나도 없다고 말하는 '옷장 공황'을 일상적으로 겪는다.[1] 6일 차에 반품 가능한 옷들을 처리했다면 오늘은 그 흐름을 이어받아, 자신의 일상생활과 스타일, 몸에 잘 맞는 상태 좋고 깨끗한 옷들만 고르게 될 것이다.

옷에는 생각보다 훨씬 큰 의미가 담겨 있다. 누군가가 우리 물건, 특히 평소 입는 옷은 "우리와 함께하는 친구"라고 말하는 걸

들은 적이 있는데 꽤 와닿았다. 그런 관점에서 볼 때 당신 옷장은 당신에 관해서 어떤 이야기를 들려줄까? 이상적인 삶이나 이상적인 스타일을 위해 산 물건들로 가득 차 있지는 않은가? 어쩌면 부유하고 고급스러운 분위기를 내고 싶어서 로고가 큼직한 명품들을 샀지만, 실제로는 점점 희미해지는 자존감만 부각시키고 있을지 모른다.

우리가 자신을 꾸미려고 선택하는 물건에는 사실 꽤 깊은 의미가 있다. 일례로 오래전에 입던 옷을 간직하고 있거나 '언젠가는 입을 수 있으리라는' 희망을 안고 최근에 작은 사이즈 옷을 산 사람이 있을 텐데, 사실 그 옷은 중학생 때로 돌아가도 입기 힘들 것이다(바로 내 얘기다). 옷장에 걸려 있는 이런 옷들을 매일 볼 때마다 무슨 생각이 드는가? 더 날씬했으면 좋겠다, 키가 더 컸으면 좋겠다, 몸에 근육이 많았으면 좋겠다는 생각인가? 지금의 몸매에 만족하지 못하고 아득한 옛날의 몸매를 그리워하는가?

내가 그런 옷을 계속 사는 이유는 1) SNS에서 예쁘고 멋진 사람들이 입은 모습을 보고 나도 그렇게 예뻐 보이고 싶었고, 2) 이번에 사는 옷은 다를 거라고, 아니면 내가 갑자기 달라져서 어느 날 갑자기 그런 옷에 딱 어울리는 몸매가 될 거라고 스스로를 세뇌했기 때문이다. 하지만 두 가지 시나리오 모두 실현된 적이 없다. 그러던 어느 날 옷장을 살피다가 이제 현실을 직시하고 돈 낭비를 멈춰야 한다는 걸 깨달았다.

사실 옷장은 이뤄진 꿈과 아직 이루지 못한 열망으로 가득 차 있다. 여기에 시간과 관심을 조금만 기울이면, 어떤 옷이 나를 기분 좋게 만드는지, 패배감을 느끼게 하는지 분명해진다. 패배감이 들게 만드는 물건까지 품고 살기엔 우리 인생이 너무 짧다.

게다가 누군가의 옷장 정리를 도와줄 때마다 누군가는 정말 좋아할 만한 물건, 약간만 손보면 수명을 늘릴 수 있는 물건을 많이 발견하게 된다. 단추가 하나 떨어진 셔츠나 밑창을 고쳐야 하는 신발을 발견한다면 그냥 내버려두지 말고 손봐서 다시 쓸 수 있게 해야 한다. 반가운 소식은, 이런 수선 작업이 대부분 좋아하는 드라마 한 편을 보는 시간 안에 충분히 해결할 수 있다는 것이다. 내 경험상, 몇 시간과 멋진 플레이리스트만 있으면 삶의 질을 대폭 높여주는 이런 변화들이 따라온다.

- 잊고 있었던 멋진 아이템을 찾아낸다.
- 과거의 나를 떠올리게 하는 옷들 대신 지금의 몸과 삶을 빛내고 기념할 수 있는 옷만 남기면 신체적, 정신적, 감정적으로 더 편안해지고 자신감 넘친다.
- 실제로 내가 입고 싶은 스타일을 명확히 알게 되어 앞으로 보다 현명한 구매를 할 수 있다. 그 결과 돈과 시간도 절약된다.
- 더 이상 입지 않을 옷을 팔거나 위탁해 용돈을 번다.
- 스트레스, 시간 낭비, 옷 입을 때의 결정 피로감이 눈에 띄게 줄어든다.
- 공간이 깨끗하게 정돈되어 시각적인 부담감과 어수선함이 줄어든다.
- 새로 사는 대신 기존에 있는 옷을 수선하고 단장해서 비용을

절약한다.

- 어울리지 않는 옷은 정리하고, 자신에게 잘 맞는 옷에 집중해 진정한 자기만의 스타일을 발견한다.

누드족 공동체에 살지 않는 이상, 오늘의 실행 과제를 실천하는 동안 이런 효과 중 적어도 한 가지는 누릴 수 있다. 다들 사는 게 바쁘기 때문에 이런 일을 제대로 처리하는 데 시간을 들이기 쉽지 않다는 것도 안다. 그러니 이 작업은 본인의 상황에 맞게 여러 번에 나눠서 해도 되고, 한 번에 해치워도 된다.

옷을 분류해 담을 가방 몇 개를 준비하고, 맛있는 음료와 기분을 끌어올려 줄 플레이리스트도 준비하자. 거울 앞에 자리를 잡고, 당신에게 가장 잘 어울리는 스타일을 찾도록 도와줄 솔직하고 다정한 친구도 한 명쯤 불러도 좋다. 준비가 끝나면 옷을 전부 입어 보자. 핏도 물론 신경 써야 하지만 그보다 중요한 것은 본인의 느낌이다. 옷이 편안한가? 옷맵시가 계속 유지되는가, 아니면 움직일 때마다 말려 올라가거나 신경 쓰이게 하는가? 본인 스타일에 어울리게 입으려면 복잡한 속옷이 많이 필요한가? 딱 한 가지 상황에서만 입을 수 있는 옷은 아닌가? 아이보리색 실크 바지처럼 예쁘긴 한데 너무 섬세하고 얼룩이 잘 생길까 봐 입기가 두려운가? 혹시 디자이너 제품이라서, 큰돈을 주고 샀기 때문에, 혹은 추억 때문에 간직하고 있는 건가? 옷뿐만 아니라 액세서리, 계절 아이템, 기타 착용할 수 있는 건 전부 꺼내놓고 하나씩 입어볼 때마다 다음과 같은 질문을 던져보자.

- 이걸 다른 옷과 함께 매치하면 다양한 스타일을 연출할 수 있을까?

- 이미 비슷하거나 똑같은 옷이 있는가? 그 옷을 더 좋아하지는 않는가?

- 직장, 학교, 운동, 또는 현재의 생활 방식에 필요한 옷인가?

- 내 몸에 편안하게 맞는가?

- 핏이 마음에 드는가?

- 입고 하루 종일 편안하게 움직일 수 있는가?

- 입었을 때 어떤 기분이 드는가?

- 이 옷을 유지·관리하는 데 필요한 수고를 기꺼이 감당할 수 있는가, 아니면 비용이 너무 많이 들거나 번거롭지는 않을까?

- 이 옷을 마지막으로 입은 게 언제인가? 오래됐다면 이 옷이 특별한 날에만 입는 옷이라서인가, 아니면 이런 옷이 있다는 사실을 잊고 있었기 때문인가?

- 이 옷이 나보다 더 잘 어울릴 만한 누군가 떠오르는가?

- 수선을 한다면 나에게 더 잘 맞게 입을 수 있을까?

이런 질문은 옷에 대한 확신이 없을 때 꽤 구체적인 판단 기준이 되어 준다. 이제 이 정보를 바탕으로 해당 옷을 다음의 다섯 가지 범주 중 하나로 분류하면 된다.

1. **유지**: 착용감이 좋고 잘 맞는 옷, 교복 또는 유니폼이라서 보관해야 하는 옷, 별도의 수선이 필요하지 않은 옷.

2. **유지 및 수선**: 계속 입을 옷이지만, 최상의 상태를 유지하려면 수선, 재단, 세척 또는 기타 손질이 필요한 옷.

3. **판매**: 더 이상 필요하지 않지만, 상태가 좋거나 유명 브랜드의 옷이라서 지역 위탁 판매점이나 온라인 플랫폼에 내놓으면 잘 팔릴 옷.

4. **기부**: 더 이상 입고 싶지 않지만 윤리적으로 처분할 수 있는 옷. 무료 나눔 모임이나 옷 교환소, 또는 이 옷을 입을 만한 지인에게 주거나 자선 단체에 기부할 수 있는 옷.

5. **재활용 또는 용도 변경**: 더 이상 필요 없고 수선도 불가능하지만 재활용 프로그램에 보내거나 다른 용도로 재활용할 수 있는 옷.

모든 옷을 분류한 다음에는 옷장을 깨끗이 청소하자. 솔직히 꽤 오랜만일 가능성이 높다. 그런 다음 30일의 챌린지 기간이 끝나기 전에 위의 다섯 가지 작업을 최대한 깔끔하게 마무리하기 위한 계획을 세운다(할 수 있다!). 유지하기로 한 옷은 깨끗이 세탁해 제자리에 넣고, 수선이 필요한 옷은 직접 손보거나, 필요한 경우 수선을 맡길 일정을 잡는다. 어떤 유형의 수선이 가능한지 궁금하다면 다음 목록을 참고해서 옷을 최상의 상태로 관리하자. 이 책에 나온 다른 표들과 마찬가지로 이 표 또한 제안 사항일 뿐 정해진 규칙은 아니다. 따라서 정리 과정에서 당신만의 추가적인 관리 항목과 아이디어를 발견하게 될 것이다.

품목	수선 유형
천/섬유 천 가방, 스카프, 모자, 장갑, 대부분의 겉옷과 부드러운 소재의 의류, 이너웨어 및 속옷류	• 흰옷 표백하기 • 구멍과 찢어진 부분 꿰매기 • 염색(제거할 수 없는 얼룩을 가리거나 자주 안 입는 옷을 활용 가능하게 만드는 데 효과적이다) • 드라이클리닝 • 드레스 등에 속치마나 안감을 덧대기 • 레이스, 튤 tulle. 크리놀린 crinoline* 수선 • 보풀과 털 제거(반려동물이 있다면 이런 작업이 익숙할 것이다) • 보풀 제거(전동 보풀 제거기로) • 태그 제거, 주머니와 뒷트임 뜯기(외투나 정장 같은 맞춤 의류와 가려움과 짜증을 유발하는 성가신 택이 달린 모든 의류) • 단추, 잠금장치, 지퍼, 똑딱단추 교체 및 수선 • 다림질 • 수선 및 핏 조정
신발	• 착용감과 피부 쓸림 방지를 위해 깔창과 패드 추가 • 세척 및 광택 내기 • 밑창 교체(또는 더 실용적인 밑창 추가) • 신발끈 교체 • 심한 충격이 가해지는 부위의 마모를 방지하기 위해 구두창 교체 또는 추가 • 느슨해진 박음질 부분 교체 또는 제거 • 늘림 작업으로 착용감 개선 • 방수 처리

• '튤'은 실크나 나일론 등으로 망사처럼 짠 천이며, '크리놀린'은 치마를 불룩하게 부풀리려고 안에 입는 속치마다.

가죽 및 경질 섬유	• 컨디셔닝 및 광택 내기
가방, 벨트, 가죽, 인조 가죽, 스웨이드 의류	• 세척 및 세탁(가방 안감, 천 가방)
	• 추가 구멍 뚫기(벨트, 잠금 장치용)
	• 찢어진 부분 덧대기
	• 얼룩 제거
	• 끈, 손잡이, 버클, 느슨해진 바늘땀 수선
	• 재단
	• 화학 처리 및 방수 처리
아웃도어 장비 및 스포츠 장비	• 세척
	• 구멍이나 찢어진 부분 꿰매기
	• 지퍼, 단추, 잠금장치 교체 또는 수리
	• 방충 처리
	• 왁스 바르기 또는 밀봉(또는 기존 코팅 제거)
	• 방수·발수 처리
보석류 및 기타 액세서리	• 렌즈 세척 및 수선(안경·선글라스)
커프스 단추와 넥타이 클립, 안경과 선글라스, 헤어핀과 장식, 금속 벨트와 체인, 목걸이·반지·귀걸이·팔찌, 핀과 브로치, 시계	• 금속과 보석 세척 및 광택 내기
	• 고리 제거 또는 추가
	• 시계 숫자판 교체 또는 광택 내기
	• 헐거워졌거나 오래된 부품 재장착
	• 체인, 고리, 잠금장치 납땜 및 수리
	• 나사 및 스프링 조이기(안경·선글라스)
	• 엉킨 체인과 장식용 참charm 풀기

나는 재봉틀도 없고 손재주도 없지만, 증정용으로 받은 바늘과 실을 이용해서 떨어진 단추를 완벽하게 달았다. 얼룩은 보통 집에 있는 베이킹 소다와 과산화수소, 그리고 인터넷 검색이면 쉽게 제거할 수 있다. 그리고 전동 보풀 제거기만 있으면 스웨터부터 운동용 레깅스의 허벅지 안쪽, 소파에 이르기까지 전부 새것처럼 만들 수 있다. 요컨대 잘 찾아보면 옷장 속 아이템을 직접 말끔

하게 다듬을 수 있는 기술과 도구는 이미 있을 가능성이 높다는 얘기다.

직접 하기 어렵다면 장인들을 찾아보자. 동네 재단사, 세탁소, 구두 수선집 같은 곳 말이다. 단골 구두 수선집에서는 내가 아끼는 부츠를 늘려서 겨울에 두꺼운 양말을 신을 수 있게 해줬을 뿐만 아니라, 끊어진 핸드백 끈을 고쳐주고 벨트에 구멍도 더 내줬다. 마법사가 따로 없다. 게다가 그런 서비스를 이용하는 건 영세 업체와 장인들의 기술을 지원하는 일이기도 하다.

자, 이제 수선 작업을 시작했으니 챌린지가 끝나기 전에는 완료될 것이다. 물건의 쓰임과 아름다움을 복원하는 일이 정말 멋지게 느껴지지 않는가? 이제 그 좋은 기분을 계속 유지할 방법을 찾아야 한다. 수선을 마친 옷들을 넣어두려는데, TV나 SNS에서 파는 다목적 정리용품들이 매력적으로 느껴진다면 잠깐 멈추자. 먼저 수납에 적합한 물건이 있는지 집 안을 확인해 보자. 택배 박스를 비롯한 각종 박스를 훌륭한 수납 도구로 활용할 수 있다. 투박한 외관이 마음에 들지 않는다면 물감으로 칠하거나 포장지로 덮는 방법도 있다. 요점은 지금 이 순간에도 집에 쓸 만한 정리함이 잔뜩 있다는 것이다. 다만 시각을 조금 바꾸어야 보일 뿐이다. 그래도 꼭 전용 정리함이 필요하다면 무료 나눔 모임, 중고 매장을 살펴보자. 사람들은 늘 정리하다가 쓰레기통, 바구니, 서랍 칸막이, 신발장 같은 것들을 내놓는다. 정리 정돈을 마쳤다면 옷장에 혁명을 일으킬 준비가 다 된 것이다.

팔거나 기부할 물건은 시간을 내서 온라인에 올리거나 위탁 판매점에 가져가거나 원하는 사람이나 단체에 넘긴다. 마지막으로, 업사이클링하거나 용도를 바꿀 수 있는 물건이 있다면 창의력을 발휘해 보자. 현실적으로 재활용이 어려운 품목은 신발, 속옷부터 오래된 운동복에 이르기까지 모든 물건에 적용되는 다양한 재활용 프로그램을 찾아보고, 수명이 다한 옷들이 매립지 통계에 포함되지 않도록 해보자.[2]

실행 과제 1

옷, 계절 용품 및 특수한 아이템(예: 하이킹이나 스키 장비, 발레화, 잠수용 스노클 등), 겉옷, 신발, 액세서리, 보석류, 속옷, 양말 등 일상생활에 필요한 모든 옷을 포함해 옷장 전체를 살펴보자. 서랍, 옷장, 수납함에 있는 옷을 다 꺼낸다.

실행 과제 2

옷을 전부 입어보면서 거울로 확인하거나 다른 사람 의견을 듣는다. 앞서 제시한 질문들을 떠올리며 옷의 착용감과 핏, 그리고 본인 삶에서 어떤 기능을 하는지 주의 깊게 살펴본다. 그런 다음 앞에서 열거한 다섯 가지 범주에 따라 옷을 분류한다.

실행 과제 3

서랍장, 옷장, 선반 등 착용 아이템을 보관하던 모든 공간을 비운 다음 깨끗하게 청소한다. '유지' 카테고리에 속하는 품목은 접거나 걸어두거나 새로 정리한 공간에 보관한다.

실행 과제 4

'유지 및 수선' 카테고리에 속하는 물건은 앞의 목록을 참고해서 제안된 방법 중 적절한 것이 있는지 확인한다. 그리고 직접 할 수 있는 수선 또는 세탁 작업과 전문가에게 맡겨야 하는 작업을 분류한다. 전문적인 수선이 필요한 경우에는 예약을 잡고, 집에서 할 수 있는 수선을 위해서는 시간과 용품을 마련한다. 작업이 완료되면 제자리에 걸거나 접어서 보관한다.

실행 과제 5

'판매' 카테고리에 속하는 물건은 시간을 내서 직접 위탁점에 맡기거나 선호하는 온라인 판매처에 등록한다. 중고 판매에 관한 자세한 지침은 13일 차 내용을 참고하자.

'기부' 카테고리에 속하는 물품의 경우 무료 나눔 모임에 게시하거나, 가족과 친구에게 유용할 것 같은 물품이 있다고 알리거나, 실제로 해당 물품을 사용할 만한 단체나 기부 센터를 찾는다. 그리고 받는 쪽에서 원하는 물품을 전달하면 된다. 윤리적 처분에 관한 자세한 지침은 14일 차 내용을 참고하자.

'재활용 또는 용도 변경' 카테고리에 속하는 품목이라면 창의적인 사고를 발휘해 보자. 실크 스카프와 넥타이는 핸드백 손잡이와 벨트로 재활용할 수 있다. 티셔츠나 기타 부드러운 소재의 옷은 훌륭한 청소용 천이 된다. 버려진 귀걸이는 귀여운 열쇠고리나 핸드백 장식이 될 수 있고, 찢어진 청바지는 멋진 반바지로 변신 가능하다. 재활용 방법은 무궁무진하지만 보다 다양한 재활용 아이디어를 얻으려면 12일 차 내용을 참조하자. 용도 변경이 불가능한 품목은 섬유 및 액세서리 재활용 옵션을 살펴보자. 신발, 브래지어, 의류 등에는 각기 지정된 재활용 프로그램이 존재한다.

• 실제로 나이키의 '무브 투 제로'를 통해 낡은 운동화를 운동장 바닥재로 재탄생시키거나, 와코루의 '브라 리사이클링' 캠페인을 통해 폐속옷을 산업 에너지로 전환하는 등 물건의 마지막을 가치 있게 바꿀 수 있는 방법들이 있다.

집에서 쇼핑하기   Day 18

휴! 이번 주는 시작부터 만만치 않았다. 이제 겨우 사흘 지났을 뿐인데 말이다. 일정대로 잘 따라왔다면 집과 옷장이 정돈되고 기능적으로 바뀐 걸 느끼고 있을 것이다. 물론 이 챌린지가 끝나는 30일까지 실행 과제를 계속 이어가는 게 목표이기는 하지만, 오늘만큼은 보너스 휴식을 누려도 될 것 같다. 그래서 오늘은 내 '옷장 쇼핑'을 해보려고 한다. 내 옷장 안에서 필요한 물건을 고르면서 옷장에 생긴 여유와 평온함을 누릴 수 있다. 이 활동을 통해 두 가지 이점을 얻을 수 있다. 1) 이미 가지고 있는 아이템을 이용해 새로운 코디를 조합해 보면, 있는 것으로 해내는 감각이 단련된다. 2) 실제 매장에서 쇼핑할 때와 같은 기분을 낼 수 있으면서 동시에 평소 잘 쓰지 않던 창의력까지 자극할 수 있다. 2000년에 비해 우리가 옷을 60퍼센트나 더 많이 사게 됐고, 특별한 일이 있을 때마다 새 옷을 사는 경우가 많아졌다는 점을 떠올려보면,[1] 오늘의 활동은 과소비와 과생산을 조장하지 않으면서도 쇼핑할 때와 비슷한 만족감을 느낄 수 있는 아주 똑똑한 방법이다.

지금쯤이면 옷장에 여러분이 좋아하는 옷, 입으면 기분이 좋아지는 옷들만 남았을 것이다. 인터넷, TV, 잡지에서 마음에 드는 스타일을 찾은 뒤, 지금 옷장에 있는 아이템으로 비슷하게 재현해보자. 좀 더 본격적으로 하고 싶다면, 핀터레스트를 이용해 좋아하는 룩을 모은 다음, 자신의 옷장에서 비슷한 아이템을 꺼내 나만의 버전으로 재구성하는 것도 좋다. 완전히 똑같은 스타일은 아닐지 몰라도, 새 옷을 전혀 사지 않고도 트렌드를 보고 탐구하면서 뇌를 단련하게 된다. 지금 가지고 있는 옷들이 너무 촌스러워서 '최신' 유행을 따라가기 어렵다고 생각한다면, 패션이 얼마나 주기적으로 순환하는지 다시 한번 상기하자. 일례로 내가 젊은 시절 클럽에 다닐 때 즐겨 입던 밑위가 엄청 짧은 로우 라이즈 나팔바지는 1960년대와 70년대 패션에서 따온 것이다. 요즘 젊은 사람들의 비에 젖은 청바지 밑단에 배꼽을 훤히 드러낸 차림을 보면, 당시 유행이 다시 돌아온 것 같다. 이브 생 로랑Yves Saint Laurent의 명언 "패션은 사라져도 스타일은 영원하다"라는 말처럼 지금 가진 아이템만으로도 멋진 스타일을 만들어낼 수 있다고 장담한다.

이 과정에서 기본 아이템이 부족하다는 걸 깨닫고 몇 가지를 '필요 노트'에 추가하고 싶어질 수도 있다. 전혀 문제없다. 무엇보다 오늘은 '쇼핑하는 기분'을 내는 날이라는 걸 잊지 말자. 일단 음료 한 잔에 리유저블 쇼핑백을 챙기고, 쇼핑몰에서 흘러나올 법한 음악도 틀어서 쇼핑몰 무드를 연출해도 좋다. 입어보는 모든 옷이 완성된 룩처럼 느껴지게 말이다.

지금 자신의 생활 영역 가운데 옷이 더 필요한 부분이 있는 가? 궁금해서 따라 해보고 싶은 스타일이 있는가? 아니면 늘 입는 비슷한 옷에 신선함이 필요한가? 재현하고 싶은 스타일을 찾았다 면 그걸 매장에 가서 새로 살 경우 돈이 얼마나 들지 계산해 보자. 내가 좋아하는 스타일은 셀럽이 입는 경우가 많아서 터무니없는 가격일 때가 많다. 그런 스타일을 돈 한 푼 안 들이고 구현해 냈을 때는 정말 만족스럽고 자신감이 생긴다. 내 작은 옷장이 얼마나 다재다능한지 깨닫게 되고, 자랑스럽게 느껴진다.

때로는 옷을 약간만 손봐도 완벽한 핏을 자랑할 수 있다. 나는 예전부터 정장 베스트를 갖고 싶었는데 매장에서 파는 것은 획일 적이고 조잡해 돈을 쓰고 싶지는 않았다. 대신 몸에는 잘 맞지만 소매가 30센티미터 정도 긴, 남성용 블레이저가 있었다. 가위를 꺼내 소매를 잘라내고(이건 다른 데 쓰려고 잘 놔뒀다) 원단 테이프로 어깨 쪽 가장자리를 접어 넣었다. 그 결과, 새로운 패스트패션 옷 을 사는 것보다 좋은 퀄리티의 완벽한 오버사이즈 베스트가 탄생 했다. 돈도 아끼고 과잉 생산에 일조하지 않았을 뿐 아니라 정말 재밌는 경험이었다.

기존에 있는 물건만으로 마법을 부리는 인플루언서와 스타일 리스트도 많은데, 그들의 작업을 보면 영감을 얻는다. 본인의 창의 력으로는 도저히 힘들 것 같다면 감각 좋은 친구에게 도움을 청하

자. 그들은 당신과 당신의 옷장을 새로운 시각으로 바라보고, 당신이 생각지도 못한 조합을 제안해 줄 것이다. 아니면 새로운 코디를 제시해서 따라 할 수 있게 해주는 앱이나, 당신이 가진 옷 사진을 카탈로그로 만든 다음 그걸 믹스매치해서 새로운 코디를 제안해 주는 앱을 활용해 보자. 선택지는 무궁무진하다. 어차피 전부 재미를 위한 일이다.

실행 과제 1

새로운 착장이 필요한 생활 영역, 시도해 보고 싶은 전반적인 스타일, 그대로 재현하고 싶은 정확한 스타일을 정한다.

실행 과제 2

원하는 스타일을 찾았으면 그걸 전부 새 제품으로 구매한다고 가정했을 때의 비용을 계산해 본다.

실행 과제 3

가장 즐거운 쇼핑 상황을 가정하면서, 원하는 스타일을 재현하는 데 필요한 아이템을 옷장에서 찾아본다.

영감이나 도움이 필요하다면, 본인의 옷장 아이템을 잘 활용하는 인플루언서나 새로운 조합과 스타일을 만들어주는 앱을 살펴보자. 감각이 뛰어난 친구에게 도움을 청하는 방법도 있다.

입고 싶은 코디를 하나 만들어보자. 영감을 받았다면 그런 식으로 계속하면 된다.

옷장에 기본적인 아이템이 부족하다면 '필요 노트'에 추가하고 코드를 지정한다. 중고로 구하는 방법에 대한 지침이 필요하다면 13일 차 내용을 참조한다.

2005년 발렌타인데이, 나는 혼자였다. 그리고 2006년에도. 아마 그 후에도 꽤 오랫동안 그랬던 것 같지만 일일이 수를 세지는 않았다. 어쨌든 그날 빨간색 옷을 맞춰 입고 꽃다발을 든 커플들 사이를 뚫고 버스를 타고 백화점으로 향했다. 세포라Sephora에서 날 위해 작은 선물을 하자. 그러면 분명히 기분이 훨씬 좋아지고, 덜 외로워질 테니까.

　결국 그날 밤 나에게 322달러를 썼는데, 집에 돌아와 이미 가지고 있던 제품 두 개를 또 샀다는 걸 깨달았다. 정말 바보 같은 짓을 한 것이다. 게다가 다시 살 생각이 없었던 제품들이었는데, 옷장 상자 안에 넣어둔 탓에 존재를 까맣게 잊고 있던 거다. 나를 위한 소비에는 분명 놀라운 회복 효과가 있긴 하지만 이날만큼은 전보다 더 한심한 기분이 들었다. 그것도 돈까지 잃어 더 한심했다. 월급날까지 2주나 남았는데 계좌 잔고는 마이너스였다. 결국 그 멋진 계획 때문에 월급날까지 남은 기간 동안 라면과 사무실에 비치된 박하사탕으로 연명해야 했다. 35달러짜리 립글로스를 바르면서 말이다.

그때부터 아무리 인생을 바꿔줄 것 같은 마스카라나 세럼이 등장하더라도, 이미 가지고 있는 제품을 다 쓰기 전에는 절대 사지 않겠다고 다짐했다. 이 계획을 처음 세웠을 때, 그동안 화장품 쇼핑이 내 스트레스 해소법이었다는 사실을 깨달았다. 기분이 안 좋은 날이면 드럭 스토어에 가서 기분 전환용 화장품을 샀다. 데이트를 앞두고는 얼른 울타Ulta로 달려갔다. 신제품이 출시되거나 프로모션 행사가 있을 때마다 빠지지 않았다. 실제로 어느 해에는 지출액 총계를 내보니 뷰티 제품에만 거의 6,500달러를 쓴 것을 보고 경악했다. 당시 연봉 4만 5,000달러에 매달 월세와 학자금 대출로 각각 950달러와 650달러를 냈는데 말이다.

그렇다면 이 제품들이 나를 눈에 띄게 아름답게 만들어주었을까? 최근에 찾은 옛 사진들을 보니 전혀 그렇지 않았다. 제품을 과다하게 사용한 탓에 피부가 엄청 거칠고 예민해졌고, 집에서 탈색을 하는 바람에 머리카락도 완전히 엉망이었다. 그리고 물건이 가득한 캐비닛과 화장품 파우치를 보다가 평생 립스틱을 끝까지 다 써본 적이 없다는 사실도 깨달았다. 사실 우리 중 상당수는 챌린

●　한국의 올리브영 같은 미국 최대 뷰티 소매업체

지 기간은 물론이고 그 이후까지도 충분히 잘 지내게 해줄 만큼의 미용 제품을 쌓아두고 있다.

미용 제품을 얼마나 낭비하고 있는지 정량화하기는 어렵지만 이런 제품 구매 방식과 관련된 위험을 살펴보면 어느 정도 짐작할 수는 있다.[1] 신발을 살 때는 일단 신어보면 발에 잘 맞는지 알 수 있다. 하지만 화장품이나 피부 및 모발 관리 제품은 일정 기간 써봐야 효과를 알 수 있다. 그래서 실제 효과가 있을 거라는 보장이 없는데도 그냥 그렇게 믿고 산다. 당신도 그런 적이 있지 않은가? 또 인생템일 것 같아 구매했는데 막상 사용해 보니 발진이 생기거나, 컨디셔너를 썼는데 오히려 샤워 전보다 머리카락이 더 엉키는 일도 종종 있다. 그보다 좀 덜 극단적인 사례로는 제품을 얼마 사용하지도 않았는데 '설레는 기분이 사라지고', 색상, 향, 사용 경험에 대한 애정을 잃는 경우도 있다.

상식적으로 생각하면, 이런 실망이 반복되면 소비를 줄일 것 같지만, 현실은 그렇지 않다. 자신을 모델처럼 보이게 해줄 제품을 찾겠다는 일념으로 오히려 더 많이 사려고 한다(1인당 1년에 거의 4,000달러어치씩).[2] 대체 그런 욕망은 어디서 비롯된 걸까? 그렇다, 마케팅 때문이다. 그래서 우리는 오늘은 물론이고 챌린지 기간 동안 현재 가지고 있는 제품만 사용해 볼 것이다. 지금 있는 걸 다 쓰기 전까지는 다른 걸 살 생각도 하지 말라는 소리다.

이런 '복불복'식의 구매는 지갑을 비우고 캐비닛만 가득 채울 뿐 아니라 지구에도 상당히 해롭다. 미용 제품 폐기물의 70퍼센트는 포장재 때문에 발생하는데, 미국 한 나라에서만 화장품 업계를 위해 매년 79억 개의 경질 플라스틱이 생산된다. 화장품 용기를 재활용하는 프로그램이 생기기는 했지만, 실제 재활용되는 플라스틱은 전체의 약 9퍼센트에 불과에 불과하다.[3] 게다가 기존 화장품 포장재는 재활용이 어렵고 재사용을 위해 분해하는 것도 매우 힘들다. 페이스 크림 병이나 마스카라 튜브를 떠올리면 알 수 있는데 금속, 유리, 플라스틱 등 다양한 소재가 모여서 이런 용기를 구성하기 때문이다. 그리고 지자체의 재활용 시스템은 요즘 온갖 물건에 다 쓰이는 비누 펌프와 스프레이 노즐 같은 혼합 소재 품목을 처리하지 못한다.

그러니 오늘의 실행 과제를 진행하는 동안, 이런 관점을 갖기를 바란다. 언젠가 정말로 교체가 필요해질 때는, 포장이 거의 없거나 아예 없는 제품, 퇴비화가 가능하거나 재사용이 가능한 구성품, 동물 실험을 하지 않는 브랜드, 리필 옵션이 있는 친환경적인 제품으로 업그레이드하겠다는 마음가짐 말이다.

그렇다고 내가 여러분 모두를 미니멀리스트로 만들려는 건 아니다. 다만, 지금 있는 걸 다 쓰기 전까지 새 로션이나 스킨을 사지 않을 경우에 얻을 수 있는 이점을 몇 가지 알려주고 싶다. 첫째, 미용 루틴이 단순해지면 귀찮은 결정 피로감이 줄어들고 하루 일과를 더 쉽고 빠르게 끝낼 수 있다. 또한 나는 최신 트리트먼트나 산 성분을 추가하지 않는, 보다 간단하고 일관된 루틴을 유지했을 때 실제로 몸도 마음도 더 건강해졌다고 느꼈다.

그러니 갖고 있는 뷰티 용품과 미용 제품을 꼼꼼히 살펴보면서 꼭 필요한 제품과 예비용으로 둔 제품, 그리고 사용하지 않는 제품과 자신에게 맞지 않는 제품을 구분해 보자. 전자에 해당하는 것은 쉽게 꺼내서 사용할 수 있도록 정리해 두자. 후자에 해당하는 제품은 사용해도 안전한지, 사용기한이 남았는지 확인한다. 대개 제품 포장재에 사용기한이 표시되어 있거나 제조사 웹사이트에서 정보를 확인할 수 있다. 사용기한을 찾을 수 없거나 제품 제형이 분리된 것은 피부 테스트를 해보거나 그냥 버리고, 포장 용기는 깨끗이 씻은 후 적절한 방법으로 재활용하거나 업사이클링하자. 아직 쓸 만한 제품은 친구나 가족, 무료 나눔 모임에서 나눠주는 것도 좋다. 많이 쓰지 않았거나 한 번도 쓰지 않은 고급 제품은 판매를 고려해 보자. 화장품과 미용 제품은 사용한 적이 있는 제품이라도 가격을 적절히 낮춰서 팔 수 있다. 흔히 있는 일이다. 나의 경우, 내게 효과가 없는 스킨케어 제품이나 향수를 정기적으로 리셀 앱에 올려서 파는데 아주 잘 팔린다.

반드시 써야 하는 제품을 재구입해야 할 때는 '필요 노트'에 추가하고 무료나 중고로 구할 수 있는지 알아보자. 화장품을 중고로 산다는 게 찝찝하게 느껴질 수도 있지만, '새 상품' 또는 '미개봉 제품'만 골라서 보면 된다. 기프트카드 또는 매장 적립금을 사용하거나 이미 가지고 있는 제품을 재활용할 수도 있다. 예를 들어 립스틱은 블러셔로 사용할 수 있다. 민감한 피부에 맞지 않는 로션을 핸드크림이나 풋크림으로 사용할 수도 있지 않을까? 제조사에서는 제품들이 신체 부위별로 특화되어 있다고 말하지만 실제로는 성분이 놀라울 정도로 유사하다. 그러니까 손 세정제 병에 바디워시를 채워놓고 쓰거나 샴푸를 세탁 세제로 사용해도 죽지 않는다는 얘기다.

이미 가진 걸 줄이고 잘 활용하는 것 외에도, 이번 주의 정비 원칙에 따라 남길 제품들을 잘 돌보자. 지저분한 메이크업 브러시를 빨고, 전기면도기에 낀 잔털을 털어내고, 헤어브러시에 쌓인 찌든 때를 제거하고, 메이크업 팔레트를 닦고, 약상자와 화장품 파우치, 세면도구 키트, 샤워용품 정리함, 작은 가방을 꼼꼼히 살펴보고 정리하자. 이번 주의 다른 실행 과제와 마찬가지로 미용 제품에도 정성을 쏟으면 그 가치와 쓰임새가 되살아나고 심지어 '새 제품'에 대한 갈증이 해소될지도 모른다.

실행 과제 1

미용 제품을 다섯 가지 범주로 분류한다. 1) 사용하는 제품, 2) 사용할 수 있는 예비 제품, 3) 내게 효과가 없지만 다른 용도로 활용할 수 있는 제품, 4) 내게 효과가 없는 제품, 5) 절대 사용하지 않을 제품.

실행 과제 2

4번과 5번에 해당되는 제품은 친구와 가족에게 나눠주거나 무료 나눔 모임에 글을 올리거나 중고 사이트에서 판매하는 걸 고려해 보자. 사용기한이 지났거나, 더러워진 제품은 내용물을 비우고 용기를 깨끗이 세척해 적절하게 재활용하거나 업사이클링한다.

1번과 2번에 해당되는 경우, 해당 제품과 보관 공간을 깨끗하게 닦고 정리해서 관리 방식을 새롭게 한다.

3번에 해당되는 제품은 새롭게 재활용할 방법이 있는지 확인해 본다. 마음에 들지 않는 바디워시나 샴푸를 손세정제, 주방 세제, 세탁 세제로 사용할 수 있을까? 잘 쓰지 않는 수염 전용 오일을 큐티클 오일이나 부츠 가죽 컨디셔너로 활용하는 것도 가능하다. 상상력을 마음껏 발휘해서 창의적인 재활용 방법을 생각해 내보자.

다 써서 교체가 필요한 제품은 '필요 노트'에 추가하고, 알맞는 코드를 부여한다.

교체가 필요한 제품이 생겼을 때는, 환경과 동물에게 더 친화적인 선택지로 '업그레이드한다'는 마음가짐을 가져보자. 포장이 거의 없거나 아예 없고, 퇴비화나 재사용이 가능하고 쉽게 재활용할 수 있는 구성으로, 리필 옵션이 있으며, 동물 실험을 하지 않는 것이어야 한다(그런

제품인지 확신하려면 PETA 뷰티 위다웃 버니 Beauty Without Bunnies,
리핑 버니 Leaping Bunny, 비건 마크 등을 확인한다).

실행 과제 7

이 과정에 추가적인 도움이 필요하다면 화장품이나 퍼스널 케어 제품을 끝까지 다 쓰는 사람들을 위한 다양한 모임과 조언을 찾아보자.[4] 혹시 SNS에 빈 파운데이션이나 샴푸 병을 들고 인증샷을 올려보고 싶었다면 지금이 바로 기회다.

앞서 '계획적 진부화', 즉 의도적으로 수명이 짧은 제품을 제조하는 문제에 대해서 얘기했던 것 기억나는가? 기술 분야만큼 계획적 진부화가 두드러지는 산업 분야도 드물다. 우리는 첨단 기술을 정말 사랑한다. 1950년 이후 전 세계 인구는 두 배 정도 증가한 반면 전자기기 소비량은 여섯 배나 증가했다.[1] 더 큰 문제는 제조사에서 부품과 구성품 교체를 사실상 불가능하게 설계했기 때문에 대부분의 기기는 수리가 불가능하다. 기업들은 일부러 비표준 나사를 사용하고, 부품을 밀봉하거나 납땜하고, 오래되거나 수리한 기기에서 속도가 느려지거나 오류가 발생하도록 하는 소프트웨어를 개발하는 등의 술수를 써서 수리를 더 어렵게 만든다. 기업은 이런 관행이 비윤리적이라는 비판을 받아도 우리가 그들이 만든 제품에 지나치게 의존하고 있다는 것을 알기에 밀어붙인다.

계획된 진부화는 지구에 치명적이다. 특히 전자제품은 채굴한 희귀 재료에 의존하기 때문에 생산 자체로 이미 환경 부담이 매우 큰 품목이며 이 때문에 제대로 폐기하기도 어렵다. 그런데도 우리는 해마다 거의 5,400만 톤에 달하는 전자제품을 폐기하는데 이는 다른 선택지가 없기 때문이다.[2] 이런 관행이 더 끔찍한 이유는, 의류와 마찬가지로 폐기된 전자제품도 대부분 자원이 부족한 지역에 버려진 채 그곳에서 독성 물질을 배출하고 지역 사회를 오염시키기 때문이다.

다들 이런 사실을 알고 있을 테니 적극적으로 기술 분야를 견제하고 지금 가진 걸 최대한 활용하기 위해 애쓸 거라고 생각할지도 모른다. 천만에. 우리는 거의 매주 새롭게 출시되는 휴대폰, 컴퓨터, 게임 콘솔, 워치 등의 신제품 광고에 매료되어 구매를 멈추지 않는다. 산 지 겨우 1년 된 기기를 새 버전으로 업그레이드하지 않으면 어리석은 러다이트 Luddite(신기술에 반대하는 사람)가 된 듯한 기분이 들 정도다. 이런 광고 메시지에 마음이 흔들려, 새로운 아이폰이 출시되기라도 하면 수많은 사람들이 온갖 악천후에도 몇 시간씩 길게 줄을 서는 풍경이 연출된다. 지금 사용하는 휴대폰이 아무 문제없이 잘 작동하는데도 말이다.

데이터 역시 마케팅으로 인한 이런 사회적 광란을 뒷받침하다. 미국인의 77퍼센트는 최신 전자기기를 소유하는 게 '필수적'이라고 생각하고, 28퍼센트는 공과금이나 집세 같은 진짜 중요한 지출보다 이런 기기 구매를 더 우선시한다고 인정했다.[3] 게다가 최신 기기를 손에 넣으려고 개인이 매년 평균 1,500달러의 빚을 진다. 수리나 재활용이 어려운 상황에서는 새 기기를 사는 게 당연하다고 여길 수도 있다. 하지만 지금 가진 것을 버리거나 새 제품을 사려고 빚을 지지 않아도 기존 제품이 원활하게 작동하게 만들 수 있는 방법이 여러 가지 있다.

당신이 최신 기기 마니아거나 가전제품 리뷰를 업으로 하는 사람이라면 내 말이 도움이 되지 않을 것이다. 하지만 완벽하게 작동하는 태블릿을 가지고 있으면서도 로즈골드 색상에 기능이 '조금' 더 나은 카메라가 달린 태블릿의 유혹에 넘어가는 사람이라면, 오늘 제안하는 과제를 진지하게 따라 해보고 나서 구매를 다시 고민해 보길 권한다. 적어도 이 방법은 기기를 더 오래 사용하게 해주므로 보다 큰 효용성과 즐거움을 누리면서 돈도 절약된다. 그리고 결국 당신은 새 기기가 필요했던 게 아니라 기술적인 튜닝만으로도 충분하다는 사실도 깨닫게 될 것이다.

그럼 먼저 당신이 가지고 있는 전자기기를 한데 모아보자. 휴대폰뿐만 아니라 집에 있는 전자제품을 모두 고려해야 한다. 이어폰과 헤드폰, 컴퓨터, 프린터, 텔레비전, 모니터, 진공청소기, 토스터, 에어프라이어, 자동차, 충전기, 헤어드라이어와 다리미, 게임 콘솔, 카메라까지 전부 다. 그리고 '이걸 작동시키는 방법을 제대로 알고 있나?' 자문해 보자. 말도 안 되게 기본적인 것이라는 건 알지만, 나도 사실 사용 설명서를 거의, 아니 전혀 읽지 않는다. 조사에 따르면 우리 중 75퍼센트는 설명서를 아예 읽지 않는다고 한다.[4] 그러니 제품이 고장 나서 교체해야겠다고 생각하고 있다면,

혹시 사용설명서를 제대로 읽지 않아서 그런 건 아닐까 고민해 보길 바란다. 혹시 설명서를 버렸거나 찾지 못했는가? 요즘은 인터넷에서 대부분의 설명서를 확인할 수 있다.

본인이 쓰는 기기가 어떤 건지 제대로 알았으면 이제 깨끗이 세척할 차례다. 뼛속까지 소름이 끼치고 싶다면 이어폰의 메쉬 스피커 부분을 문질러 닦아보자. 몇 달 동안 닦지도 않고 그냥 귀에 꽂고 다녔으면서 깨끗하길 기대했는가? 전자제품을 세척하는 방법은 무궁무진하지만 그중 몇 가지만 소개해 보겠다. 키보드와 토스터에 쌓인 부스러기를 제거하고, 진공청소기 먼지통을 씻어서 말리고, 믹서기 통의 칼날을 고정하는 나사를 조인다. 리모컨 배터리를 갈거나 충전하고, 다 쓴 배터리는 모아서 적절히 재활용하자. 세탁기와 식기 세척기를 전용 세제로 세척하고, 냉장고 뒤(쳐다보는 것도 무섭다) 또는 건조기에 쌓인 먼지를 제거하고, 자동차 오디오의 이상한 설정을 바로잡고, 충전 케이블을 정리하고, 못 쓰게 된 전구를 교체하자. 이런 작업은 생각보다 엄청난 만족감을 준다. 물건을 사용하면서 느끼는 기쁨도 되찾아 주는데, 마치 새 물건을 살 때와 비슷한 느낌이다.

이 과정에서 오랫동안 사용하지 않았거나 전문가의 수리가 필요한 기기와 부품을 발견하게 될 것이다. 처분하고 싶은 물건이 있다면 보낼 곳을 찾아보자. 계획적 진부화가 만연하다고 해도 오래된 전자제품이 전부 폐기되는 건 아니다. 일례로 내가 사는 지역에는 상태나 사용 기간에 상관없이 모든 컴퓨터 관련 부품을 기꺼이 기부받는 곳이 있다. 기부받은 부품은 소외 지역 주민들에게 컴퓨터 활용법이나 수리 기술을 가르치는 데 사용된다. 가정 폭력 프로그램과 쉼터에서는 위험한 상황에서 벗어나려는 피해자들에게 생명줄 역할을 할 수 있도록 작동 가능한 휴대전화를 기부받는 경우가 많다. 해비타트Habitat for Humanity 같은 단체에서는 오래됐지만 작동하는 대형 가전제품도 환영한다. 충전 케이블이나 벽돌부터 깨지거나 타버린 전구까지 모든 걸 받아주는 전문 재활용 프로그램도 있다. 원치 않는 물건 중 일부는 중고 매장에 기증하거나, 무료 나눔 모임에서 나눠 주거나, 중고 거래 사이트에서 판매할 수 있다. 처분하고자 하는 전자제품을 더 괜찮은 곳에 보내 책임감 있게 재활용할 방법은 정말 많으므로 그냥 쓰레기통에 버려야 하는 경우는 거의 없을 것이다. 지금 사용하거나 계속 사용하고 싶은 물건 가운데 전문가의 손길이 필요한 게 있다면 가능한 방법을 찾아 조치를 취하자.

이제 분류와 청소가 끝났다면, 기기의 성능을 한 단계 끌어올릴 차례다. 사용하지 않는 프로그램과 파일을 삭제하고, 운영 체제와 애플리케이션을 업데이트하고, 수리가 필요한 부분이 있는지, 있다면 가능한 수리 방법을 파악해 보자. 수리 방법과 관련 보증을 확인하고 일정을 잡아서 본격적인 작업에 들어가자. 수리가 필요하지 않은 기기라면, 새로운 배경화면이나 새 중고 케이스, 새로운 알람이나 재미있는 벨소리 등을 넣는 것도 좋은 방법이다. 때로는 이런 작은 개선만으로도 '새것에 대한 갈망'을 충족시킬 수 있다.

솔직히 말해서 나는 기술을 잘 활용할 줄 모르는 시시한 사람이다. 설명서나 매뉴얼을 거의 읽지 않을 뿐 아니라, 불과 몇 주 전까지만 해도 데스크탑 바탕화면에 파일 1,200개를 폴더도 없이 아무렇게나 뒤죽박죽 쌓아두고 있었다. 그러면서도 왜 컴퓨터가 늘 발열이 심하고 윙윙거리는 소리를 내면서 느리게 작동하는지 의아해하곤 했다. 고작 40분을 들여 필요 없는 파일을 버리고, 남길 파일을 정리하고, 모니터와 키보드를 닦고, 귀엽고 영감을 주는 바탕화면을 깔았더니 업무 열정이 솟구쳤을 뿐만 아니라 작업 효율도 크게 향상되었다. 휴대폰도 마찬가지다. 작동 효율을 높이고 매일 직면하는 시각적 혼란을 줄이기 위해서라도 불필요한 것들은 삭제해야 한다.

사소하고 별 의미 없는 작업처럼 느껴질 수도 있지만, 1) 장비를 청소하고 정리하고 업데이트하면 사용하는 재미가 커져서 새 물건을 사고 싶은 욕구도 해소된다. 2) 기기와 가전제품의 수명을 늘리는 데도 도움이 된다. 이것은 고장 나면 수리가 불가능한 허술한 제품을 만들어서 소비자들이 또다시 형편없는 대체품을 사게 만드는 업계에 내가 날리는 가운데손가락이다.

실행 과제 1

전자기기를 모아서 깨끗이 닦고, 설명서를 숙지해 작동 방법을 제대로 익힌다. 실물 사용설명서가 없다면 인터넷에서 찾아볼 수 있다.

시스템 업그레이드, 앱 업데이트, 사용하지 않는 앱 삭제, 데스크톱 정리 등을 통해 기기가 제 역할을 잘하도록 미리 조치한다.

전선과 충전 케이블을 정리하고, 새 배터리를 넣고, 기기에 전원을 공급해서 바로 사용할 수 있도록 해둔다.

한 번도 사용하지 않았거나 앞으로 사용할 계획이 없는 장비는 단체에 기부, 전자제품 재활용 및 업사이클링 서비스, 중고 판매, 무료 나눔 모임에 게시 등의 방법을 통해 새 주인을 찾아주거나 재활용 방법을 찾아 실행에 옮긴다.

계속 사용할 물건이라면 수리나 부품 교체가 필요할 경우를 대비해서 수리 및 정비 옵션을 살펴본다.

귀엽게 꾸며보자. 때로는 새로운 데스크탑 바탕화면이나 화면 보호기, 중고 휴대폰 케이스 등으로 제품이 업그레이드된 느낌을 주면 제품에 대한 애정을 계속 유지할 수 있다.

나는 어릴 때 그다지 인기 있는 아이가 아니었고, 외동이었기 때문에 혼자 있는 시간이 많았다. 덕분에 혼자 있는 시간도 즐기는 법을 배웠고, 그래서 4시간의 비행쯤은 상상의 나래만 펼쳐도 재미있게 보낼 수 있다. 상황이 이러니 어릴 때 가끔 내가 혼날 만한 행동을 하면 부모님은 외출 금지 처분이 아닌 다른 방법을 찾아야 했다. 나는 방에 혼자 갇혀 있는 걸 꽤 좋아했기 때문이다.

특히 우리 가족들 사이에서 '1990년 수영장 펌프 사건'으로 알려진 일이 있는데, 수영장 부유물 제거 장치의 바구니를 비웠다고 거짓말을 했다가, 수영장 펌프 전체가 나뭇잎으로 가득 찼고 결국 수리비로 수천 달러를 내야 했다. 그 일로 나는 외출 금지 처분을 받았다. 그리고 방에 갇힌 지 몇 시간 뒤, 내 상태를 살피러

온 다정한 엄마가 발견한 것은 완전히 바뀌어버린 방이었다. 아홉 살짜리 꼬맹이가 선반, 침대, 책상 등 모든 가구를 밀고 끌어서 자리를 옮겨놓은 것이다. 나는 벌을 받은 아이치고는 너무 즐거운 모습이었다. 부모님은 이 벌이 그들이 기대했던 반성의 시간을 만들어주지 못한다는 걸 분명히 알게 되었다.

공간을 재배치하는 행위는 인지 건강에 이롭다. 그런 내용을 읽을 때마다, '와, 어릴 때 난 정말 대단한 꼬마였구나' 하는 생각이 든다. 그래봤자 좋아하는 가수의 포스터를 정성껏 옮기고, 어린이 시리즈 책들을 정리하면서 즐거워했던 것뿐이지만 말이다.

공간 재배치 이면에 숨겨진 과학적 원리는 꽤 흥미롭다. 우리 뇌는 익숙한 공간의 패턴에 쉽게 적응하는데, 이러한 단조로움은 때로 산만함으로 이어지곤 한다. 이때 사물의 위치를 바꾸는 작은 변화만으로도 뇌는 새로운 시각적 자극을 받아 집중력을 회복한다. 말 그대로 시야의 각도를 틀어주는 것만으로도 잠들어 있던 창의력이 깨어나는 셈이다. 글이 막힐 때 환경을 바꾸라는 조언이 흔한 이유도 여기에 있다. 그래서 작가나 예술가들이 목가적인 휴양지로 떠나는 일이 많은 것이고, 최소한 책상 위치라도 옮겨보라는 이야기를 하는 것이다.[1]

공간 배치를 다양하게 바꾸면 집중력과 창의력이 향상되는 것 외에도 기분이 좋아지고, 수면의 질이 향상되며, 무기력함이 사라지고, 의욕이 생기는 등의 효과가 있는 것으로 나타났다. 실제로 정리 정돈과 공간 재배치가 우울증을 겪는 사람에게 효과적인 처방이라는 걸 뒷받침하는 연구 결과가 많다. 그리고 아주 기본적인 수준에서 봐도, 자신의 동선과 필요에 맞지 않는 공간을 재정비하면 더 원활하게 작업할 수 있는 가능성이 높아진다.

네 명의 아이를 키우는 제니퍼라는 챌린지 참가자도 그런 깨달음을 얻었다. 현관 옆 계단에 신발, 열쇠, 작은 장난감 자동차, 기타 아무렇게나 던져놓은 물건들이 쌓여 있었는데, 특히 장난감들은 잘못 밟으면 응급실로 직행할 만큼 위험했다. 그녀의 표현에 따르면 그 광경이 그녀를 미치게 만든다고 했다. 그녀는 오늘의 과제를 실천하면서 이미 갖고 있던 물건에 중고 가게에서 발견한 매력적인 물건을 더해 해결책을 만들었다. 다른 방에서 먼지만 쌓이고 있던 캐비닛을 계단 옆으로 옮겨 가족 구성원 모두의 신발과 소지품을 넣을 수 있는 칸을 마련했다. 그리고 스탠드 조명, 예쁜 화분, 집을 나서기 전에 상태를 확인할 수 있는 거울, 열쇠를 넣어둘 작은 그릇 등 이미 가지고 있던 몇 가지 장식 아이템으로 그 공간을 꾸몄다. 위층으로 가져다 놓아야 할 물건은 동네 중고품 가게에서 찾은 빈티지 등나무 바구니에 담았다. 이제 어수선하던 공간은 거의 정리되었고, 매일 밤 누군가 그 바구니를 들고 위층으로 올라가 어지럽게 널려 있던 물건들을 제자리에 정리한다. 간단한 재배치와 약간의 용도 변경이 정신 건강에 큰 도움이 된 셈이다.

조지라는 또 다른 참가자도 재택근무 공간의 몇 가지 요소를 바꿈으로써 큰 효과를 얻었다. 한때 책상 절반을 차지하고 있던 보기 흉한 프린터를 아래쪽 선반으로 옮기자 작업 공간이 넓어지고 시각적인 어수선함도 줄었다. 또 유튜브에서 본 업사이클링 팁을 활용해서 자주 사용하는 충전 케이블을 책상 뒤쪽에 고정했다.

덕분에 케이블이 떨어질 때마다 컴퓨터 뒤를 더듬느라 짜증 낼 일이 줄었고, 늘 충전되어 있는 헤드폰과 태블릿을 편하게 쓸 수 있게 되었다. 거실에 있던 컵 받침을 작업 공간으로 옮기고, 볼 때마다 기분이 좋아지는 엽서를 벽에 붙여둔 덕분에 이제 아이스라떼 컵에 맺힌 습기로 노트북이 축축하게 젖는 일도 없고 잠시 멍하니 쉬고 싶을 때 시선을 둘 곳도 생겼다. 조지는 이런 작은 변화를 이루면서 돈은 한 푼도 쓰지 않고 시간만 20분 정도 들였을 뿐이지만 작업 공간의 편의성과 생산성은 크게 향상되었다.

그래서 오늘은 공간을 재정비하면 느낄 수 있는 자유롭고 즐거운 기분 전환을 경험해 볼 것이다. 화려하게 꾸밀 수도 있고 소박하게 꾸밀 수도 있다. 마음이 내키면 방 전체의 가구와 장식을 전부 바꿔도 괜찮다. 시간이나 에너지가 부족하다면 자주 여닫는 서랍이나 선반을 정리하는 것도 좋은 방법이다. 어디를 손대야 할지 모르겠다면, 평소 불편하게 느끼던 지점을 힌트 삼아보자. 예를 들어, 수면 장애가 있다면 침대 옆 탁자에 놓인 장식품과 책, 사진 등을 옮겨보는 건 어떨까? 서랍에 잡동사니가 가득해서 필요한 물건을 찾으려고 할 때마다 온갖 쓰레기를 다 뒤져야 한다면 바로 그곳이 손볼 자리일지도 모른다.

우리가 쇼핑하면서 찾는 것 중 하나는 바로 신선함, 새롭고 참신한 물건에서 얻는 작은 설렘이다. 그런데 눈이 뇌에게 "잠깐, 여기 뭔가 달라졌어"라고 말할 때도 똑같은 감정이 일어난다. 거실 전체를 바꾸든, 침대 옆 탁자 서랍 하나를 정리하든, 그 효과는 충분히 누릴 수 있다.

집의 한 공간을 정한 뒤 잡동사니를 정리하고, 기존에 가지고 있던 물건을 재활용하거나 중고 물품을 구입해서 해당 공간을 재정비한다.

집 안에 있을 때나 주변 물건 때문에 느끼는 기능적 불편함에 주의를 기울인다. 무엇이 잘못되었는가? 어떤 배치 방식이 일하는 속도를 늦추거나, 불필요한 마찰을 일으키거나, 방해가 되고 있는가? 그 공간에 변화를 주면 도움이 될 수 있을까? 그렇다면 향후 재정비할 공간과 장소를 정한다.

당신이 평소 어떻게 지내는지 나도 잘 안다. 어떤 날은 모든 일을 완벽하게 처리한 뒤 마트에 들러 장을 보고 퇴근하지만, 어떤 날에는 기진맥진한 상태로 돌아와 배달 앱을 켤 것이다. 이런 식으로 며칠이 지나면 이제 냉장고는 썩어가는 채소와 테이크아웃 용기들로 가득 차게 된다. 이런 일은 생각보다 훨씬 자주 일어나서, 특히 미국에서는 맛있는 음식을 먹어보겠다며 구입한 식료품의 약 32퍼센트가 그대로 버려진다.[1] 한 달에 152달러를 허공에 날리는 셈인데, 그게 당신의 '러브 리스트'에는 있는 활동은 아닐 거다.[2] '새 물건 안 사기' 챌린지에 외식이나 식료품 구매에 대한 기준은 없지만, 구입한 식료품을 실제로 소진하는 것만으로도 과소비를 억제하는 습관이 강화된다.

음식물 쓰레기 문제는 여느 때보다 심각하다. 특히 미국은 편의성에 집착하는 문화 때문에 버려지는 식품량이 다른 어느 나라보다 많은데, 매년 4,000만 톤, 즉 미국 전체에 공급되는 식량의 거의 40퍼센트에 가까운 양이 폐기된다. 정말 어마어마한 양이다. 그리고 이걸 개인 단위로 나누면 하루에 인당 약 450그램의 음식을 낭비한다는 뜻이다. 별것 아닌 것처럼 여길 수도 있겠지만, 현재 미국에서 식량 불안을 겪는 사람이 4,400만 명이나 되고 그중 1,300만 명이 어린이라는 점을 고려하면, 32퍼센트의 음식이 버려진다는 건 거의 범죄에 가깝다.[3]

그리고 옷이나 다른 물건들과 마찬가지로 사실 우리가 버리는 음식 대부분은 아주 멀쩡하다. 이는 두 가지 현상으로 설명할 수 있다. 하나는 유통기한을 잘못 이해하고 상했다고 착각해서 음식을 버리는 것인데, 유통기한은 반드시 지켜야 하는 날짜라기보다 제안에 가깝다. 또 하나는 평소 재료 손질이나 식사 준비를 미리 해두지 않은 탓에, 배는 고픈데 요리할 힘이 없을 때 마주하는 저항이 너무 크다는 점이다. 솔직히 말하자면, 음식물 쓰레기는 또 다른 과잉의 확산이며 과소비의 산물이다.[4] 그래서 오늘은 먹기는 쉽고 낭비하기는 어려운 두 가지 방법을 통해 먹거리에 애정을 쏟아보라는 과제를 내주려고 한다.

먼저 지금 집에 있는 식료품을 전부 파악하자. 사진을 찍어서 한눈에 보거나, 목록을 작성해서 다음에 장볼 때 참고하는 것도 좋은 방법이다. 상태가 좋지 않은 재료들은 과감히 버리고, 그김에 선반과 냉장고를 깨끗이 닦아 상쾌한 기분을 느껴보자. 약간만 수

고하면 바로 먹을 수 있는 음식으로는 어떤 것이 있는지 파악할 수 있다. 본격적인 밀프렙^{meal-prep}을 하라는 건 아니다. 재료를 미리 준비하거나 요리에 쉽게 추가할 수 있도록 준비해 두는 것으로 충분하다. 일례로 파인애플을 잘라두면 간식으로 먹기 편하고, 신선한 허브는 제대로 보관하면 훨씬 오래 사용할 수 있다. 일부 참가자들은 과일이나 채소처럼 빨리 먹어야 하는 음식으로 채운 바구니를 냉장고 앞쪽이나 식탁 위에 둬서 큰 효과를 거두었다.

이미 가지고 있는 식재료를 살펴보고, 요리하기 쉽게 재료를 미리 준비해 두기만 해도 당신이 얼마나 풍족한 상태인지 뇌에 신호를 보낼 수 있다. 또 보기 좋은 정리, 재료 소분의 함정에 빠지지 말라고 충고하고 싶다. 우리는 당신이 가진 식재료의 효용성을 높이려는 것이지 수납 경연대회에 출전하려는 게 아니니까. 대부분의 참가자들은 이미 가지고 있거나 식료품을 살 때 딸려 오는 용기를 활용했다.

여유가 된다면, 자기 지역에서 진행 중인 퇴비화 옵션을 알아보길 바란다. 버려진 가구나 옷과 마찬가지로 대부분의 음식도 쉽게 생분해되지 않는다. 음식물 쓰레기가 매립지로 가면 퇴비화했을 때보다 훨씬 많은 메탄가스가 방출되어 전 세계 온실가스 배출량의 11퍼센트를 차지한다.[5] 여러분이 배출한 음식물 쓰레기가 환경에 이렇게 엄청난 영향을 미칠 줄 누가 상상이나 했겠는가? 요즘은 전보다 쉽고 깨끗하고 멋진 방법으로 퇴비화가 가능하다. 인터넷을 검색하거나 지인에게 문의하면 본인 집과 생활 방식에 맞는 방법을 찾을 수 있을 것이다. 나는 옥외 공간이 없는 작은 아파트에 살고 있는데 거의 10년 전부터 퇴비 수거 서비스를 이용해 왔다. 냄새도 나지 않고 벌레가 꼬이지도 않으며 많은 공간이나 돈, 유지 관리도 필요 없는데 쓰레기 발생량과 지구에 미치는 부정적인 영향을 크게 줄일 수 있다.

오늘의 두 번째 활동은 단순하다. 지금 가지고 있는 재료로 한 끼를 요리해 보는 것이다. 주방에 있는 식재료 재고를 파악했으니 이제 내면에 잠들어 있는 요리사를 깨우자. 창의력을 발휘해 나만의 레시피를 만들거나, 가지고 있는 재료에 적합한 레시피를 만들어 주는 AI나 다양한 앱을 사용할 수 있다.[6] 스스로 요리를 좋아하지 않는 사람이라고 생각할 수도 있지만, 직접 식사를 준비하는 것은 단순히 배를 채우는 것 외에도 많은 이점이 있다. 업사이클링이나 챌린지의 다른 요소들과 마찬가지로 요리는 창의력을 키우고 불안감을 해소하며 혁신적인 사고를 이끌어낸다.[7] 그러니 버섯을 썰다가 멋진 발명품 아이디어가 떠오른다면, 보답으로 내게 바비 브라운 셔츠 하나쯤 사줘도 된다.

결국 당신은 돈을 절약하고, 창의력을 키우고, 유해한 음식물 쓰레기를 줄이면서 테이크아웃보다 더 몸에 좋은 음식을 먹을 수 있다. 또 자신이 가진 것에 대한 감사함이 솟고 주방일에 자신감까지 따라온다면, 하루 치고는 꽤 괜찮은 성과다.

실행 과제 1

지금 있는 식자재를 파악하고 그중 쓸 수 있는 것과 없는 것을 분류한다. 원한다면 목록을 작성하거나 사진을 찍어서 다음에 장을 볼 때 중복되는 품목을 피하고 필요한 것만 살 수 있게 해둔다.

실행 과제 2

아직 쓸 수 있는 식품은 눈에 잘 띄는 곳에 신선하게 보관한다. 필요한 경우 오래된 식품 용기를 업사이클링해서 보관 공간을 최대한 활용한다. 여기서 더 나아가 재료를 한 번에 미리 조리해 두거나 일주일 동안 먹을 음식을 밀프렙해 둘 수도 있다.

실행 과제 3

식재료를 다시 집어넣기 전에 식료품을 둘 공간과 수납장, 냉장고를 깨끗이 청소해서 '여기서 빨리 요리하고 싶다'라는 기분이 들게 한다.

실행 과제 4

아직 음식물 쓰레기를 퇴비화하고 있지 않다면 자기 지역의 퇴비화 방법을 알아보자. 그리고 실행 과제 1에서 기준에 미치지 못한 식료품을 책임감 있게 퇴비화한다.

주방에 질서가 잡혔다면, 이제 가지고 있는 재료로 요리를 해보자. 창의력을 발휘해서 즉흥적으로 만들 수도 있고, 있는 재료를 활용해 입맛을 돋우는 레시피를 만들어주는 AI나 다양한 앱의 도움을 받을 수도 있다.

챌린지 기간 중 언제든 이 단계를 반복하면서 이미 가진 것으로 충분히 해내는 힘을 단련하고, 음식물 쓰레기와 과잉 소비를 줄여보자.

이제 우리는 챌린지의 3분의 2를 마쳤다! 22일 동안 지속했다는 건 정말 대단한 일이다. 최근에 무언가를 3주간 꾸준히 해본 게 언제였는가? 이 기간 동안 새 물건을 사지 않았다면 정말 대단하다고 외치고 싶다. 생각해 보면, 새로운 물건을 사지 않고 지낸 가장 긴 시간이 아닐까?

　정말 대단한 일이다. 그리고 아마도 지금 당신은 1) 본인에게 엄청난 자부심을 느끼고, 2) 챌린지가 좀 더 자연스럽고 편안해지고, 3) 과소비 충동의 강도나 빈도가 전보다 줄어든 것을 느끼고 있을지 모른다. 설령 중간에 새 물건을 몇 개 샀더라도 뭐, 어떤가. 중요한 건 평소보다 구매 빈도가 줄고, 챌린지를 시작하기 전보다 신중하게 고민하게 되었다는 것이다. 그게 바로 우리가 말하는 '진

271　　　　　　　　　　　　　

전'이다. 진전이야말로 이 챌린지에서 강조하는 것이다. 그러니 이번 주에 어떤 성과를 거두었든 크게 자랑하자. 당신의 행동은 대단하고 말 그대로 당신 삶을 바꾸고 있으니, 스포트라이트를 받을 자격이 있다. 다음 주에 한 주를 되돌아볼 즈음에는 챌린지가 완료되었을 테니 이제 거의 마지막 단계에 들어섰다는 뜻이다.

이번 주를 마무리하면서 당신이 정말 숙고해 봤으면 하는 질문은, '지금의 나는 챌린지를 시작할 때보다 더 나아졌는가?'이다. 당신을 함부로 판단하거나 가치를 측정하려는 의도는 아니다. 그저 챌린지를 시작한 이후로 스스로 더 괜찮아졌다고 느끼는지를 묻는 것이다. '1일 차와 비교해 긍정적인 변화를 경험하고 있는가?'라는 질문으로 바꿔도 좋다. 소비주의와 마케팅의 손아귀에서 벗어나 좀 더 균형 잡힌 태도로 자신을 잘 통제하고 있는가? 삶의 다양한 영역에서 이런 해방감을 느끼는가? 본인의 쇼핑 충동과 마케팅에 대한 반응을 더 잘 알게 되었는가? 어쩌면 더 여유롭고 안정된 기분을 느끼고 있을지도 모른다. 솔직히 답해보자.

특히 이번 주에 실행했던 활동과 매일의 질문들이 자신이 가진 물건에 감사함을 느끼거나 새로운 가능성을 발견하게 해주었는가? 깔끔하게 정돈되고 재정비된 공간과 물건을 더 좋아하게 되었는가? 어쩌면 오랫동안 미뤄왔던 일을 마침내 할 일 목록에서 지우게 되어 큰 해방감을 느끼고 있을지도 모른다. 그런 감정은 모두 귀중한 데이터이니 잘 기록해 두자. 이번 주와 지난 두 주 동안 아긴 금액과 중고품 거래 수익금을 합산해 보자. 아마 깜짝 놀랄 것이다. 그리고 지금까지의 진행 상황에 대해 어떻게 생각하든, 러브 리스트에서 하고 싶은 일을 골라 즐거운 시간을 보내자.

질문	답변
이번 주의 전반적인 기분은 어땠는가? 챌린지가 순조롭게 진행되었는가? 그 이유는 무엇인가?	
힘들었던 날이나 실행 과제가 있었는가? 어떤 것이며, 그 이유는 무엇인가?	
정말 기분 좋았던 날이나 실행 과제가 있었는가? 어떤 것이며, 그 이유는 무엇인가?	
쇼핑이나 물건과의 관계에 있어 지금까지 몰랐던 통찰이나 깨달음을 얻었는가? 어떤 깨달음인가?	
다음 주에 가장 기대되는 것은 무엇인가?	

이번 주의 '트리거 기록장'을 집계해 보자. 돈을 얼마나 절약했는가?	
1주 차, 2주 차, 3주 차의 절약 금액을 합산해 보자. 챌린지 시작 후 돈을 얼마나 절약했는가?	
이번 주에 판매한 중고품이 있는가? 있다면 판매 총액을 적어 보자.	
'트리거 기록장'의 내역과 중고품 판매 금액을 합산한다.	

지난 3주간 소비주의의 손아귀에서 슬쩍 빠져나와, 자신에게 더 이로운 습관과 활동으로 자신 있게 나아갈 수 있게 도와주는 기술을 몸에 익혔다. 이제 당신은 '새 물건 안 사기'의 베테랑이 되었으니 이번 주에는 개인적인 습관이나 집에서 벗어나 바깥 장소에서 마주치게 되는 상황을 다뤄볼 것이다. 이번 주의 실행 과제는 예전 참가자들이 챌린지를 집 밖에서 실천할 때 가장 자주 겪었던 딜레마에서 직접 영감을 얻었다. 예를 들면 다음과 같은 것들이다.

- 챌린지를 계속 지키면서도 좋은 선물을 주고 싶은데 어떻게 해야 하지?

- 물건을 빌릴 때 느껴지는 어색한 기분을 어떻게 떨쳐낼 수

있을까?

- 소비 중심에서 벗어나 이런 새로운 삶의 방식을 강화하는 목표는 어떻게 세울 수 있을까?
- '새 물건 안 사기' 방식으로 살아가면서 자기 돌봄까지 신경 쓰려면 어떻게 해야 할까? 이건 너무 사치스러운 걸까?
- 계속 일을 하거나 여행 중일 때는 챌린지를 어떻게 이어갈 수 있을까?

지난주와 마찬가지로 이번 주에도 보너스로 하루가 추가되어 8일 동안 진행되는데, 마침 이 날이 챌린지의 마지막 날이다. 30일째 되는 날에는 지금까지 챌린지가 당신 삶에 미친 영향을 숫자로 계산할 것이다. 내게 미래를 점치는 능력은 없지만 절약한 금액과 그 영향력 모두 마법 같은 기분을 안겨줄 것이다.

2020년 초에 한 TV 프로그램에서 '새 물건 안 사기' 챌린지를 소개하면서 전동 드릴처럼 특수한 경우에만 필요한 물건은 새 제품을 사기보다 주변 사람들에게 빌려보라고 제안했던 적이 있다. 그때 얼마나 큰 소란이 벌어졌는지, 정말 난리도 아니었다. 물론 당시는 코로나 때문에 한창 자가격리를 하던 중이라 다들 시간이 많아서 그랬는지도 모르지만, 나는 이 문제로 화가 난 사람들로부터 최소 20통의 이메일을 받았다. 잔디 깎는 기계나 퐁듀 냄비를 "직접 사지 않고" 감히 이웃이나 친구에게 빌려달라고 하는 건 정말 저속하고 천박하며 기회주의적이고 수치스러운 일이라는 것이다. 수치스럽다니, 여러분도 정말 그렇게 생각하는가?

　나는 도리에 어긋난 요구를 하라거나, 주는 것 없이 받기만 하라거나, 누군가의 물건을 빌려서 마구 더럽힌 뒤 돌려주라고 한 적은 없다. 결국 공유 경제의 핵심은 상호 존중과 호혜다. 하지만 누군가에게 물건을 빌리는 게 부끄러운 일이라고 말하는 것은 자본주의가 우리를 접근성보다 소유권을 중시하는 괴물로 만들어버렸음을 보여주는 가장 완벽한 예시다. 잡초 제거기나 글루건 같은 사소한 소비재의 경우에도 마찬가지다. 2015년, 〈패스트 컴퍼니 Fast Company〉는 "공유 경제는 죽었다. 우리가 죽인 것이다"라는 제목의 글을 실었다. "모두가 그토록 좋아했고… 실질적으로나 사회적으로나 더없이 합리적인 아이디어가 어떻게 지금 같은 순수 자본주의로 변모했는가"라고 한탄했다.[1] 이 질문에 답하고 또 개인 간 대여 문화에 다시 생기를 불어넣으려면 자원을 함께 쓰는 일이 너무나 자연스러웠던 시대로 잠깐 돌아갈 필요가 있다.

오늘날의 공유 경제는 유휴 자산 활용에 더 중점을 두는 경향이 있다. 에어비앤비 Airbnb를 통해 남는 침실을 빌려주거나, 우버 Uber나 리프트 Lyft를 이용해 당신의 자차로 누군가를 태워주는 식 말이다. 이런 유형의 유료 공유도 분명 유용하고 공동체를 구축하는 데 도움이 되지만, 물건이나 서비스를 무료로 주고받는 '선물 경제 gift economy' 쪽이 전 세계에서 수세기 동안 존중받으며 실천해 온 대여 문화와 더 유사하다.

불과 얼마 전까지만 해도 상품을 대량 생산하는 것은 일반적인 관행이 아니었다. 숙련된 장인이 직접 수작업으로 물건을 만들다 보니 제작에 엄청난 시간이 걸렸고, 가격에는 이런 노동력이 고스란히 반영되었다. 최초의 개인용 컴퓨터인 IBM 610 오토포

인트는 1957년에 무려 5만 5,000달러라는 놀라운 가격에 출시되었다.[2] 요즘 물가로 환산하면 61만 5,000달러(한화 약 8억 원)로, 지금 당장 구입할 수 있는 200달러짜리 컴퓨터와 극명한 대조를 이룬다. 예전에는 개인 소득에 비해 물건값이 엄청나게 비쌌기 때문에 개인이나 가정에서 필요하거나 사용할 물건을 모두 소유하는 것이 현실적으로 불가능했다. 그래서 사람들은 필요를 충족하기 위해 자원을 공유해야만 했다. 하지만 가계 소득이 증가하고 대량생산으로 물건 가격이 저렴해지자, 오랫동안 생존에 필수적이었던 공동 소유보다 개인 소유를 선호하게 되었다.

우리를 묶어주던 공동체적 유대감을 잃어버린 것도 문제지만, 각자 사용할 수 있는 물건을 전부 하나씩 따로 소유하는 것은 엄청난 낭비다. 시간, 돈, 공간, 자원, 모든 측면에서 말이다. 가끔씩만 사용할 물건을 전부 가지고 있을 필요는 없다. 당신의 집은 성경에 나오는 재앙에 대비해 보존해야 하는 물건들로 가득 찬 노아의 방주가 아니다.

어떤 커플이 결혼 선물로 고른 화려한 12인용 식기 세트를 사주느라 수백 달러를 쏟아부었는데, 몇 년 뒤에 알아보니 그 세트를 한 번 쓰고 말았거나 아예 쓰지 않았다는 경우가 얼마나 많은가? 팬데믹 기간에 아마추어 셰프들이 급증하면서 빵 제조기와 파스타 제조기가 수백만 대나 팔려 나갔지만 이제는 전부 먼지만 쌓이고 있지 않은가? 모든 집에 고압 세척기와 에어바운스, 좌석 달린 잔디깎이가 꼭 있어야 하는 걸까?

잠시 집 안을 살펴보자. 샀거나 선물 받은 물건 중에 거의 혹

은 전혀 사용하지 않아서 차라리 빌리거나 대여하는 편이 나았을
물건이 있는가? 이런 물건 중 상당수는 값비싼 창고 장식품이 되
거나 기부 센터나 매립지로 향한다. 하지만 뭐, 부끄러운 순간을
피할 수 있다면 이 정도쯤이야 감수할 만한 거겠지?

솔직히 말해서 나도 빌리는 것에 대한 두려움이 있었다. 앞서
얘기한 것처럼 물건을 빌리는 행위에 대한 비난이 두려워서일 수
도 있고, 아니면 남에게 부담을 주거나 불편을 끼치고 싶지 않다
는 생각에 길들여져 있기 때문일 수도 있다. 사람들이 날 동네의
인색한 마귀할멈이라고 생각하는 게 정말 싫었다. 하지만 그런 두
려움을 극복하고 나니, 사람들이 사실 공유하는 걸 좋아한다는 사
실을 알게 되었다. 공유는 서로 가까워지고 신뢰를 쌓는 방식이기
때문이다. 누군가를 도와주면 그 사람에 대한 긍정적인 감정이 20
퍼센트 정도 높아진다고 한다.[3] "이게 나한테 무슨 이득이 있지?"
라고 묻는 사람도 나눔이 행복감을 높이고 스트레스를 줄이며 심
지어 목적의식까지 심어줄 수 있다는 사실을 알면 좋아할 것이다.
이는 과학적인 데이터로도 뒷받침되지만, 솔직히 우리 모두 경험
으로 알고 있는 사실이기도 하다.

나는 물건을 빌려달라고 요청했을 때 누군가가 기꺼이 자기
물건을 내어주면서 시작된 풍요로운 관계를 많이 경험해 봤다. 그
리고 나중에 그들이 무언가를 빌리러 왔을 때 나도 그들에게 똑같
은 친절을 베풀 수 있어 기뻤다. 이런 식으로 계속하다 보면 때로
는 서로에게 도움이 되는 만족스러운 관계가 형성되기도 한다. 공
동체에 필요한 것이 무엇인지 표현하고, 알아차리고, 집단의 자원

을 활용해서 함께 충족시키는 소통의 장이 형성된다.

우리 지역의 무료 나눔 모임에서 이런 모습을 매일 목격한다. 누군가 스탠딩 믹서를 빌려 간 경우, 뽀득뽀득 깨끗하게 씻은 믹서기를 돌려주면서 답례로 갓 구운 쿠키를 보낸다. 나는 작년에 새끼 고양이를 임시 보호하는 여성에게, 내 고양이 스키퍼가 갓 태어나 아주 작은 꼬마였을 때 사용했던 아기 고양이 용품을 전부 빌려줬다. 그러자 그녀는 답례로 건강하게 잘 자라고 있는 사랑스러운 새끼 얼룩고양이들의 사진을 매일 보내주었다. 나의 이 작은 세계에서는 갓 구운 쿠키나 새끼 고양이 사진이 부끄러운 일이 아니다.

이렇게 물건을 공유하기 위한 소통의 장이 열리자, 내 친구들도 도움을 요청하는 데 대한 두려움을 극복하게 되었다. 도움을 청해도 안전하다는 걸 알게 되었기 때문이다. 이제 우리 중 누군가가 중요한 모임에 나가거나 필요한 게 생기면 서로의 옷장을 열어주거나, 계약서에 서명해야 할지 말지 법적 자문을 좀 해달라고 하기도 한다. 아무도 도와줄 수 있는 사람이 없거나 부탁하는 일이 너무 부담스러우면 그 역시 솔직하게 말한다. 이런 이해를 바탕으로 내 인생 전반에 많은 도움이 되는 솔직한 관계를 맺을 수 있었다.

너무 감상적으로 굴고 싶지는 않지만, 서로 나누고 공유하는 일에는 정말 멋진 무언가가 있다. 한시도 눈을 뗄 수 없을 정도로 재미있는 책을 누군가에게 빌려준 적이 있는가? 오래된 책의 냄새, 같은 이야기를 즐기는 경험을 공유하는 건 정말 특별한 일이다. 친구의 드레스를 빌려 입고 중요한 상을 받는 순간도, 거의 쓰지 않던 캐논 카메라를 빌려주어 지역 어르신들의 초상을 찍게 되는 순간도 마찬가지다. 수줍음을 떨쳐내고 뭔가를 빌려달라고 요청하려면 용기가 약간 필요하지만, 일단 시도해 보면 공동체 의식과 유대감을 강화하는 멋진 방법이라는 걸 알게 될 것이다.

그러니 오늘은 물건을 사기보다 빌려 쓴다는 생각을 받아들이고, 실제로 물건을 빌리거나 빌려주거나 아니면 둘 다 해보자. 잘만 하면 공동체의 소유물 이용을 대중화하는 운동에 보다 자연스럽게 동참하게 되는 도미노 효과가 발생한다. 그리고 이미 이런 일에 익숙하다면 오늘의 실행 과제는 누워서 떡 먹기일 것이다.

실행 과제 1

4일 차에 연을 맺었던 공유 커뮤니티나 단체를 아는가? 그렇다면 그들에게 연락하거나 개인적인 인맥을 동원해 '필요 노트'에 있는 무언가를 빌려달라고 부탁해 보자. 이 과정에서 어떤 기분이 드는지 주의 깊게 살펴봐야 한다. 부탁하는 게 두려웠는가? 다른 사람들은 당신의 부탁에 어떻게 반응했는가? 결과는 어땠는가?

실행 과제 2

빌릴 물건이 없다면 앞에서 얘기한 인맥을 샅샅이 뒤져서 혹시 당신이 빌려줄 수 있는 물건이 필요한 사람이 있는지 찾아보자. 그러면 서로 나누고자 하는 따뜻한 마음들이 여기저기서 쏟아져 들어올 수도 있다. 이런 모습에 주목하면서 당신에게 빌려줄 기회를 얻은 이들도 종종 똑

같은 기쁨을 느낀다는 걸 기억하자. 축하한다! 당신은 공동체를 긍정
적으로 만들어가는 과정에 적극적으로 참여하고 있다.

실행 과제 3

당신이나 지인들 중 누군가에게 필요한 물건이 생길 때마다 사기보다
는 빌려 쓰려는 마음가짐을 갖추자.

나는 선물하는 걸 아주 좋아하는 사람이다. 누군가 좋아할 만한 걸 보면 꼭 선물하고, 친구가 어떤 프로젝트에 열중하고 있다는 소식을 듣게 되면 맛있는 간식을 들고 찾아간다. 지인들의 생일을 절대 놓치지 않고 앞으로 있을 행사를 미리 확인해서 몇 달 전부터 선물을 준비해 두는 일도 많다. 나는 이 과정에서 진심으로 큰 즐거움과 만족감을 느낀다. 하지만 모든 사람이 이런 식으로 애정을 표현하는 것은 아니며, 마음 편히 선물을 주고받지도 않는다는 사실은 알고 있다. 아마 오늘날에는 선물이 엄청나게 중요한 의미를 지니기 때문일 것이다. 챌린지 기간에 발생할 수 있는 모든 상황 중에 참가자들이 가장 두려워하는 것이 바로 선물을 해야 하는 상황인 듯하다. 하지만 그 불안을 떨쳐낼 수 있게 진실을 하나 애기하겠다. 자본주의는 정말 의미 있는 선물이 무엇인지 잊게 만들었다. 우리에게 의미 있는 것은 돈이나 새로운 물건보다는 숙고와 시간 투자, 당신을 이해하려는 상대방의 노력과 더 많은 관련이 있다. 정말 중요한 것은 숙고와 시간, 이해다. 형편없는 최신 머스트 해브 아이템보다 이런 무형의 것들이 훨씬 많은 감정적 자양분을 제공한다.

살면서 받았던 정말 의미 있는 선물을 생각해 보자. 그게 무지 비싼 제품이었기 때문에 의미가 있었던 걸까? 아니면 지쳐 있는 당신을 보고 좀 쉬다 오라고 말해준 친구의 배려 덕분일까? 혹은 당신이 우울할 때 놀이공원에도 함께 가주고 아이스크림도 사준 연인 덕분이었을지도 모른다. 이런 건 일상에서 매일 할 수 있는 행동이라고 주장할 수도 있지만 그게 바로 중요한 점이다. 이런 선물 같은 행동은 언제든지 주고받으면서 즐길 수 있는데, 그 행동이 미치는 영향은 상점에서 파는 어떤 물건보다 훨씬 크다.

내 경우, 모든 애정을 선물로 표현하는 어머니가 직접 그린 그림을 선물로 줬을 때가 가장 기억에 남는다. 또 애정을 잘 표현하지 않는 아버지가 강아지가 그려진 카드에 내가 얼마나 자랑스러운 딸인지 적어서 보냈을 때도 그랬다. 내 파트너이자 가장 친한 친구가 내 마흔 번째 생일 파티에 깜짝 선물을 주려고 비행기를 타고 와주었던 때도. 나는 물건이 아니라 그런 행동과 순간을 영원토록 소중히 간직할 것이다.

내가 받았던 물질적인 선물 가운데 특히 눈에 띄는 것들은 딱히 값비싸거나 사치스러운 선물이 아니다. 몇 년 전 내 소울메이트 반려견인 밴조가 세상을 떠났을 때, 많은 이들이 정성 어린 선물을 보내주어 정말 감동받았다. 초등학교를 같이 다녔던 메리라는 친구는 성인이 된 이후로 한 번도 못 만났는데도 본인이 직접 그리고 자녀들이 색을 칠한 밴조 그림을 보내줬다. 뜻밖의 특별한 선물이라서 중고로 산 금박 액자에 넣어 계속 벽에 걸어두었다. 물론 이런 행동에는 시간과 노력이 필요했을 것이다. 그러나 새 상품은 아니었다. 그들의 선물에는 배려와 정성이 가득 담겨 있었고, 나는 그걸 받은 순간의 감동을 평생 잊지 못할 것이다.

나의 증조모 해티는 멋진 선물을 고르는 능력으로 유명했다. 근사한 스카프 컬렉션만큼이나 인상적인 인생담이 많은 분이었다. 또 학자이면서 작가이기도 했는데 그 분야에서 일하는 사람들이 대부분 그렇듯이 돈은 별로 없었다. 하지만 그런 상황에서도 누구보다 멋진 선물을 주곤 하셨다. 어느 해에는 중고품 가게에서 발견한 60센티미터 높이의 나무 카우보이 조각상을 선물받고, 그 이듬해에는 여백에 나만을 위한 주석이 달린 오래된 책을 받기도 했다("이 부분을 읽으면 항상 네가 생각난단다, 이 말썽꾸러기 아가씨야!").

내가 개인적으로 가장 좋아하는 선물 몇 가지를 얘기했으니 이제 당신이 받았던 선물을 떠올려 보자. 그 선물에서 얻은 교훈이 직접 선물을 고르려 할 때 도움이 될까? 이런 성찰을 통해 선물의 진정한 정신을 보다 편안하게 받아들이고 부담감에서 벗어날 수 있을지도 모른다.

선물과 인간관계가 소비주의와 너무 얽혀 있는 탓에 때로는 선물을 주는 게 공허한 거래처럼 느껴질 수 있다. 11월과 12월 두

달 동안 9,600억 달러의 매출을 올리는 산업에 우리가 무엇을 기대할 수 있겠는가?[1] 일례로 누가 결혼을 한다면 그 커플의 결혼 선물 목록에 있는 400달러짜리 접시를 선물해야 할 수도 있다. 또 아기 돌잔치 초대장에 150달러짜리 놀이 매트가 필요하다고 적혀 있는 경우도 있는데, 우리 가운데 한 살 때 일을 기억하는 사람은 아무도 없지 않은가. 그러나 우리는 사랑하는 이들을 실망시키거나 인색해 보이고 싶지 않기 때문에 하는 수 없이 상대방이 미리 고른 물건을 산다. 그 대부분이 제대로 사용되지도 않고 가치를 인정받지도 못하리라는 사실을 잘 알면서도 말이다. 실제 데이터도 이를 뒷받침한다. 매년 연말연시마다 미국인의 절반 이상이 선물에만 거의 900달러를 쓰느라 빚을 지고 있다. 하지만 그 선물의 53퍼센트는 받는 사람이 원치 않는 선물이라서 무려 90억 달러가 낭비된다.[2] 그리고 이건 연말연시 선물만 계산한 것이고 생일, 결혼기념일, 집들이, 결혼식, 세례식, 각종 축하연, 이벤트(밸런타인데이, 어버이날), 그리고 기본적으로 선물을 주고받는 모든 행사를 고려하면, 사회적 기대와 마케팅 방침을 성실히 따르고 있는 사람일수록 돈만 낭비하고 있다는 결론에 이르게 된다. 이 말은 곧, 우리가 사람들을 기쁘게 하기 위해서라기보다는, 선물을 안 샀을 때 느낄 불안을 달래기 위해 소비하고 있다는 뜻이기도 하다.

그러니 오늘은 '필요 노트'에 적어두었던 선물용 아이템을 하나 찾아보자. '필요 노트'에 선물이 포함되어 있지 않다면, SUPER 시스템을 활용해서 지금 바로 누군가를 위한 깜짝 선물을 떠올려도 좋다. 새로 사지 않아도 되면서도 상대에게 꼭 필요한 선물을 고민해 보는 건 어떨까? 좋은 아이디어가 떠오르지 않아도 걱정할 필요 없다. 우리는 선물 목록이나 위시 리스트에 있는 물건을 사주는 데 너무 익숙해진 나머지 선물을 특별하게 만드는 상상력과 창의력을 조금 잃어버렸을 뿐이다. 이 챌린지를 진행하면서 그 마법에 다시 깊이 빠져들게 되길 바란다. 그전까지는 아래의 아이디어들이 그동안 여러분과 받는 사람의 눈을 반짝이게 해줄 것이다.

S │ 중고품 쇼핑

- 태그 달린 새 상품이나 거의 새것에 가까운 상품, 또는 아주 깨끗하게 사용한 제품을 오프라인 매장이나 온라인 중고점, 위탁 판매점, 빈티지 매장에서 구입한다.
- 선물 받는 사람을 위해 중고로만 스타일링한 코디를 선물한다. 거기에 액세서리로 포인트를 더해서 완성도를 높인다.
- 중고품에 약간의 손길을 더해 개인화해 본다. 예를 들면, 패치를 붙이거나, 이름을 자수로 새기는 식이다.
- 빈티지 매장에서 고서, 실내 장식품, 조리도구, 예술품, 레코드판, 잡지, 의류, 액세서리, 가구 등을 고른다.

U │ 기존 물건 활용, 업사이클링, 재구성

- 그래놀라, 빵이나 과자, 수프, 향신료 믹스 등 맛있는 선물을 직접 만든다. 그리고 업사이클링 용기나 중고 용기, 팬 등에 담아 선물한다.
- 스크랩북, 콜라주, 비전 보드, 수제 카드, 예술 작품이나 소품,

음악 플레이리스트를 만들거나 진심이 담긴 편지를 써보자.

- 슈가 스크럽, 바디 오일, 바디 버터, 양초, 향수, 방향제, 가정용 세제 등 셀프케어 용품을 직접 만든다.

P | 비용이 들지 않는 선물

- 대도시나 대학가에 살고 있다면 사람들이 이사를 많이 가는 시기에 집 앞 계단에나 골목길을 주의 깊게 살펴보자. 이 시기에는 조금만 손보면 거의 완벽한 상태로 만들 수 있는 물건들이 밖에 놓이는데, 그중에는 마침 선물 받을 사람이 필요로 하거나 찾고 있던 바로 그 물건일 수도 있다.

- 특정한 선물을 찾고자 한다면 무료 나눔 모임에 구하는 글을 올린다.

- 집에서 키우던 식물을 꺾꽂이해서, 중고로 구한 화분이나 꽃병에 옮겨 담아서 선물한다.

E | 경험, 기부, 현금 등 '물건이 아닌' 선물

- 선물을 받는 사람과 특별한 경험을 만들어 의미 있는 시간을 보낸다. 예를 들어 함께 자원봉사를 하는 것도 한 방법이다.

- 받는 사람이 좋아하고 잘 이용할 수 있는 멤버십을 선물한다. 운동 스튜디오, 스트리밍 서비스, 의류 대여 서비스, 피부 관리 및 마사지 이용권 등이 될 수 있다.

- 레스토랑, 콘서트, 공연, 영화, 테마파크, 여행 및 휴가, 모험 활동 등 특별한 경험을 선물한다.

- 현금, 기프트 카드, 상품권 등을 선물한다.
- 선물 받는 사람이 중요하게 여기거나 관심 있는 분야와 관련된 단체에 그 사람 이름으로 금전 또는 물품 기부를 한다.
- 아이 돌보기, 집 청소와 정리, 요리, 바느질, 마사지, 기 치료, 요가, 퍼스널 컬러 진단, 레슨 같은 유용한 서비스를 제공하거나 비용을 대준다.

R | 임대, 대여, 공유

- 공간을 하나 대여하고, 지인들에게 파티용품을 빌려서 선물 받는 사람을 위해 깜짝 파티를 연다.
- 보트, 패들보드, 카약, ATV, 모터 달린 자전거 등의 장비를 대여해서 자연을 만끽하는 시간을 보낸다.
- 고급 자동차나 클래식 카를 빌려서 신나는 드라이브를 즐긴다.
- 오두막, 캠핑장, 작은 집, 이동식 텐트, 기타 색다른 숙박 시설을 임대해서 새로운 풍경을 선사한다.

무엇보다도 중요한 건 마음이라는 사실을 기억하자. 요즘 주고받는 선물은 피상적인 기대에 얽매여 있지만 사실 선물의 출발점은 본래 진심이다! 상대의 필요를 채워주고자 하는 마음, 그 선물이 받는 이에게 도움이 되고 치유와 행복을 안겨주길 바라는 마음 말이다. 이를 잊지 않는다면 어떤 선택을 하든 크게 벗어날 일은 없다고 믿는다.

실행 과제 1

지난 몇 년 사이에 받았던 선물 가운데 특별한 의미가 있었던 것을 떠올려 보자. 그 선물이 의미 있고 기억에 남은 이유는 무엇인가? 공통적으로 등장하는 요소를 정리해 나만의 '선물 철학'에 더해보자.

실행 과제 2

SUPER 시스템을 이용해서 '필요 노트'에 적어둔 선물을 마련한다. 챌린지 규칙을 지키면서 동시에 받는 사람을 기쁘게 할 창의적인 아이디어가 필요하다면 위의 목록을 참고한다.

실행 과제 3

'필요 노트'에 해당하는 선물이 없으면, 주변 사람을 한 명 떠올리고 위와 동일한 방법을 이용해서 이유 없는 선물을 마련해 본다.

얼마 전 이사를 하느라 정신없는 시기를 보내고 있었다. 이사라는 게 늘 그렇듯, 꽤 미니멀한 편이라고 생각해 왔던 내 물건들도 감당 못 해 벅차다고 느꼈으면서, 새 집을 아늑하게 꾸며줄 새로운 물건들에 집착하고 있었다. 몇 주에 걸쳐 사야 할 물건들을 계속 목록에 추가했고, 인테리어에 영감을 주는 이미지와 제품 링크로 핀터레스트 보드를 가득 채웠다. 솔직히 내가 봐도 정말 과했는데, 그런 나를 조금씩 다른 방향으로 끌어당긴 계기가 있었다.

그 무렵, 나는 자원봉사하는 유기동물 보호소에서 연락을 받고 8주 된 아주 사랑스럽고 냄새나는 강아지 두 마리를 긴급 위탁 양육하게 되었다. 그 작은 녀석들과 보낸 시간은 정말 즐거웠다. 그러다가 마침내 보호소로 돌려보내던 날, 아이들이 잘 살기를 기원하며 직원에게 맡긴 뒤, 다른 동물들을 보려고 위층으로 올라갔다. 오랜 시간 동물 구조 활동가로 지냈지만 입양 절차가 시작되면 갑자기 기분이 이상해진다. 나는 뜬금없이 유기동물 보호소의 홍보 담당자라도 된듯, 귀여운 동물들의 성격과 그곳에 들어오게 된 사연을 들은 뒤 괜찮아 보이는 사람들을 만날 때마다 입양 홍보를 했다. 그날의 나는 유독 보기 드문 모습이었다.

지나가는 사람을 아무나 붙잡고 말을 걸었다. "저기, 눈썹이 귀여운 로트와일러 믹스견 보셨어요? 정말 좋은 친구가 될 거예요!" 쌍둥이를 데리고 들어오는 여자에게는 이렇게 말했다. "저 덩치 큰 몰리 너무 사랑스럽지 않아요? 얼굴도 예쁘게 생겼고 아이들과도 잘 지내요!" 마치 그게 내 직업이라도 되는 것처럼 열심히 개들을 홍보했다. 나와 가장 가까운 사람들도 홍보 대상에서 예외는 아니었다. 내 남자친구를 탱크라는 나이 많은 핏불과 소개팅이라도 시켜줄 기세였다. 피트라는 친구에게는 작은 테리어 사진을 보내며 이렇게 말했다. "지금 당장 여기로 와. 널 위한 완벽한 강아지를 찾았어!"라고 설득했다. 그리고 정말 기막힌 일들이 일어났다. 성급한 결정을 내리는 법이 없는 남자친구가 탱크를 집에 데려갔다. 지금은 36킬로그램이나 되는 육중한 몸집으로 매일 소파에서 즐겁게 뒹굴고 있다. 그리고 피트는 정말로 그 작은 테리어를 입양했고, 이름은 러스틴이 되었다. 게다가 쌍둥이 엄마가 몰리를 데리고 보호소를 떠날 때 아이들이 그 온순한 유기견을 양쪽에서 끌어안고 있는 모습을 보며, 말로 다 할 수 없는 목적 의식과 충만함이 밀려왔다.

그날은 내가 공식적으로 봉사를 하는 시간은 아니었다. 하지만 내가 자진해서 벌인 홍보 활동은 이 강아지들에게 영원히 사랑받을 수 있는 가족을 찾아주는 데 조금이나마 도움이 되었다. 돌이켜보면, 그날에 이르기 전 몇 주 동안 나 자신과 내 하찮은 쇼핑 욕망에만 온통 정신이 팔려 있었다. 하지만 사람과 반려동물을 이어주는 그 몇 시간 동안의 일이, 그 어떤 장식품 구매보다 큰 만족감을 안겨주었다.

여기서 중요한 건 누군가에게 도움이 되는 일을 하면서 좋은 기분을 느끼지 않는 건 거의 불가능하다는 것이다. 이를 뒷받침하는 데이터도 있다. 짧은 시간이라도 자원봉사를 한 사람은 행복감이 눈에 띄게 높아지고 자존감이 커지며 스트레스 수준이 낮아진다고 한다.[1] 노년층의 경우, 시간을 나누는 것만으로도 고혈압, 치매, 외로움의 위험이 줄어든다.[2] 아이들이 자원봉사를 할 때 그 효과는 더 극적이다. 어린 자원봉사자들은 불안감을 느낄 가능성이 25퍼센트 낮고, 흡연 같은 파괴적인 행동을 할 가능성도 50퍼센트나 낮다.[3]

또 하나 중요한 점은 자원봉사를 하면 스트레스 반응을 완화하는 세로토닌과 옥시토신이 많이 분비되는데, 이때 느끼는 쾌감은 쇼핑할 때 분비되는 도파민보다 훨씬 안정적이고 오래 지속된다.[4] 타인의 문제 해결을 도우면 더 건강하고, 더 오래, 더 의미 있게 살도록 돕는 것처럼 느낀다. 하지만 새로운 물건을 쇼핑할 때는 이런 효과가 발생하지 않는다.

자원봉사의 또 다른 장점은 관심의 초점을 정말 중요한 일에 돌려주고, 불필요한 물건을 사는 데서 멀어지게 만든다는 것이다. 어르신들과 빙고 게임을 하거나 아이에게 야구공 타격 방법을 가르치는 동안에는 신발을 검색하거나 새 기타를 사기가 쉽지 않다. 소비주의가 모든 걸 집어삼킬 듯 작동할 때, 이런 순간들은 우리에게 무엇이 중요한지를 또렷하게 보여준다.

나는 오랫동안 너무 바빠서 자원봉사를 할 시간이 없다고 생각했다.[5] 하지만 '새 물건 안 사기' 챌린지를 시작하면서 그게 헛소리라는 걸 깨달았다. 시간은 많은데 쇼핑의 심연에 빠져 시간을 허비하고 있었던 것이다. 그래서 한 달에 몇 시간이라도 내가 정말로 중요하게 여기는 곳, 그러니까 유기동물 보호소 활동과 위탁 보호 아동들을 돕는 일에 쓰기 시작하자, 지금까지 물건으로 채우려고 애쓰던 공허한 마음에 기쁨이 넘쳐흐르는 것을 느끼게 되었다.

첫째로, 내 가치관에 부합하는 일을 하느라 바빠졌고, 비록 규모는 작지만 세상이 조금 더 좋은 쪽으로 균형을 되찾는 데 기여하고 있다는 감각을 느꼈다. 둘째로, 내 삶이 얼마나 풍요로운지를 끊임없이 떠올리게 되었다. 평생 함께할 가족을 간절히 바라는 아홉 살 강아지와 하루를 보내고 나면, 내가 누리고 있는 풍요로운 삶에 부끄러움을 느낄 수밖에 없다.

그리고 또 하나의 기적 같은 변화가 일어난다. 인생의 진정한 풍요는 '소유'가 아닌 '경험'과 '만남', '행동과 존재'를 통해 얻을 수 있다는 사실에 다시 주목하게 되는 것이다. 무엇이 중요한지를 가늠하는 기준이 물건에서 사람과 지지로 이동한다. 아름다운 변화다. 그리고 보통, 필요한 건 시간뿐이다.

　더 많은 사람이 휴대폰을 내려놓고 자기 중심적인 사고에서 벗어나 다른 이들에게 도움을 주거나 이해심을 보인다면 세상이 지금보다 훨씬 아름답고 따뜻한 곳이 될 거라고 굳게 믿는다. 그리고 좋은 소식은, 지금까지 챌린지를 진행한 당신은 아마 쇼핑하는 데 썼던 시간의 조각들을 발견했을 가능성이 크다는 것이다. 그 시간을 동네에서 작은 선을 행하는 데 써보면 어떨까? 꼭 거창하거나 공식적인 것일 필요는 없다. 산책할 때 리유저블 쇼핑백을 들고 다니면서 쓰레기를 줍는 것만으로도 충분하다. 아니면 힘든 시간을 보내고 있는 친구에게 전화를 걸어 격려해 보는 건 어떨까? 점심을 먹으러 가는 길에 마주친 노숙자에게 점심 한 끼를 대접할 수도 있다. 만약 자신이 할 수 있는 게 없다고 느낀다면, 다시 생각해 보길 바란다. 비영리 단체는 회계 업무부터 보조금 신청서 작성, 파이프 청소도구와 와인 코르크로 고양이 장난감 만들기에 이르기까지 당신이 생각할 수 있는 거의 모든 영역에서 손길이 필요하다. 당신은 쓸모 있고 필요한 존재이며, 시간과 열린 마음만 있다면 세상에 크든 작든 분명한 선물을 마련할 수 있다.

실행 과제 1

챌린지에 참여하면서 확보하게 된 시간을 파악한다. 그 시간 중 얼마를 자원봉사에 할애할 수 있는가?

실행 과제 2

1) 관심사, 2) 재능, 3) 투자 가능한 시간, 4) 교육 절차 등을 고려해서 자신에게 적합한 단체를 정한 뒤 적극적으로 참여한다.

실행 과제 3

일정이나 상황상 공식적인 자원봉사 활동을 하기 힘들다면 매일 누군가와 무언가를 위해 좋은 일을 할 시간을 내보자. 기회는 무궁무진하며 작은 일 하나하나가 다 소중하다. 자원봉사는 자신의 삶을 균형 잡힌 시각으로 바라보면서 과소비 습관을 조절하는 데 도움이 된다.

2000년대 초반을 살았던 사람이라면 〈섹스 앤 더 시티 Sex and the City〉나 〈가십걸 Gossip Girl〉 같은 드라마에서 묘사된 화려한 대도시 생활에 매료된 적 있을 것이다. 나도 재미있게 본 이런 드라마를 폄하할 생각은 없지만, 프리랜서 작가의 벌이로 맨해튼의 부촌 아파트에 살면서 늘 유명 디자이너의 의상을 입고 다니는 건 현실적이지 않다. 가장 인상 깊었던 건 등장인물들이 함께 어울리는 장면 대부분이 쇼핑이나 상점 구경을 배경으로 하고 있다는 점이다. 드라마가 현실을 과장한 게 아니라, 오히려 현실 그대로를 옮겨온 모습에 가깝다. 여성의 경우 사교와 쇼핑이 너무 밀접하게 얽혀 있는 탓에[1], 진정한 친구라면 돈을 쓰지 않아도 함께해 줄 것이라는 사실을 기억하는 데 시간이 걸리는 것처럼 보인다. 우리 아버지는 기억에 남는 명언이나 훈계를 자주 입에 올리셨는데, 누군가와 시간을 보내고 싶은 사람이라면 "와서 필통 정리를 도와주겠다는 핑계라도 댈 것"이라고 말씀하시곤 했다. 즉, 진정한 친구들끼리는 쇼핑을 핑계 삼지 않아도 된다는 뜻이다.

유행하는 아이템을 가졌느냐 아니냐로 열등감을 느끼게 만드는 지인이 있다면, 그런 사람은 친구가 아니다. 자본주의가 무어라 속삭이든 우리의 진정한 가치는 물질에 있지 않다. 당신은 본인의 가치를 물질과 혼동하지 않는 이들과 시간을 보낼 자격이 있다. 그런 사람들의 차이를 잘 모르겠다면 이 챌린지가 누가 진심으로 당신 곁에 있어줄 사람인지, 누가 당신을 깎아내려 우쭐한 기분을 느끼려는 사람인지 분명히 알려줄 것이다. 만약 당신의 인간관계에 과소비를 부추기는 사람이 많다면 당신이 정한 목표와 한계치에 관해 솔직하게 이야기해야 한다. 그래도 달라지지 않는다면, 4일 차에 언급한 재정 건전성을 중시하는 사람들과 소통하는 방법에 관한 팁을 다시 살펴보자.

성인이 되어 보스턴에서 처음으로 직장에 다니게 되었을 때, 친구들과 나는 쇼핑몰이나 부티크를 수시로 방문했다. 정말 필요한 게 있어서 그랬을까? 아니다. 우리는 그저 심심풀이로 구경을 했고, 마치 서로에게 뭔가를 추천해 주고, 추천을 받으려는 사람들 같았다. 우리는 그게 바로 도시에 사는 어른 여자들의 여가라고 생각했다. 미국인의 42퍼센트처럼 우리도 쇼핑을 취미로 여겼다.[2] 주말이 되면 날이 화창해도 상점가를 둘러보며 시간을 허비했고, 보통 우리 중 한 명의 카드 결제가 거부당하면 부티크 밖으로 나가 소심하게 은행에 전화를 걸곤 했다. "뭐라고요? 어떻게 그럴 수 있죠? 다시 한번 확인해 주세요." 이렇게 쇼핑몰에서 시간을 보내는 동안에도 즐거운 대화와 웃음이 오갔을까? 물론이다. 하지만 다른 곳에서도 그만큼 즐거운 시간을 보낼 수 있었을 것이다.

이 생각은 데이트 상대, 연인, 가족 등 우리가 맺은 모든 관계에 적용되어야 한다. 예를 들어, 아이들과 함께 시간을 보내려고 뇌물 공세를 펼칠 필요는 없다. 자녀든 아니면 다른 누구든, 당신과 함께 시간을 보내는 대가로 물건을 약속하는 순간 위험한 선례가 생긴다. 당신과 파트너는 쇼핑몰을 돌아다니며 물건을 사지 않고도 원만한 관계를 맺을 수 있다. 로맨틱한 데이트가 풍선 달린 테디베어나 값비싼 보석으로 끝날 필요는 없다. 진정한 관계는 물건과 상관없다. '새 물건 안 사기'는 주변 사람들과 함께할 때 효과가 더욱 커지는 챌린지일 뿐 아니라, 그들과의 관계를 쇼핑이 아닌 방식으로 돌볼 좋은 기회이기도 하다.

그래서 오늘은 소비를 곁들이지 않고도 친밀함을 키울 수 있는 방법을 떠올리고 사람들과 약속을 잡을 것이다. 그리고 당신이 누군가에게 '함께 놀고 싶은 사람'이 되길 응원하는 마음으로 쇼핑이나 소비 없이 친구나 가족과 함께 할 수 있는 활동을 몇 가지 소개한다.

- 같은 공간에서 각자 일하기
- 같이 한 끼 만들어 먹기
- 집에서 직접 만든 와인 시음하기
- 집에서 무료 온라인 운동 수업이나 명상 하기
- 정원 또는 식물 가꾸기
- 산책, 달리기, 자전거 타기, 하이킹
- 영화, 공연, 콘서트 관람하기
- 각자 다룰 줄 아는 악기로 즉흥 연주하기
- 전화 또는 화상 통화하기
- 피크닉 즐기기
- 옷 교환 모임 열기
- 추억의 밤샘 파티나 영화 보기
- 일주일치 식사 준비하기
- 농구, 테니스, 축구
- 보드게임이나 카드 게임 하기
- 물건과 관계 없는 볼일 보기
- 목표를 세우거나 비전 보드 만들기
- 새로운 곳으로 당일치기 여행 가기
- 교습 또는 수업 듣기
- 새로운 식당이나 커피숍 가보기
- 자원봉사하기

실행 과제 1

위 목록과 인터넷 검색, 상상력 등을 활용해 조만간 친구나 가족과 함께 할 쇼핑 이외의 활동을 몇 가지 고르고, 실제로 약속을 잡는다.

실행 과제 2

앞으로 사람들과 어울릴 때는 소비보다 연결을 최우선으로 하는 선택을 해보자. 그런 대안을 통해 어떤 기분을 느꼈는지, 얼마나 많은 지출과 유혹을 피했는지, 그리고 결과적으로 관계가 얼마나 더 돈독해졌는지 기록한다.

카트만두에서 뉘엿뉘엿 해가 기울어 가는 시각, 우리는 모터 달린 자전거와 영리한 들개들이 돌아다니는 거리에 즐비한 작은 상점들 가운데 한 곳에 들어갔다. 안나푸르나 하이킹을 앞두고 등산스틱을 빌리러 간 것이지만 기념품에 더 눈이 갔다. 내가 미국인이라는 사실을 알고 있던 가이드 티카는 관광객을 위해 진열해 놓은 것이 분명한 거대한 테이블을 가리켰다. 거기엔 잭 다니엘의 상표를 살짝 변형한(원래 상품명인 Jack Daniels에서 s가 빠진 Jack Daniel이라고 적혀 있었다) 로고가 그려진 모자와 셔츠가 산더미처럼 쌓여 있었다. 열을 지어 늘어놓은 또 다른 셔츠들에는 마이클 조던Michael Jordan과 코비 브라이언트Kobe Bryant의 이미지가 자랑스럽게 부착되어 있었다. 그리고 저작권 침해를 피하려고 레드불Red

Bull의 유명한 슬로건을 "레드뮬, 날개를 펼쳐줘요" 같이 우스꽝스럽게 변형한 슬로건도 많았다. 문득 대부분의 상품이 중국산이라는 걸 알아차렸다. 다른 가게와 노점에도 가봤지만 파는 물건은 대동소이했다. 히말라야 고지대의 외딴 마을에서 판매하는 네팔 특유의 기도 깃발과 신상神像들도 다른 나라에서 대량 생산된 것이었다.

물론 이런 경험이 언제나 그렇지는 않지만 관광 산업에는 우리가 전혀 필요로 하지 않는, 조악하게 만들어진 잡동사니가 넘쳐난다. 물론 여러 나라에서 모든 마그넷 컬렉션을 보며 즐겁다면 굳이 그만둘 필요는 없다. 다만 여행에서 기념품을 사야 할 의무나 윤리적 책임감 같은 건 없다. 사실 기념품을 뜻하는 'souvenir'라는 단어는 원래 프랑스어로 '기억'을 의미하는데, 기억하기 위해 무언가를 살 필요는 없다.

지역 경제 활성화의 일환이라고 외치는 이들을 위해 말해두자면, 나도 그 말에는 전적으로 동의하지만 몇 가지 알아둬야 할 게 있다. 대부분의 기념품은 그 나라에서 생산되지 않으며 그걸 판매하는 상인들은 손익분기점을 거의 넘기지 못한다.[1] 따라서 기념품을 사는 게 지역 경제와 공동체를 활성화한다는 믿음은 말 그대로 '믿음'에 가깝다. 차라리 그 지역의 소규모 자영업자들이 운영하는 식당, 숙박업소, 여행사, 소매점을 선택하고, 상황이 허락한다면 넉넉한 팁과 후기를 남기는 편이 훨씬 더 의미 있는 지원이다.

30일간의 챌린지 기간 중 여행 계획이 없을 수 있다. 하지만 언제든 새 물건을 사지 않으면서도 여행할 수 있고, 놀랄 만큼 해방감을 안겨줄 수 있다. 나중에 먼지만 쌓일 소품을 고르느라 가판대를 기웃대는 것보다는 그 장소를 직접 탐험하고 배울 수 있는 다양한 활동에 참여해 보자. 그러면 지퍼가 닫히길 빌며 캐리어를 억지로 눌러 담을 일이 없다. 추가 수화 요금 없이 추억만 가득 채워서 집으로 돌아가는 편이 좋지 않겠는가.

나는 수년간 돈을 아낀 끝에 남극 여행을 떠나는 기쁨을 누렸다. 내 인생을 바꿔놓은 그 여행지에서 몇 달 혹은 몇 년씩 남미를 배낭여행 중인 흥미로운 사람들을 많이 만났다. 그리고 그들의 배낭은 놀랍도록 가벼웠고, 그에 반해 경험은 믿을 수 없이 풍부했다. 그들에게 기념품은 물건이 아니라 경험과 여행길에서 만난 사람들이었다. 물건은 다음 모험을 떠나는 데 방해가 되었을 테고, 물건을 보면서 좋은 기억을 떠올리는 것보다는 실제로 좋은 추억담을 이야기하는 편이 훨씬 나을 것이다. 그래서인지 그들은 함께 술 마시며 이야기를 나누기에도 최고의 사람들이었다. "물건이 아니라 순간을 수집하라"는 옛말이 떠올랐다.

그래도 여행지의 무언가를 가져오고 싶거나, 여행 갈 때마다 기념품을 꼭 가져오라는 상사의 눈총을 피하고 싶다면, 많은 도시에서 쉽게 찾을 수 있는 벼룩시장이나 중고 상점을 둘러보거나, 장인이 직접 만든, 제대로 된 고품질 작품에 투자해도 좋다. 그리고 말할 것도 없지만, 자연은 그 자리에 그대로 두자. 돌이나 식물을 가져오지 말고, 갔을 때보다 더 나은 상태로 남겨두자. 여행하는 시간을 의미 없는 과소비로 채우지 말자. 진짜 기념품인 '기억'은 충분히 남게 될 테니까.

실행 과제 1

여행을 떠난다면, 물건 대신 소중한 순간을 모아서 기억하는 '새 물건 안 사기' 방식을 실천한다.

실행 과제 2

여행 기간에 개인이 운영하는 숙소, 레스토랑, 액티비티, 상점을 이용하면서 지역 경제에 의미 있는 방식으로 기여한다. 여건이 되면 팁을 넉넉히 주고 긍정적인 후기를 남기고 입소문을 내는 것도 잊지 말자.

실행 과제 3

실물 기념품을 구매해야 한다면, 중고 상품을 선택하거나 당신의 소비가 실제로 도움이 되는 지역 장인 소유의 상점을 고려하자.

언젠가 '셀프 케어' ASMR 전문 유튜버들에게 푹 빠져 시간 가는 줄 모른 적이 있다. 핑크색이 가득한 영상에서는 근사하고 값비싼 15단계 스킨케어 루틴을 자세히 설명하고, 매니큐어를 완벽하게 바른 아크릴 손톱으로 제품 포장지를 조심스럽게 두드리는 장면까지 보여준다. 크리스털 잔에 담긴 칵테일의 톡톡 터지는 탄산과 얼음 부딪히는 소리, 배스밤과 꽃잎으로 가득 찬 세련되고 미니멀한 욕조, 그 위에는 아이패드가 들어 있는 작은 가방, 벤앤제리스Ben & Jerry's 아이스크림이 가득 담긴 스탠리 컵, 그리고 향초까지. 이렇게 꾸며진 환상적인 장면들은 우리를 자연스럽게 끌어당기고, 누군가에게는 닮고 싶은 대상이 된다. 하지만 이런 인플루언서 영상은 과소비가 우리가 자신을 돌보고 특별한 순간을 기념하는 방식을 어떻게 바꿔놓았는지를 보여주는, 익숙한 사례일 뿐이다.

셀프 케어, 그러니까 자기 돌봄이라는 개념의 뿌리는 소크라테스까지 거슬러 올라간다. 그는 탐욕, 질투, 과도한 욕망에 의해 규정된 '좋은 것들'을 좇아서는 안 된다고 경고했다.[1] 훗날 유명 작가이자 사회운동가인 오드리 로드Audre Lorde는 자기 돌봄은 곧 자기 보호를 위한 것이며 따라서 정치적 투쟁 행위라고 덧붙였다.[2] 이런 설명들은 자기 돌봄을 책임감 넘치는 고차원의 활동으로 묘사한다. 하지만 현대의 자기 돌봄 문화는 이런 목적의식이 가득한 정의에서 벗어나 과도한 탐닉과 자기애로 치우쳐 버렸다. 물론 가끔은 자신을 소중히 가꾸는 것도 좋지만, 오늘날의 마케팅은 자신을 제대로 돌보려면 과시적인 소비에 참여해야 한다고 부추긴다.[3] 저녁 조깅을 마친 뒤 마사지, 냉탕에 몸 담그기, LED 페이스 마스크, 사우나 담요까지 따라붙어야 비로소 진짜 자기를 돌보는 사람이 되는 것처럼 말이다.

저속한 소비주의의 겉치레를 걷어내고 나면, 정말 효과적인 자기 돌봄에는 필요한 것이 거의 없어, 새 물건을 잔뜩 사들이지 않아도 된다는 사실을 알게 된다. 진정한 자기 돌봄은 실용적이면서 삶 전반을 아우르는 일이다. 이를테면 이 책을 읽고 챌린지에 참여하는 것 자체가 자기 돌봄이다. 당신이 작성한 러브 리스트에 있는 활동이 전부 자기 돌봄이다. 자기 의견을 강요하는 친구에게 분명하게 선을 긋거나, 동네 공원에서 쓰레기를 줍는 일 역시 자기 돌봄이다. 상담 치료를 받고, 식단에 채소를 더하고, 물을 더 많이 마시고, 병원 예약을 잡는 것도 자기 돌봄이다.[4] SNS가 자기 돌봄을 과도한 소비로 축소시켰지만, 이는 방대한 선택지 중 하나일 뿐이다. 이 세상에서 당신과 당신의 목적을 단단하게 만드는 활동을 했다면, 축하한다. 당신은 방금 최고의 자기 돌봄을 실천했다.

그러니 오늘은 챌린지 기간 동안 당신이 이룬 성과를 기념하는 의미에서, 또 휴식하고 기분 좋게 지낼 자격이 있는 한 사람으로서 지속 가능한 자기 돌봄을 시도해 보자. 이 첫 번째 시도는 자기 돌봄이 당신에게 무엇을 의미하는지, 무엇이 당신을 만족스럽게 만드는지에 달려 있다. 누군가에게는 재미있는 독서가 그 시작일 수 있다. 다른 누군가에게는 낮잠이나 요가 수업일 수도 있다. 무엇을 좋아하든, 이미 가지고 있는 물건들만으로도 심신을 회복하는 시간을 보낼 수 있다. 굳이 새로운 물건을 살 필요는 없다.

실행 과제 1

본인에게 의미 있고 필요한 자기 돌봄을 실행할 수 있는 시간을 정해 보자. 그리고 이미 가지고 있는 물건 가운데 필요한 것을 골라 제대로 쉬기 위한 준비를 하자. 무얼 사지 않고도 스트레스를 날려버릴 수 있는 테마별 아이디어를 몇 가지 소개한다. 다만 본인이 작성한 러브 리스트를 꼭 참고하고, 그중 가장 균형 잡히고 돌봄 받는 느낌이 드는 방법을 선택한다.

- **가꾸고 느긋해지기:** 19일 차에 정리 작업을 하면서 화장품 샘플이나 깜빡 잊고 있던 뷰티 제품을 발견했는가? 그중 써보고 싶었던 제품을 모은다. 욕조에 물을 받고 바디워시, 샴푸, 손 세정제, 기타 몸에 안전하고 거품이 잘 나는 제품을 이용해서 거품을 낸다. 좋은 음악

이나 흥미진진한 팟캐스트를 틀어놓는다. 가운, 잠옷, 슬리퍼, 오래된 티셔츠 등 편안하게 쉴 때 입는 것들을 늘어놓는다. 맛있는 음료를 한 잔 준비한 뒤 거품에 몸을 담갔다가 헹구고, 샘플을 사용하면서 느긋하게 휴식을 취한다.

- **저녁 식사와 영화:** 굳이 소개팅 앱을 켜지 않아도 인생 최고의 즐거움 중 하나를 만끽할 수 있다. 바로 맛있는 음식을 먹으면서 흥미로운 뭔가를 보는 것이다. 좋은 올리브 오일을 사용하고 특별한 날을 기다리며 찬장 뒤쪽에 숨겨둔 말린 표고버섯도 넣는다. 오늘이 바로 그 특별한 날이니까 말이다. 이제 완성된 음식을 정성껏 접시에 담고 일주일 내내 기다렸던 영화나 프로그램, 스포츠 경기를 즐기면 된다.

- **활동적인 휴식:** 좋아하는 운동이나 힐링 방법에 돈을 써보자. 그런 다음 집에 돌아가 상쾌하게 샤워를 하고 침대에 푹 파묻히면 된다.

- **진정으로 느긋한 시간:** 명상? 요가? 이런 경험을 위해 스파에 갈 필요는 없다. 조명을 어둡게 하고, 매트가 있으면 바닥에 깔고, 좋은 향기가 나는 것들을 주변에 늘어놓고, 무료 명상이나 온라인 수업을 틀어놓은 뒤 그 경험을 즐기자.

- **포근함 만끽하기:** 읽고 싶은 책이나 잡지가 있는가? 편한 옷으로 갈아입고, 집에서 가장 좋은 자리에 앉아 포근한 담요를 덮고, 따뜻한 차를 한 잔 준비한 뒤 고양이가 가르랑거리는 소리도 더해보자. 정말 만족스러운 시간이 될 것이다.

물건과 관련 없는 목표 세우기

이사를 오기 전에 나는 이전 아파트에서 거의 10년을 살았다. 그 집에는 어린 시절 추억이 담긴 물건이 담긴 커다란 보관함이 있었는데 나는 이 상자를 줄곧 기피해 왔다. 그러다가 이사 후 새 집 거실에 쌓여 있는 상자 때문에 일주일 내내 짜증을 내다가 결국 그 안에 있는 물건들을 정리하기로 했다. 먼저, 정리하는 데 무려 7시간이나 걸렸다는 것부터 얘기해야겠다. 인생의 어떤 시절에서든 잡동사니를 전부 모아두고 싶은 충동이 들 때면 이 '7시간'을 기억하자.

그렇게 나는 바닥에 앉아서 30년간 손대지 않은 카드, 편지, 사진, 일기를 샅샅이 보았다. 꼬마 애슐리와 그 애가 쓴 정말 창피한 일기장이 10대 초반부터 해마다 한 권씩 있었다. 그중에서도 특히 눈에 띄는 일기장이 하나 있었는데 내가 15살 때 쓴 것이었다. 당시의 난 내게 별 관심이 없는 남사친에게 푹 빠져서 괴로워하고 있었고, 밝은 녹황색 닷지 네온^{Dodge Neon} 차에 완전히 집착하고 있었다. 당시 내 인생의 가장 큰 목표는 바로 이 차, 이 물건이었다.

2년 가까이 닷지 네온이 내가 원하는 차라고, 이 차야말로 나를 정의하고 내가 어떤 사람이 되고 싶은지 보여주는 차라고 굳게 믿었다. 그러나 다행히 계약금을 지불할 정도의 돈을 모았을 때, 부모님이 중고 도요타 코롤라^{Corolla}가 더 나은 선택이라고 결정하셨다. 성숙한 부모님의 결정에 박수를 보낸다. 이 이야기를 하는 이유는 소비주의가 우리 목표를 어떻게 왜곡할 수 있는지 보여주는 사례이기 때문이다. 우리는 소유물을 자신의 가치와 연결하도록 길들여져 있기 때문에 내가 어떻게 발전하고 싶은지, 어떤 사람이 되고 싶은지를 물질적인 것과 연관 짓는 경우가 많다. 혹은 물건을 손에 넣는 것을 목표 달성의 기준으로 삼기도 한다. 이런 목표 중에는 괜찮은 것도 있겠지만 대부분 진정한 자기 계발과 개인적 성장에 대한 이해를 방해한다.

잠시 당신 영혼의 깊은 곳을 들여다보자. 물건 없이 당신은 어떤 사람인가? 소유물과 욕망, 물건으로 가득한 주변 환경을 걷어내고 나면 무엇이 남을까? 그런 상태의 당신은 무엇을 하고 싶은가? 어떤 기분을 느끼고 싶은가? 세상을 어떻게 살아가면서 어떻게 소통하고 싶은가?

어떤 물건을 목표로 삼는 것은 게으른 자기 계발이다. 소유물을 통해 자신이나 타인에게 '성공했다'는 사실을 증명하려고 한다면, 우리는 사실상 아무것도 발전시키지 못한 것이다. 적어도 자신의 내면에 계속 남아 있을 만한 것은 아무것도 발전하지 못했다. 소유물 중심의 '목표'를 달성해도 공허한 이유는 마음속 깊은 곳에서 우리도 그 사실을 알고 있기 때문은 아닐까?

이 이론을 뒷받침하는 연구가 많은데, 지위나 겉모습을 과시하기 위한 쇼핑처럼 물질적인 목표를 우선시하고 이를 달성하는 이들은 부정적인 감정과 심리적인 고통을 더 많이 겪는 경향이 있다고 한다.[1] 물건이 자신을 위한 의미 있는 투자 방법이 아닌 것처럼, 물질주의는 지속 가능한 행복에 도움이 되지 않는다. 사실 소유물과 관련된 목표를 세우는 사람은 외로움, 섭식 장애, 우울증, 불안을 겪을 가능성이 더 높다. 자아실현을 위해 정말 필요한 것들은 상점에서 찾거나 살 수 없기 때문이다.[2] 그렇다고 해서 무언가를 사고 싶다는 열망을 품어서는 안 된다거나, 그런 목표 설정이 효과가 없다는 얘기는 아니다(다시 한번 기억을 되새기자면, 챌린지 1일 차는 목표를 적었을 때 생기는 힘에 관한 것이었다). 하지만 솔직히 말해, 어떤 분들의 버킷리스트나 비전 보드는 산타에게 보내는 아이의 크리스마스 소원 편지처럼 보일 정도다. 명품 백이나 고급 자동차를 원하는가? 그런 물건을 손에 넣는 게 당신에게 어떤 의미가 있을까? 그것이 당신의 목적의식이나 세상에 대한 기여를 확장해 줄까? 나는 물건을 비난하는 게 아니다. 과소비가 종종 어떤 감정을 잊거나 공허함을 채우기 위한 수단이 되는 것처럼, 물건과 관련된 목표를 세우는 것도 마찬가지다.

오늘은 여러분의 목표에 대해 생각해 보길 바란다. 아직 한 번도 해본 적이 없다면 지금이 바로 시작할 때다. 이미 꾸준히 목표를 정하고 달성해 온 사람이라면, '물건'이 아니라 감정과 행동, 성취에 중점을 둔 목표를 다시 세워보자. 예를 들어, 새 차를 사는 게 목표였을 수도 있다. 하지만 그 차가 당신에 대해서 무엇을 알려줄까? 차를 사면 어떤 기분이 들까? 그 감정을 하나씩 풀어보고, 자신의 열망을 표현할 다른 방법을 찾을 수 있을까? 어쩌면 특정한 차를 구입하는 행위 자체보다 마침내 재정적 안정을 누리게 되었다는 사실이 더 중요할 수도 있다. 어쩌면 그 차는 대를 물려온 빈곤을 극복한 진정한 성취를 상징하는 표식뿐일 수도 있다. 물건은 우리가 진정으로 바라는 깊은 자기실현과 의미 앞에서 물건은 그저 상징에 지나지 않는다.

챌린지가 거의 끝나가는 지금, 물건 중심의 목표가 여전히 자신에게 잘 맞는지 확인해 보자. 잡동사니를 정리하고 새 물건을 많이 사지 않게 된 지금도 정말 더 큰 집을 사고 싶은가? 한정판인 새 운동화를 사는 것이 30일 전처럼 당신에게 여전히 큰 의미가 있는가? 물건 중심의 목표가 여전히 잘 맞는다고 느낀다면 그대로 유지해도 좋다. 하지만 그렇지 않다면 이유를 자문해 보고 챌린지 이후의 자신에게 더 잘 어울리는 다른 포부를 정하자. 또 1일 차에 진행한 시각화 내용을 다시 살펴보면서 30일 전에 적어둔 내용이 미래의 다른 목표에 어떤 영향을 미쳤는지 확인해 볼 좋은 기회이기도 하다.

실행 과제 1

기존 목표를 검토하거나, 아직 정해둔 목표가 없다면 목표를 새로 세워보자. 한 번도 해본 적이 없다면 인터넷에 수많은 가이드가 있다. 1일 차의 내용을 다시 확인해서 포부를 키워볼 수도 있다.

실행 과제 2

목표 중에 지나치게 물질적이거나 공허하게 느껴지는 게 있는가? 만약 그렇다면, 그 물건을 소유하는 것이 실제로 무엇을 상징하고, 자신에게 어떤 의미가 있는지 깊이 생각해 보자. 물건을 얻는 데 덜 의존하면서도 더 의미 있는 목표로 바꿔가기 위해, 당신이 어떤 감정을 느끼고 싶고 어떤 변화가 필요할지에 집중해 보자.

실행 과제 3

챌린지가 거의 끝나가는 지금, 이런 목표에 대한 본인의 반응이 어떻게, 왜 달라졌는지 살펴보자. 예전의 포부 중 일부가 지금의 자신에게 맞지 않는다고 느끼는 데에는 아마 정당한 이유가 있을 것이다. 어쩌면 이 챌린지를 통해 당신이 물질과 맺은 관계가 근본적으로 달라졌기 때문일지도 모른다.

오늘이 우리가 함께 한 30일의 마지막 날이라서 신나는 음악이라도 틀고 싶은 심정이지만, 참겠다. 당신의 여정을 꼭 여기서 마칠 필요는 없으니까 말이다. 짧은 시간 안에 당신은 안팎으로 엄청난 일을 해냈다. 외적으로는 잡동사니를 치우고, 수리를 하고, 공간과 물건을 정리하고, 쇼핑을 대신할 더 건강한 습관을 키우고, 어떤 물건을 사느냐에 좌우되지 않는 풍요로운 삶을 설계하기 시작했다. 내적으로는 과소비에 대한 태도를 바꾸고, 소비 충동의 근본적인 원인을 이해하고 관리했으며, 자신의 욕구를 충족시킬 수 있는 보다 윤리적이고 책임감 있는 방법을 모색했다. 정말 엄청난 성과다. 챌린지 과제를 완료한 날이 며칠밖에 안 되거나 앞서 언급한 여러 가지 목표를 아직 달성하는 중이라고 하더라도 재정과 웰빙,

환경을 개선하기 위해 대부분의 사람들보다 더 많은 노력을 기울이고 있다. 너무 과장되게 얘기하는 것처럼 들릴지도 모르지만, 평생 소비주의에 사로잡혀 살아온 사람이 이 30일 과정을 지나왔다는 것은 하나의 영웅 서사다.

실제 수치를 살펴보기 전에 1일 차에 어떤 상태였는지 확인해보자. 시각화 내용을 다시 살펴보기 바란다. 열심히 노력한 덕분에 실현된 희망이 있는가? 돈을 좀 모았거나 빚을 갚아나가기 시작했을 수도 있고, 귀찮은 마케팅 메시지나 SNS를 통해 계속 남과 자신을 비교하는 생활에서 벗어나 조금이나마 마음이 편해졌을 수도 있다.

어떤 참가자들은 1일 차에 세운 목표를 넘어서는 성과를 올리기도 했다. 처음 목표는 재정을 다시 세우려던 것이지만, 시작하자마자 일이 잘 풀려서 원하던 입양 절차를 밟기 시작한 부부처럼 말이다. 또 어떤 희망은 실현되지 않았지만 그 자리에 다른 더 좋은 희망이 생긴 사람들도 있다. 리처드는 예전처럼 러닝 루틴을 이어가고 싶어서 시간이 확보되기를 바랐는데, 결국 그 시간을 파트너나 아이들과 함께 즐거운 시간을 보내면서 관계를 돈독히 하는 데 투자하기로 했다. 물건 사는 걸 줄이려고 챌린지를 시작한 자밀라는 몇 주 만에 자신이 심각한 쇼핑 중독 상태였다는 걸 깨달았다. 챌린지를 하면서 쇼핑을 멈춘 덕분에 이런 깨달음을 얻었을 뿐만 아니라 그 기간 동안 모은 돈으로 상담도 받을 수 있었다.

어쩌면 당신도 비슷한 심각성을 깨달아 마침내 미뤄왔던 공간들의 정리를 시작했을지도 모른다. 어떤 여정이었든, 아래 질문을 활용해서 시작점과 현재 위치, 그리고 그 사이의 과정을 되돌아보는 시간을 갖자.

질문	답변
챌린지가 전반적으로 어땠는가? 순조롭게 진행되었는가? 그 이유는 무엇인가?	
특히 힘들었던 날이나 실행 과제가 있었는가? 어떤 것이며, 그 이유는 무엇인가?	
특히 기분 좋았던 날이나 실행 과제가 있었는가? 어떤 것이며, 그 이유는 무엇인가?	
쇼핑이나 물건과의 관계에 있어 지금까지 몰랐던 통찰이나 깨달음을 얻었는가? 어떤 깨달음인가?	
1일 차 시각화 과정에서 세웠던 포부 가운데 30일 사이에 실현된 것은 무엇인가?	

1일 차 시각화 과정에서 세웠던 포부 가운데 30일 사이에 실현되지 않은 것은 무엇인가?	
러브 리스트 중에서 가장 마음에 드는 것은 무엇인가?	
챌린지를 진행하면서 쇼핑 충동을 억제하는 것이 더 쉬워졌는가?	

성찰도 마쳤으니 이제 돈 계산을 할 시간이다! 똑똑한 참가자들은 본격적으로 스프레드시트를 활용하고 있을지도 모르겠는데, 나도 그렇게 꼼꼼하게 편을 선호한다. 펜과 종이를 선호한다면 다음 합계 방식을 참고하자.

계산	합계
4주 차에 트리거를 추적 기록한 결과 얼마나 절약했는가?	₩
'트리거 기록장'을 확인해 챌린지를 시작한 이후 절약한 금액을 합산한다.	₩
4주 차에 중고품을 판매해서 얼마나 벌었는가?	₩

챌린지 기간에 물건을 팔아서 번 수익금을 모두 합산한다.	₩
상품을 반품하고 받은 환불금 등 다른 방법을 통해 절약하거나 번 돈이 있는가? 그것도 여기에 합산한다.	₩
총액	₩

돈이 전부는 아니지만, 이렇게 집계한 금액은 통해 많은 이들이 가장 흥미와 보람을 느끼는 부분이다. 숫자는 거짓말을 하지 않고, 또 사람들이 챌린지를 시작할 때 처음 예상했던 것보다 훨씬 큰 금액일 것이기 때문이다. 처음에는 "어떻게 하루에 6,200달러를 쓰고 싶은 충동이 들 수가 있지?" 같은 의문을 느꼈을 수도 있는데 이제는 알 것이다. 이 책을 읽으면서 자신이 물건을 사고 싶어 하는 매우 개인적이고 근본적인 이유를 이해하게 되었으니 말이다. 그리고 챌린지를 마무리할 때까지 많은 돈을 아낀 다른 사람들처럼, 상황을 재조절하려는 노력을 통해 지출을 피한 당신도 진정한 성취감을 느낄 수 있을 것이다.

이제 계산을 마쳤으니 축하할 일만 남았다. 이번에는 '러브 리스트'에 적어둔 활동으로만 한정하지 않아도 된다. 깊은 만족감을 느낄 수 있는 방식으로 당신과 당신의 놀라운 여정을 축하하기 바란다. "자, 이제 신나게 쇼핑하러 갑시다"라고 말할 생각은 없지만, 축하하면서까지 꼭 '새 물건 안 사기' 방식을 고수할 필요는 없다. 30일 내내 머릿속을 맴돌았던 새로운 물건을 사러 가도 되고, 샴페인을 터뜨리거나 춤을 추거나 크고 작은 파티를 열어도 된다. 참가자들에게서 예상외로 많이 들은 말은, 챌린지 기간 내내 '끝나면 뭘 살까'를 은근히 생각했는데 막상 30일 차가 되자 그 충동이 어느새 사그라들었다는 것이었다. 물론 모두가 그런 건 아니다. 어떤 사람들은 여전히 동경하는 물건을 사고 싶어 한다. 그래도 소비를 줄인 상황에서 꾸준한 만족감을 얻기 위해 관점과 습관을 바꾸자, 그토록 갈망하던 물건에 대한 흥미가 떨어지게 되었다니 참으로 흥미로운 일이다. 그러니 축하하는 데 적합하다고 생각하는 행동을 한 다음 그 선택에 대한 감정이 전과 달라졌는지 살펴보자.

부담을 줄 생각은 없지만 지금이 챌린지를 계속할지 아니면 잠시 중단할지 결정하기에 좋은 시기다. 짧은 시간 안에 놀라운 성과를 거둔 것에 고무되어 챌린지 기간을 연장하면 어떤 일이 일어날지 궁금해하는 참가자들이 많다. 내 경험에 대해서는 이미 알고들 있을 것이다. 난 결과가 만족스러워서 처음에 한 달만 해보려던 것이 거의 2년 동안 이어졌다. 어떤 이들은 가까운 시일 내에 다시 한 달 챌린지에 도전할 계획으로 잠시 중단하기도 하고, 어떤 이들은 챌린지를 계속하기보다는 여기서 얻은 교훈과 습관을 일상생활에 더하는 쪽을 선호한다. 어느 쪽을 택하든, 지난 30일 동안 가치 있는 경험을 했으니 그 경험을 통해 내면과 외면이 더 나은 방향으로 변화했기를 진심으로 바란다.

배운 것을 당신의 라이프스타일로

나는 멋진 일이 끝날 때마다 허탈감을 약간씩 느끼곤 한다. 어떤 식으로든 챌린지를 해냈다면 꽤 흥미로운 일에 참여한 것이다. 그리고 때로는 그 여정의 끝이 조금 슬플 수도 있다. 하지만 좋은 소식은 여정을 끝낼 필요가 없다는 것이다. 1일 차부터 다시 시작할 수도 있고, 챌린지 원칙을 일상생활에 포함시켜서 원하는 만큼 계속할 수도 있다. 이번에는 누군가와 함께하는 것도 좋지 않을까? 동네에서 '새 물건 안 사기' 모임을 결성하거나 친구들을 초대할 수도 있다. 요즘에는 '새 물건 안 사기'가 내 삶의 일부가 되어 뭔가를 하고 있다는 느낌조차 들지 않고, 챌린지라는 느낌은 더더욱 들지 않는다. 그러니 여정의 막바지에 이르러 다시 무너지게 될까 봐 걱정할 필요는 없다. 오늘, 아니 영원히 모험을 멈출 필요가 없기 때문이다.

챌린지를 계속할 생각이든 아니면 당장 쇼핑몰로 달려가 그동안 모은 돈을 몽땅 써버릴 예정이든, 챌린지를 며칠 동안만 진행했든 아니면 한 달 내내 완벽하게 해냈든, 이 챌린지가 미친 영향을 잠시 되돌아보자. 몇 년 전 여름에 약 1만 2,000명이 챌린지에 참여하겠다고 신청했던 것 기억나는가? 그런데 실제로는 그중 절반만 이 챌린지를 시작했고 첫 주가 끝날 무렵에는 다시 그중 절반이 포기했다고 가정해 보자. 그러면 챌린지를 일주일간 완료한 참가자가 3,000명이라는 얘기다. 평균적으로 참가자 한 명당 하루에 1,000달러(이는 내 '트리거 기록장'에서 쇼핑 유혹을 가장 자제한 날보다 훨씬 적은 금액인데, 난 챌린지 초보자들보다 마케팅의 영향을 훨씬 덜 받는다) 정도씩 지출을 피했다고 가정하고 계산해 보겠다.

자, 두구두구두구, 자그마치 하루에 300만 달러, 일주일이면 무려 2,100만 달러다. 단 3,000명이 참가해서 얻은 결과가 이 정도니, 내가 개인적인 신념을 지키려는 것 외에도 기업의 언론 홍보 행사에 끌려다니지 않는 데는 다 이유가 있다. 이 챌린지에서 강조하는 간단한 단계들은 참가자를 재정적으로 더 건전하고 행복하게 해주고 우리 모두를 위해 더 나은 세상을 만들려고 고안한 것이지만, 기업들을 원하는 만큼 부유하게 만들어주지는 않는다. 그리고 그들이 수십 년간 만들어 온 소비주의의 그물에서 여러분이 멀어진다는 생각만으로도 기업은 겁에 질린다. 물론 내 계산은 지나치게 단순화되어 세부적인 내용이 부족하지만, 여러분이 이미 경험한 것처럼 절약한 금액은 매우 현실적이다. 개인 차원에서

보면, 쓰고 싶었지만 결국 쓰지 않고 아낀 돈이 일주일에 7,000달
러나 된다는 얘기다. 우리가 충동적으로 행동하는 정도를 나타내
는 통계 자료 가운데 가장 보수적인 통계를 적용하더라도 여전히
절약액이 수천 달러에 달한다.

허황된 망상이 아니다. 내가 말하고 싶은 건 이 챌린지가 개인
에게 미치는 재정적 영향이 엄청나다는 것이다. 그리고 그걸 작은
집단으로 확대 적용해 보면 그 영향력이 시스템 전체를 바꿀 정도
의 힘을 지녔다는 걸 알 수 있다. 10만 명이 이 챌린지에 참여한
결과로 개인 전용기 크기를 줄여야 한다는 생각에 겁에 질려 있을
이사회 임원들을 상상해 보라. 기업들의 잠재적 매출 손실이 거의
30억 달러에 이르기 때문이다. 사람들이 수십억 달러의 신용카드
빚을 지지도 않고, 집이 어수선해지지도 않으며, 사람들이 의료비
를 내느냐 식탁에 올릴 음식을 사느냐 사이에서 어려운 선택을 해
야 하는 상황도 생기지 않을 것이다.

그리고 이건 챌린지의 재정적인 측면만 얘기한 것이다. 지난
몇 년간 받은 수백 건의 챌린지 후기를 읽어보면 참가자들의 인생
이 달라진 내용이 너무 감동적이다. 아이들과 반려동물을 입양하
고 난임 클리닉에 다닐 돈을 모은 것, 학교에 다시 다니거나 심리
치료를 받기 시작한 것, 집에 앉아 휴대폰만 스크롤하던 사람이
이제 밖에 나가 걸으면서 건강 문제를 해결한 것, 다른 사람들과
자유롭게 의미 있는 시간을 보내면서 자신에게 중요한 일을 추구
하게 된 것, 승진과 돈벌이 생각만 하던 사람이 재미와 휴식도 추
구할 여유가 생긴 것, 힘든 감정을 과소비라는 담요로 덮어서 가

리지 않고 솔직하게 인정한 뒤 해결하게 된 것, 자신이 어떤 사람이고 세상에 어떤 기여를 하고 싶은지 명확하게 알게 된 것 등. 실제로 존재하는 사람들이 이런 혜택을 누린 것이다.

당신도 이미 이런 결과 중 일부를 경험했을 것이다. '새 물건 안 사기' 챌린지가 목표를 이루도록 부드럽게 이끌어줬다면, 그 일을 실제로 해낸 사람은 당신 자신이라는 걸 기억하자. 당신이 해냈다. 과소비에게 꺼지라고 말할 수 있는 힘이 있다는 걸 스스로에게 증명했다. 당신은 본인이 선택한 방식을 통해 자신의 삶이 더 나은 방향으로 이끌어 갈 힘이 있다. 그리고 원하는 만큼 계속해서 그 일을 해낼 수 있다. 이제 당신이 이 책에서 얻은 교훈을 실천하고 그걸 라이프스타일로 삼도록 바통을 넘겨줄 때가 됐다. 이 여정을 함께 해줘서 정말 고맙다. 그리고 '새 물건 안 사기'를 통해 당신이 이미 누리고 있는 풍요에 대한 감사와 자신에 대한 믿음이 더욱 깊어졌기를 바란다.

들어가며

1. Decluttr, "Survey Finds 54 Percent of Americans Are Overwhelmed with Clutter and Don't Know What to Do with It," PR Newswire, January 13, 2015, https://www.prnewswire.com/news-releases/survey-finds-54-percent-of-americans-are-overwhelmed-with-clutter-and-dont-know-what-to-do-with-it-300019518.html;Sophia Naughton, "Work, Chores, Errands—Oh My! Average Adult Feels Burnt Out 3 Days Each Week," StudyFinds, January 30, 2023, https://studyfinds.org/not-enough-hours-in-the-day/;Chris MacDonald, "Drowning in Debt: The Hidden Tsunami Engulfing American Households," Nasdaq, September 28, 2023, https://www.nasdaq.com/articles/drowning-in-debt-the-hidden-tsunami-engulfing-american-households.
2. *Our Epidemic of Loneliness and Isolation: The U.S. Surgeon General's Advisory on the Healing Effects of Social Connection and Community* (Washington, DC: Office of the Surgeon General, 2023), https://www.hhs.gov/sites/default/files/surgeon-general-social-connection-advisory.pdf.
3. Mark Whitehouse, "Number of the Week: Americans Buy More Stuff They Don't Need," *Wall Street Journal*, April 23, 2011, https://www.wsj.com/articles/BL-REB-13793.
4. Joshua Becker, "21 Surprising Statistics That Reveal How Much Stuff We Actually Own," Becoming Minimalist, https://www.becomingminimalist.com/clutter-stats.

당신에게 소비 해방이 필요한 7가지 이유

1. Newser Editors, "Average Size of U.S. Homes, Decade by Decade," Newser, May 29, 2016, https://www.newser.com/story/225645/average-size-of-us-homes-decade-by-decade.html.
2. Marni Jameson, "Do You Really Need Self-Storage Space?" *Orlando Sentinel*, February 6, 2016, https://digitaledition.orlandosentinel.com/tribune/article_popover.aspx?guid=5b657e8a-d307-4fd7-9a1e-cbfdf29c41a3.
3. Anders Wijkman and Janez Potočnik, "A Circular Economy Isn't Enough—We Also Need to Consume Less," New Statesman, June 20, 2023, https://www.newstatesman.com/spotlight/sustainability/energy/2023/06/circular-economy-consume-less-consumption-fashion.
4. Amelia Josephson, "The Economics of Fast Fashion," SmartAsset, updated September 1, 2023, https://smartasset.com/credit-cards/the-economics-of-fast-fashion.
5. Decluttr, "Survey Finds 54 Percent of Americans Are Overwhelmed with Clutter and Don't Know What to Do with It," PR Newswire, January 13, 2015, https://www.prnewswire.com/news-releases/survey-finds-54-percent-of-americans-are-overwhelmed-with-clutter-and-dont-know-what-to-do-with-it-300019518.html.
6. Barbara Brody, "How Clutter Can Affect Your Health," WebMD, reviewed August 28, 2023, https://www.webmd.com/balance/ss/slideshow-clutter-affects-health.
7. Decluttr, "Survey Finds 54 Percent of Americans."
8. "American Psychological Association Survey Shows Money Stress Weighing on Americans' Health Nationwide," American Psychological Association, February 2015,

https://www.apa.org/news/press/releases/2015/02/money-stress.

9. *The Complex Story of American Debt* (Philadelphia: Pew Charitable Trusts, 2015), https://www.pewtrusts.org/~/media/assets/2015/07/reach-of-debt-report-artfinal.pdf.

10. Maurie Backman, "You Don't Need That: Average American Spends Almost $18,000 a Year on Nonessentials," *USA Today*, May 7, 2019, https://www.usatoday.com/story/money/2019/05/07/americans-spend-thousands-on-nonessentials/39450207/.

11. Lane Gillespie, "Bankrate's 2024 Annual Emergency Savings Report," Bankrate, June 20, 2024, https://www.bankrate.com/banking/savings/emergency-savings-report/#emergency-savings.

12. Associated Press, "Study: More Than 25% of Americans Expect to Never Retire," *Los Angeles Daily News*, April 24, 2024, https://www.dailynews.com/2024/04/24/study-more-than-25-of-americans-expect-to-never-retire.

13. "Nearly 30% of Americans Prioritize Buying the Latest Tech, Like iPhone 15, Over Paying Bills," Funds Society, September 3, 2024, https://www.fundssociety.com/en/news/markets/nearly-30-of-americans-prioritize-buying-the-latest-tech-like-iphone-15-over-paying-bills.

14. Lane Gillespie, "Survey: 48% of Social Media Users Have Impulsively Purchased a Product Seen on Social Media," Bankrate, September 18, 2023, https://www.bankrate.com/personal-finance/social-media-survey/#regret.

15. David Schechter, Haley Rush, and Chance Horner, "As Climate Changes, Climate Anxiety Rises in Youth," CBS News, March 2, 2023, https://www.cbsnews.com/news/climate-change-anxiety.

16. Doris Goodwin, "The Way We Won: America's Economic Breakthrough During World War II," *American Prospect*, October 1, 1992, https://prospect.org/health/way-won-americas-economic-breakthrough-world-war-ii.

17. "AR5 Synthesis Report: Climate Change 2014", Intergovernmental Panel on Climate Change, https://www.ipcc.ch/report/ar5/syr.

18. "How Much Do We Need to Consume to Sustain Ourselves?" Enel, October 2022, https://www.enelgreenpower.com/learning-hub/gigawhat/search-articles/articles/2022/10/sustainable-use-natural-resources.

19. "Will There Be More Plastic Than Fish in the Sea?," WWF, https://www.wwf.org.uk/myfootprint/challenges/will-there-be-more-plastic-fish-sea.

20. "How Did We Live Before Single-Use Plastic?," GoSili, https://www.gosili.com/blogs/news/life-before-single-use-plastic,

21. "How Much TV Does the Average American Watch? (2021–2025)," Oberlo, https://www.oberlo.com/statistics/how-much-tv-does-the-average-american-watch#.

22. "American Time Use Survey," U.S. Bureau of Labor Statistics, https://www.bls.gov/tus/tables/a61115.htm.

23. Pixie Technology Inc., "Lost and Found: The Average American Spends 2.5 Days Each Year Looking for Lost Items Collectively Costing U.S. Households $2.7 Billion Annually in Replacement Costs," PR Newswire, May 2, 2017, https://www.prnewswire.com/news-releases/lost-and-found-the-average-american-spends-25-days-each-year-looking-for-lost-items-collectively-costing-us-households-27-billion-annually-in-replacement-costs-300449305.html.

24. Dayana Yochim, "Women Spend 399 Hours a Year Shopping," Motley Fool, updated March 7, 2017, https://www.fool.com/personal-finance/2011/02/28/women-spend-399-hours-a-year-shopping.aspx.

25. Zachary Sosland, "Americans Report Lack of Time for Cooking, Enjoying Meals," Supermarket Perimeter, December 21, 2023, https://www.supermarketperimeter.com/articles/10631-americans-report-lack-of-time-for-cooking-enjoying-meals.

26. Amanda Reill, "A Simple Way to Make Better Decisions," *Harvard Business Review*, December 5, 2023, https://hbr.org/2023/12/a-simple-way-to-make-better-decisions.

27. Stacey Colino, "Decision Fatigue: Why It's So Hard to Make Up Your Mind These Days, and How to Make It Easier," *Washington Post*, September 22, 2021, https://www.washingtonpost.com/lifestyle/wellness/too-many-choices-decision-fatigue/2021/09/21/2dffce74-1b22-11ec-bcb8-0cb135811007_story.html.

28. "Buying: The Effect on Self-Worth Feelings and Consumer Well-Being," HEC, February 20, 2019, https://www.hec.edu/en/buying-effect-self-worth-feelings-and-consumer-well-being-0.

29. "Share of Americans Who Bought Premium or Luxury Items in 2018, by Income," Statista, February 23, 2022, https://www.statista.com/statistics/242827/affluent-americans-who-said-they-prefer-to-buy-designer-or-luxury-brands.

30. "Ebates Survey: Adults (96%) and Teens (95%) Agree—Retail Therapy Is Good for the Soul," Business Wire, March 15, 2016, https://www.businesswire.com/news/home/20160315005531/en/Ebates-Survey-Adults-96-and-Teens-95-Agree—Retail-Therapy-Is-Good-for-the-Soul.

31. "Hoarding Is on the Rise: The Causes of Hoarding Disorder," Spaulding Decon, https://www.spauldingdecon.com/blog/hoarding-is-on-the-rise; Grzegorz Adamczyk, "Pathological Buying on the Rise? Compensative and Compulsive Buying in Poland in the Pre- and (Post-) Pandemic Times," PLoS One 19, no. 3 (2024): e0298856, https://www.ncbi.nlm.nih.gov/pmc/articles/PMC10956761.

32. Ericka Podesta McCoy, "More Than 40% of U.S. Adults Cite Apparel Shopping as One of Their Hobbies," Digital Commerce 360, August 30, 2018, https://www.digital-commerce360.com/2018/08/30/understanding-and-engaging-shoppers-who-view-buying-clothes-as-a-hobby.

33. Maggie Davis, "69% of Americans Admit to Emotional Spending, Pushing 39% of Them into Debt," LendingTree, updated September 25, 2023, https://www.lendingtree.com/credit-cards/study/emotional-spending.

34. Dan Gartlan, "Emotional Advertising: How Brands Use Feelings to Get People to Buy," Stevens & Tate, September 12, 2023, https://stevens-tate.com/articles/emotional-advertising.

시민에서 소비자로

1. "Research Starters: Women in World War II," National WWII Museum, https://www.nationalww2museum.org/students-teachers/student-resources/research-starters/research-starters-women-world-war-ii.

2. "Reflections—Wartime Bond Drives," Army Historical Foundation, https://armyhistory.org/reflections-wartime-bond-drives/;"Victory Garden at the National Museum of American History," Smithsonian Gardens, https://gardens.si.edu/gardens/victory-garden.

3. Kathryn Horvath, "Getting the Waste out of Fashion Should Be the Next Big Trend," PIRG, February 19, 2024, https://pirg.org/articles/getting-the-waste-out-of-fashion-should-be-the-next-big-trend.

4. David Pietrusza, "Henry Ford and Alfred P. Sloan: Industrialization and Competition," Bill of Rights Institute, https://billofrightsinstitute.org/essays/hen-

ry-ford-and-alfred-p-sloan-industrialization-and-competition.

5. "The Origin and Myths of Planned Obsolescence," OpenMind, https://www.bbvaopenmind.com/en/technology/innovation/origin-and-myths-of-planned-obsolescence.

6. "World War II & Advertising: Introduction," Duke University Libraries, updated February 24, 2021, https://guides.library.duke.edu/wwii.

7. John McDonough, ed., *The Advertising Age Encyclopedia* (New York: Fitzroy Dearborn, 2003).

8. "'Continued Employment After the War?': The Women's Bureau Studies Postwar Plans of Women Workers," History Matters, https://historymatters.gmu.edu/d/7027.

9. "Women Factory Workers of WWII: Going to War," San Diego Air & Space Museum, https://sandiegoairandspace.org/exhibits/online-exhibit-page/women-factory-workers-of-world-war-ii-overview; "'Continued Employment,'" History Matters.

10. Sarah Pruitt, "The Post–World War II Boom: How America Got into Gear," History, updated August 10, 2023, https://www.history.com/news/post-world-war-ii-boom-economy.

11. "The History of Plastics Part II: 1935 Through 1980," Advanced Plastiform Inc., https://advancedplastiform.com/the-history-of-plastics-part-ii-1935-through-1980.

12. "Our Planet Is Choking on Plastic," UN Environment Programme, https://www.unep.org/interactives/beat-plastic-pollution; Chris Cillizza, "We Consume up to a Credit Card's Worth of Plastic *Every* Week," CNN, updated November 2, 2022, https://www.cnn.com/2022/10/31/us/microplastic-credit-card-per-week.

13. "20. Post-War Women," Remedial Herstory Project, November 20, 2022, https://www.remedialherstory.com/20-post-war-women.html.

14. "Chapter 11: Postwar America," U.S. Diplomatic Mission to Germany, https://usa.usembassy.de/etexts/history/ch11.htm.

이게 다 마케팅 때문이다

1. Wikipedia, s.v. "Torches of Freedom," last modified July 30, 2023, https://en.wikipedia.org/wiki/Torches_of_Freedom; Wikipedia, s.v. "Women and Smoking," last modified July 23, 2024, https://en.wikipedia.org/wiki/Women_and_smoking.

2. Quentin Fottrell, "When Americans Get Emotional, They Buy Really Sad Things," *New York Post*, updated July 26, 2017, https://nypost.com/2017/03/23/when-americans-get-emotional-they-buy-really-sad-things.

3. Aimee Picchi, "COVID-19 Is Changing How Americans Spend—Here's What We're Buying," CBS News, April 28, 2020, https://www.cbsnews.com/news/pandemic-buying-coronavirus-things-americans-are-buying.

4. "Gen Z and Millennials' Financially Irresponsible Era Is Over as Many Adopt 'No-Buy' Financial Trend," Credit Karma, March 14, 2024, https://www.creditkarma.com/about/commentary/gen-z-and-millennials-financially-irresponsible-era-is-over-as-many-adopt-no-buy-financial-trend.

5. "Do We Buy Cosmetics Because They Are Useful or Because They Make Us Feel Good?" ScienceDaily, July 22, 2011, https://www.sciencedaily.com/releases/2011/07/110721095846.htm; Zhihui Cai et al., "Body Image Dissatisfaction and Impulse Buying," Frontiers in Psychology 12 (2021): 653559, https://www.frontiersin.org/articles/10.3389/fpsyg.2021.653559/full; Rosemary Donahue, "How My Body Dysmorphia Started an Online Shopping Addiction," Fashionista, December 30, 2016, https://fashionista.com/2016/12/body-dysmorphia-online-shopping-addiction-essay.

6.　Rhonda Hadi and Lauren Block, "Warm Hearts and Cool Heads," Journal of the Association for Consumer Research 4, no. 2 (2019): 102–14, https://www.journals.uchicago.edu/doi/full/10.1086/701820.

7.　Parija Kavilanz, "The Sneaky, Smart Reasons Malls Have No Windows," CNN, updated June 24, 2024, https://www.cnn.com/2024/06/22/business/malls-lack-windows-curious-consumer.

8.　J. G. Navarro, "Marketing in the United States—Statistics & Facts," Statista, March 12, 2024, https://www.statista.com/topics/8972/marketing-in-the-united-states.

9.　Suzanne Schmitt, "Women in the U.S. Are About to Gain Significant Wealth," Fast Company, May 17, 2023, https://www.fastcompany.com/90897283/women-in-the-u-s-are-about-to-gain-significant-wealth-heres-what-that-means; Sandy Carter, "Who Runs the World? Women Control 85% of Purchases," Forbes, updated March 7, 2024, https://www.forbes.com/sites/digital-assets/2024/03/07/who-runs-the-world-women-control-85-of-purchases-29-of-stem-roles.

10.　Anna Allgaier, "The Purchasing Power of Women," Wise, November 17, 2023, https://wise.com/gb/blog/purchasing-power-women; "78% of Women Identify as the Primary Household Shopper," Supermarket News, April 19, 2023, https://www.supermarketnews.com/news/78-women-identify-primary-household-shopper.

11.　"Purchasing Power of Women," FONA International, December 22, 2014, https://www.mccormickfona.com/articles/2014/12/purchasing-power-of-women.

12.　"Wise Up to Women," Nielsen, March 2020, https://www.nielsen.com/insights/2020/wise-up-to-women.

13.　Rae Nudson, "When Targeted Ads Feel a Little Too Targeted," Vox, April 9, 2020, https://www.vox.com/the-goods/2020/4/9/21204425/targeted-ads-fertility-eating-disorder-coronavirus.

14.　Maggie Mallon, "A New Study Shows Advertisements Are So Sexist," Glamour, June 23, 2017, https://www.glamour.com/story/geena-davis-institute-study-sexism-advertisements.

15 .　Fabrizio Santoniccolo et al., "Gender and Media Representations," International Journal of Environmental Research and Public Health 20, no. 10 (2023): 5770, https://www.ncbi.nlm.nih.gov/pmc/articles/PMC10218532; Ella Fisher, "Sneaky Sexism," Adapt, July 18, 2022, https://www.adaptworldwide.com/insights/2022/sneaky-sexism-why-sexist-advertising-still-exists.

16.　Dakota Kim, "A Constant Barrage: US Companies Target Junk Food Ads to People of Color," Guardian, November 11, 2022, https://www.theguardian.com/environment/2022/nov/11/junk-food-marketing-children-of-color; Carson Hardee, "New Study Shows Unhealthy Food Advertising Continues to Disproportionately Target Consumers of Color," UConn Today, November 16, 2022, https://today.uconn.edu/2022/11/new-study-shows-unhealthy-food-advertising-continues-to-disproportionately-target-consumers-of-color; Omni Cassidy et al., "The Impact of Racially-Targeted Food Marketing and Attentional Biases on Consumption in Black Adolescent Females with and Without Obesity: Pilot Data from the Black Adolescent&Entertainment (BAE) Study," PLoS One 18, no. 1 (2023): e0279871, https://www.ncbi.nlm.nih.gov/pmc/articles/PMC9858861.

17.　Colin Campbell et al., "Diversity Representation in Advertising," Journal of the Academy of Marketing Science, December 26, 2023, https://link.springer.com/article/10.1007/s11747-023-00994-8; Amy Roeder, "Advertising's Toxic Effect on Eating and Body Image," Harvard T. H. Chan School of Public Health, March 18,

2015, https://www.hsph.harvard.edu/news/features/advertisings-toxic-effect-on-eating-and-body-image; Peter Moore, "Half of Women Have Felt Bad About Their Body After Seeing an Ad," YouGov, September 11, 2015, https://today.yougov.com/society/articles/13264-body-confidence.

18. Nadia, "How Many Ads Do We See a Day?" Siteefy, updated August 29, 2024, https://siteefy.com/how-many-ads-do-we-see-a-day.

19. Douglas Van Praet, "How Your Brain Forces You to Watch Ads," *Psychology Today*, October 30, 2014, https://www.psychologytoday.com/us/blog/unconscious-branding/201410/how-your-brain-forces-you-watch-ads and https://www.mediaed.org/discussion-guides/Killing-Us-Softly-4-Discussion-Guide.pdf.

소비에는 전염성이 있다

1. Juliet Schor, "Learning Diderot's Lesson: Stopping the Upward Creep of Desire," chap. 6 in *The Overspent American: Why We Want What We Don't Need* (New York: HarperCollins, 1999).

2. Michaeleen Doucleff, "'Anti-Dopamine Parenting' Can Curb a Kid's Craving for Screens or Sweets," NPR, June 12, 2023, https://www.npr.org/sections/health-shots/2023/06/12/1180867083/tips-to-outsmart-dopamine-unhook-kids-from-screens-sweets.

3. "This Is Your Brain on Shopping: The Link Between Spending and Our Emotions-with the Help of a Little Science," In the Know, November 20, 2023, https://www.interac.ca/en/content/life/this-is-your-brain-on-shopping.

4. "The Truth About Habit Formation: Beyond the 21-Day Myth," Unyte, https://integratedlistening.com/blog/forming-habits-dont-give-new-years-resolutions-yet; "Exploring the Brain's Relationship to Habits," National Science Foundation, January 14, 2013, https://new.nsf.gov/news/exploring-brains-relationship-habits.

5. "Drug Abuse, Dopamine and the Brain's Reward System," Hazelden Betty Ford Foundation, September 1, 2015, https://www.hazeldenbettyford.org/research-studies/addiction-research/drug-abuse-brain.

6. Amit Lahoti, "Dopamine and Serotonin: Our Own Happy Chemicals," Nationwide Children's, February 28, 2023, https://www.nationwidechildrens.org/family-resources-education/700childrens/2023/02/dopamine-and-serotonin.

7. Shweta Gupta, "Diderot Effect—One Buying Leads to Accumulating and Purchasing Many More!!," Medium, September 23, 2023, https://shwetag1907.medium.com/diderot-effect-one-buying-leads-to-accumulating-and-purchasing-many-more-2f5de6436234; Wikipedia, s.v. "Diderot Effect," last modified August 27, 2024, https://en.wikipedia.org/wiki/Diderot_effect.

8. Jemima Elliott, "Is Donating My Clothes Really Ethical?," Remake, July 14, 2022, https://remake.world/stories/is-donating-my-clothes-really-ethical.

9. "What Are the Potential Risks and Challenges of Recommender Systems in Different Domains and Contexts?," LinkedIn, https://www.linkedin.com/advice/3/what-potential-risks-challenges-recommender.

10. Stephan Serrano, "[Guide] Personalized Product Recommendations Tactics for Profits," Barilliance, June 8, 2023, https://www.barilliance.com/personalized-product-recommendations-stats; Shopify Staff, "How Ecommerce Product Recommendations Drive Sales," Shopify, January 5, 2024, https://www.shopify.com/blog/ecom-

merce-product-recommendation.

11. Pulkit Jain, "Recommend Perfect Products with MoEngage's Smart Recommendations," MoEngage, updated August 16, 2024, https://www.moengage.com/blog/smart-recommendations

12. "Annual Reports," The Container Store, https://investor.containerstore.com/financial-reports/annual/default.aspx

13. Goran Dautovic, "40 Amazing Customer Loyalty Statistics in 2024," SmallBizGenius, February 6, 2024, https://www.smallbizgenius.net/by-the-numbers/customer-loyalty-statistics; Arkadiusz Krysik, "Complementary Products: A Way to Increase Your Online Store Sales You Need to Know," Recostream, September 30, 2021, https://recostream.com/blog/complementary-products.

14. Umme Sutarwala, "25 Influencer Marketing Statistics and Their Implications for Your Brand," Sprinklr, February 9, 2024, https://www.sprinklr.com/blog/influencer-marketing-statistics.

15. Bre Goodwin, "Influencers Are Just Gen Z Telemarketers," Flor-Ala, November 17, 2023, https://theflorala.com/15994/opinion/influencers-are-just-gen-z-telemarketers.

16. "The Teen Brain: 7 Things to Know," National Institute of Mental Health, https://www.nimh.nih.gov/health/publications/the-teen-brain-7-things-to-know,

17. Elise Dopson, "30+ Influencer Marketing Statistics You Should Know," Shopify, November 21, 2023, https://www.shopify.com/blog/influencer-marketing-statistics.

18. "20 Surprising Influencer Marketing Statistics," Digital Marketing Institute, April 14, 2024, https://digitalmarketinginstitute.com/blog/20-influencer-marketing-statistics-that-will-surprise-you.

19. Samira Farivar, "Social Media Influencers Are Causing Anxiety and Depression Among Some of Their Followers," Scroll.in, May 19, 2022, https://scroll.in/article/1024116/social-media-influencers-are-causing-anxiety-and-depression-among-some-of-their-followers.

'새 물건 안 사기' 챌린지 진행 방식

1. Jocelyn Solis-Moreira, "How Long Does It Really Take to Form a Habit?," *Scientific American*, January 24, 2024, https://www.scientificamerican.com/article/how-long-does-it-really-take-to-form-a-habit.

2. "World's Richest 10% Produce Half of Carbon Emissions While Poorest 3.5 Billion Account for Just a Tenth," Oxfam International, December 2, 2015, https://www.oxfam.org/en/press-releases/worlds-richest-10-produce-half-carbon-emissions-while-poorest-35-billion-account.

WEEK1. 기초

1. Arlin Cuncic, "An Overview of Broaden and Build Theory," Verywell Mind, December 7, 2023, https: //www.verywellmind.com/broaden-and-build-theory-4845903.

DAY1: 승리를 시각화하기

1. T. Blankert and M. R. Hamstra, "Imagining Success: Multiple Achievement Goals and the Effectiveness of Imagery," Basic and Applied Social Psychology 39, no. 1 (2017):

60–67, https://www.ncbi.nlm.nih.gov/pmc/articles/PMC5351796.

2. "The Power of Writing Down Your Goals: Evidence from Multiple Studies," OAK Journal, February 8, 2023, https://oakjournal.com/blogs/resources/the-power-of-writing-down-your-goals-evidence-from-multiple-studies.

DAY2: 러브 리스트 작성하기

1. "Addicted to Spending Money: Understanding Compulsive Shopping," Priory, https://www.priorygroup.com/blog/compulsive-shopping-and-spending-a-sign-of-shopping-addiction.

2. Stephanie Watson, "Dopamine: The Pathway to Pleasure," Harvard Medical School, April 18, 2024, https://www.health.harvard.edu/mind-and-mood/dopamine-the-pathway-to-pleasure.

3. Kyla Dewar, "18 Employee Incentive Programs," Achievers, August 8, 2024, https://www.achievers.com/blog/employee-incentive-programs.

4. "Health Benefits of Gratitude," UCLA Health, March 22, 2023, https://www.ucla-health.org/news/article/health-benefits-gratitude; Dana Claudat, "A 5-Step Guide to Cleaning Your Wallet," mindbodygreen, April 2, 2020, https://www.mindbodygreen.com/articles/how-to-clean-and-organize-your-wallet-according-to-feng-shui.

5. "3 Ways Getting Outside into Nature Helps Improve Your Health," UC Davis Health, May 3, 2023, https://health.ucdavis.edu/blog/cultivating-health/3-ways-getting-outside-into-nature-helps-improve-your-health/2023/05.

DAY4: 커뮤니티와 연결되기

1. Stephanie Gilbert, "The Importance of Community and Mental Health," NAMI, November 18, 2019, https://www.nami.org/family-member-caregivers/the-importance-of-community-and-mental-health.

2. "The Loneliness Epidemic Persists," Cigna, https://newsroom.thecignagroup.com/loneliness-epidemic-persists-post-pandemic-look.

3. J. Holt-Lunstad, T. B. Smith, and J. B. Layton, "Social Relationships and Mortality Risk," *PLoS Medicine 7*, no. 7 (2010): e1000316.

4. Anita Chaudhuri, "The Buddy Boost: How 'Accountability Parners' Make You Healthy, Happy and More Successful," *Guardian*, November 27, 2023, https://www.theguardian.com/lifeandstyle/2023/nov/27/the-buddy-boost-how-accountability-partners-make-you-healthy-happy-and-more-successful.

5. Barbara Mantel, "Virtual Body Doubling May Help Your Productivity," Association of Health Care Journalists, June 23, 2023, https://healthjournalism.org/blog/2023/06/virtual-body-doubling-may-help-your-productivity.

DAY5: 구매 트리거 추적하기

1. Jon Johnson, "What Causes Food Cravings?," Medical News Today, May 16, 2023, https://www.medicalnewstoday.com/articles/318441.

2. Amelia Tait, "Buy. Return. Repeat… What Really Happens When We Send Back Unwanted Clothes?," *Guardian*, March 31, 2023, https://www.theguardian.com/global-development/2023/mar/31/what-happens-when-we-send-back-unwanted-clothes.

3. Mansoor Ahmed Khan, "15 Important Shopping Cart Abandonment Statistics for 2024," Cloudways, updated June 12, 2024, https://www.cloudways.com/blog/shopping-cart-abandonment-statistics.

4. Rhonda Hadi and Lauren Block, "Warm Hearts and Cool Heads: Uncomfortable Temperature Influences Reliance on Affect in Decision-Making," *Journal of the Association for Consumer Research* 4, no. 2 (2019): 102–14, https: //www.journals.uchicago.edu/doi/full/10.1086/701820.

DAY6: 반품 해결하기

1. Amelia Tait, "Buy. Return. Repeat."

2. Harriet Constable, "Your Brand New Returns End Up in Landfill," BBC Earth, https://www.bbcearth.com/news/your-brand-new-returns-end-up-in-landfill.

3. John Johnson, "Americans Return a Mind-Boggling Amount of Stuff," Newser, August 19, 2023, https://www.newser.com/story/339035/the-amount-of-stuff-we-return-is-mind-boggling.html.

4. Tait, "Buy. Return. Repeat."

DAY7: 기프트카드 모으기

1. "Gift Card Statistics," Capital One Shopping, updated May 23, 2024, 1. https://capitaloneshopping.com/research/gift-card-statistics.

2. Lane Gillespie, "Survey: 47% of U.S. Adults Have at Least One Unused Gift Card," Bankrate, July 24, 2023, https://www.bankrate.com/personal-finance/unused-gift-cards-survey.

DAY8: 마케팅 알림 끄기

1. *Email Market*, 2019–2023 (Palo Alto, CA: Radicati Group, 2019), https://www.radicati.com/wp/wp-content/uploads/2019/04/Email-Market-2019-2023-Executive-Summary.pdf.

2. Sara Lebow, "5 Charts Showing the Potential of SMS Marketing," EMARKETER, January 23, 2024, https://www.emarketer.com/content/5-charts-showing-potential-of-text-message-sms-marketing.

3. Tanya, "40+ Helpful Push Notification Statistics you Should Know in 2024," NotifyVisitors, November 10, 2022, https://www.notifyvisitors.com/blog/push-notification-statistics.

4. "De-Influenced Anyone? In some Cases, Social Media Gives Consumers the Shopping Ick," Credit Karma, July 17, 2024, https://www.creditkarma.com/about/commentary/de-influenced-anyone-in-some-cases-social-media-gives-consumers-the-shopping-ick.

5. Rebecca Driver, "Instagram & the FTC," *Journal of Business & Technology Law* 18, no. 2 (2023): 288–307, https://digitalcommons.law.umaryland.edu/jbtl/vol18/iss2/5.

6. "Influencer or Teacher," *Brussels Times*, November 20, 2022, https://www.brusselstimes.com/322325/influencer-or-teacher-gen-alpha-kids-already-know-what-they-want-to-be-when-they-grow-up.

7. "How to Stop Junk Mail," Federal Trade Commission, https://consumer.ftc.gov/articles/how-stop-junk-mail.

DAY9: 쇼핑 경로 차단하기

1. "56% of Consumers Say Storing Payment Info Improves Checkout," PYMNTS, November 22, 2022, https://www.pymnts.com/news/ecommerce/2022/56-percent-of-consumers-say-storing-payment-info-with-retailers-improves-checkout.
2. Christine Bergeron, "7 Benefits of Stored Payment Information," Nimble AMS, June 12, 2024, https://www.nimbleams.com/blog/7-benefits-of-stored-payment-information.
3. *Buy Now, Pay Later: Market Trends and Consumer Impacts* (Washington, DC: Consumer Financial Protection Bureau, 2022), https://s3.amazonaws.com/files.consumerfinance.gov/f/documents/cfpb_buy-now-pay-later_market_trends_consumer_impacts_report_2022-09.pdf.
4. Ana Teresa Solá, "25% of Consumers Recently Used BNPL," CNBC, May 28, 2024, https://www.cnbc.com/2024/05/28/buy-now-pay-later-loans-are-second-only-to-credit-cards-in-popularity.html.
5. Heidi Rivera and Denny Ceizyk, "Survey: 56% of BNPL Users Have Experienced Issues Like Overspending and Missing Payments," Bankrate, April 11, 2024, https://www.bankrate.com/loans/personal-loans/buy-now-pay-later-survey/#millennials; Jack Pedigo, "Understanding the Risks of BNPL Apps," CNBC, updated September 20, 2022, https://www.cnbc.com/2022/09/13/understanding-the-risks-of-buy-now-pay-later-apps.html.

DAY10: 구독 끊기

1. Tommy Tindall, "Subscriptions Are Hard to Cancel and Easy to Forget-by Design," NerdWallet, May 7, 2024, https://www.nerdwallet.com/article/finance/subscriptions-are-hard-to-cancel-and-easy-to-forget-by-design.
2. "The Cost of Unused Subscriptions 2024," Self Financial, https://www.self.inc/info/cost-of-unused-paid-subscriptions.
3. Jack Norcross, "New Data Reveals Shocking Amount of Money We Spend on Streaming Services Every Month," WCNC, January 22, 2024, https://www.wcnc.com/article/news/local/connect-the-dots/new-data-reveals-shocking-amount-money-spend-streaming-services-every-month/275-3c4280c8-9a7a-49c0-a012-22a0e07bca8d.
4. Irina Ivanova, "Your Forgetting to Cancel One of Many Subscriptions Is Big Business: Study Finds up to 200% Sales Boost from Pure Absentmindedness," *Fortune*, August 15, 2023, https://fortune.com/2023/08/15/subscription-economy-forgetfulness-boost-200-study.

DAY11: 배달 앱 삭제하기

1. Sandy Mazza and Brad Schmitt, "Watch Out, Uber Uber Eaters: Online Food Delivery Can Lead to Overspending and Isolation," *Tennessean*, updated June 27, 2019, https://www.tennessean.com/story/money/2019/06/25/online-food-delivery-can-lead-addiction-overspending/1490064001.

DAY12: 업사이클링 시도하기

1. V. Kumar, K. S. Pavitra, and R. Bhattacharya, "Creative Pursuits for Mental Health

and Well-Being," *Indian Journal of Psychiatry* 66, suppl. 2 (2024): S283–S303, https://www.ncbi.nlm.nih.gov/pmc/articles/PMC10911317; A. Chong, S. Tolomeo, Y. Xiong, et al., "Blending Oxytocin and Dopamine with Everyday Creativity," Scientific Reports 11, 16185 (2021), https://www.nature.com/articles/s41598-021-95724-x.

2. Caitlin Pilette, "Creativity and Movement Maintain Synaptic Activity, Improving QOL in Older Adults: A Critical Review," *Expressive Therapies Capstone Theses* 191 (2019), https://digitalcommons.lesley.edu/cgi/viewcontent.cgi?article=1182&context=expressive_theses.

DAY13: 중고 쇼핑하기

1. Olivia B. Waxman, "People Have Been Reusing Clothes Forever but Thrift Shops Are Relatively New. Here's Why," *Time*, August 17, 2018, https://time.com/5364170/thrift-store-history.

2. Jennifer Le Zotte, " 'Not Charity, but a Chance': Philanthropic Capitalism and the Rise of American Thrift Stores, 1894–1930," *New England Quarterly* 86, no. 2 (2013):169–95, https://www.jstor.org/stable/43284988?mag=how-thrift-stores-were-born; Waxman, "People Have Been Reusing Clothes."

3. Clarisa Diaz, "The Secondhand Clothing Market Is Exploding," Quartz, April 10, 2023, https://qz.com/the-secondhand-clothing-market-is-exploding-1850313653.

4. Ellie Hammonds, "Fast Fashion Is the Fuel for the Fire," Climate, March 5, 2024, https://theclimatenews.co.uk/fast-fashion-is-the-fuel-for-the-fire.

5. Janet Domenitz and Celeste Meiffren-Swango, "Fast Fashion by the Numbers," PIRG, September 20, 2023, https://pirg.org/articles/fast-fashion-by-the-numbers; Nathalie Remy, Eveline Speelman, and Steven Swartz, "Style That's Sustainable: A New Fast-Fashion Formula," McKinsey, October 20, 2016, https://www.mckinsey.com/capabilities/sustainability/our-insights/style-thats-sustainable-a-new-fast-fashion-formula.

DAY14: 윤리적인 방법으로 물건 처분하기

1. Anna De Souza, "This Is What Really Happens to Your Used Clothing Donations," *Reader's Digest*, updated November 28, 2022, https://www.rd.com/article/what-happens-used-clothing-donations.

2. Oliver Franklin-Wallis, "What Really Happens to the Clothes You Donate," *GQ*, July 20, 2023, https://www.gq.com/story/oliver-franklin-wallis-wasteland-excerpt

3. Linton Besser, "Dead White Man's Clothes," ABC News Australia, August 11, 2021,https://www.abc.net.au/news/2021-08-12/fast-fashion-turning-parts-ghana-into-toxic-landfill/100358702; Kenya Wiley, "Donate Clothes? You're Contributing to Africa's 'Mitumba' Problem," *Washington Post*, May 22, 2024, https://www.washingtonpost.com/opinions/2024/05/22/clothes-donations-africa-kenya-waste.

4. Sarah Johnson, "Castoffs to Catwalk: Fashion Show Shines Light on Vast Chile Clothes Dump Visible from Space," *Guardian*, May 8, 2024, https://www.theguardian.com/global-development/article/2024/may/08/castoffs-to-catwalk-fashion-show-shines-light-on-vast-chile-clothes-dump-visible-from-space; "SkyFi's Satellite Image Confirms Massive Clothes Pile in Chile's Atacama Desert," SkyFi, May 10, 2024, https://skyfi.com/en/blog/skyfis-confirms-massive-clothes-pile-in-chile.

WEEK3. 공간과 물건

1. Paul Frysh, "Common Household Hazards," WebMD, reviewed November 30, 2022, https://www.webmd.com/a-to-z-guides/ss/slideshow-common-household-hazards.

DAY15: 쌓여 있는 물건 치우기

1. Mary MacVean, "For Many People, Gathering Possessions Is Just the Stuff of Life," *Los Angeles Times*, March 20, 2024, https://www.latimes.com/health/la-he-keeping-stuff-20140322-story.html.
2. Mercari, "Stressed Out by Stuff, Americans Resolve to Tackle Clutter in 2020," PR Newswire, January 6, 2020, https://www.prnewswire.com/news-releases/stressed-out-by-stuff-americans-resolve-to-tackle-clutter-in-2020-300981183.html.
3. Casey Schow, "Study: Quarantine Made Americans Realize They're Sick of Their Stuff," *Neighbor Blog*, January 29, 2024, https://www.neighbor.com/storage-blog/study-quarantine-americans-stuff.
4. Asaf Raz, "Rising Star in Real Estate: Self Storage Investing," Agora, February 21, 2024, https: //agorareal.com/blog/self-storage-investing.
5. Kaleigh Moore, "Retailers Selling Non-Essentials See Double & Triple-Digit Increases in Online Sales During COVID-19 Crisis," *Forbes*, April 17, 2020, https://www.forbes.com/sites/kaleighmoore/2020/04/17/retailers-selling-non-essentials-see-double—triple-digit-increases-in-online-sales-during-covid-19-crisis.

DAY16: 물건 광내기

1. Debra Kamin, " 'Fast Furniture' Is Cheap. And Americans Are Throwing It in the Trash," New York Times, October 31, 2022, https://www.nytimes.com/2022/10/31/realestate/fast-furniture-clogged-landfills.html.

DAY17: 의류 관리하기

1. "What's in Your Closet?," Recycle Smart, https://recyclesmartma.org/2020/12/whats-in-your-closet-newsletter.
2. "10 Scary Statistics About Fast Fashion & the Environment," State of Matter, December 11, 2023, https://stateofmatterapparel.com/blogs/som-blog/10-scary-statistics-about-fast-fashion-the-environment.

DAY18: 집에서 쇼핑하기

1. "Shoppers Still Buying New Clothes Despite Budget Pressures," PYMNTS, March 22, 2024, https://www.pymnts.com/news/retail/2024/shoppers-still-buying-new-clothes-despite-budget-pressures; Elizabeth Reichart and Deborah Drew, "By the Numbers: The Economic, Social and Environmental Impacts of 'Fast Fashion,' " World Resources Institute, January 10, 2019, https: //www.wri.org/insights/numbers-economic-social-and-environmental-impacts-fast-fashion.

DAY19: 미용 제품 정리하기

1. Rachel Cernansky, "Beauty Has a Waste Problem, and It's Not Packaging," Vogue Business, September 16, 2021, https://www.voguebusiness.com/sustainability/beauty-has-a-waste-problem-and-its-not-packaging.
2. "Beauty Industry Revenue and Usage Statistics 2024," Helplama, updated September 2024, https://helplama.com/beauty-industry-revenue-usage-statistics.
3. "Plastic Waste and Environmental Impact of the Beauty Industry," Zerra & Co., July 9, 2022, https://zerraco.com/blogs/zerra-blog/plastic-waste-and-environmental-impact-of-the-beauty-industry.
4. Laura Yan, "Meet the Beauty Community That Just Wants You to Finish Your Makeup," *Vogue*, April 17, 2021, https://www.vogue.com/article/the-beauty-community-that-just-wants-you-to-finish-your-makeup.

DAY20: 전자기기 점검하기

1. Clara Hernanz Lizarraga, "How Tech Firms Are Resisting the 'Right to Repair,' " Bloomberg, January 19, 2023, https://www.bloomberg.com/news/articles/2023-01-19/why-consumers-are-fighting-tech-firms-for-right-to-repair.
2. John Vidal, "Toxic E-Waste Dumped in Poor Nations, Says United Nations," Our World, December 16, 2013, https://ourworld.unu.edu/en/toxic-e-waste-dumped-in-poor-nations-says-united-nations.
3. "Nearly 30% of Americans Prioritize Buying the Latest Tech, Like iPhone 15, Over Paying Bills," Funds Society, October 12, 2023, https: //www.fundssociety.com/en/news/markets/nearly-30-of-americans-prioritize-buying-the-latest-tech-like-iphone-15-over-paying-bills.
4. Alethea L. Blackler, "Life Is Too Short to RTFM: How Users Relate to Documentation and Excess Features in Consumer Products," *Interacting with Computers* 28, no. 1 (2016): 27–46, https://academic.oup.com/iwc/article-abstract/28/1/27/2363584.

DAY21: 공간 재배치하기

1. Andie Kanaras, "4 Surprising Mental Benefits of Rearranging Your Furniture, According to Experts," Apartment Therapy, November 11, 2021, https://www.apartmenttherapy.com/mental-benefits-of-rearranging-a-room-37000508.

DAY22: 먹을거리 돌아보기

1. Bridget Reed Morawski, "The Scope of Food Waste in U.S. Households," one5c, March 14, 2024, https://one5c.com/food-waste-households-136937390.
2. Natalie Campisi, "Are Your Monthly Grocery Costs Above Average? Here's What Americans Typically Pay," *Forbes*, January 26, 2024, https://www.forbes.com/advisor/personal-finance/grocery-costs-monthly-average.
3. "Hunger and Food Insecurity," Feeding America, https://www.feedingamerica.org/hunger-in-america/food-insecurity.
4. "How Overconsumption & Overproduction Cause Food Waste," Skip Shapiro Enterprises, April 23, 2024, https://shapiroe.com/blog/overconsumption-overproduc-

tion-food-waste.

5. "Food Waste in America in 2024," RTS, https://www.rts.com/resources/guides/food-waste-america.

6. Kathryn Mayer, "These Websites Answer the Age-Old Question: What Can I Make With These Ingredients?," PS, August 15, 2023, https://www.popsugar.com/food/website-that-tells-you-what-to-cook-with-what-you-have-47105294.

7. Lizeth Aranda, "What Cooking Can Teach You About Innovation and Creativity," Harvard Business Publishing, April 4, 2019, https://www.harvardbusiness.org/what-cooking-can-teach-you-about-innovation-and-creativity.

DAY23: 사기 전에 빌려 쓰기

1. Sarah Kessler, "The 'Sharing Economy' Is Dead and We Killed It," Fast Company, September 14, 2015, https://www.fastcompany.com/3050775/the-sharing-economy-is-dead-and-we-killed-it.

2. "The Cost of the First Personal Computer," Inflation Calculator by MES, https://inflationcalculator.mes.fm/money-facts/the-cost-of-the-first-personal-computer.

3. Juan C. Espinosa, Concha Antón, and Merlin Patricia Grueso Hinestroza, "Helping Others Helps Me: Prosocial Behavior and Satisfaction with Life During the COVID-19 Pandemic," *Frontiers in Psychology* 13 (2022): 762445, https://www.ncbi.nlm.nih.gov/pmc/articles/PMC8828552.

DAY24: 선물 고르기

1. Danielle Inman, "NRF Predicts Healthy Holiday Sales as Consumers Navigate Economic Headwinds," National Retail Federation, November 3, 2022, https://nrf.com/media-center/press-releases/nrf-predicts-healthy-holiday-sales-consumers-navigate-economic.

2. Richard Laycock, "53% of Americans Admit to Opening Up at Least One Unwanted Holiday Gift Each Year," Finder, updated December 6, 2023, https://www.finder.com/banking/unwanted-gifts.

DAY25: 나눔 실천하기

1. Elizabeth Hopper, "Want to Be Happier? Try Volunteering, Study Says," *Washington Post*, July 29, 2020, https://www.washingtonpost.com/lifestyle/2020/07/29/volunteer-happy-mental-health.

2. Natalie Silverstein, "Are You Too Busy to Volunteer? Here's Why You Should Make the Time," Katie Couric Media, June 7, 2023, https://katiecouric.com/lifestyle/get-inspired/benefits-of-volunteering-ideas.

3. Jamie Ducharme, "Volunteering May Boost Kids' Well-Being, Study Says," *Time*, May 30, 2023, https://time.com/6283458/volunteering-good-for-kids-health.

4. Cecily Townsend, "Health Matters: The Health Benefits of Volunteering," *Independent Record*, July 20, 2024, https://helenair.com/news/local/column/health-matters-column-the-health-benefits-of-volunteering/articlec6be697e-460b-11ef-857b-87518819a8cd.html.

5. Molly Rose Teuke, "Is 'Busy' the New Status Symbol?," Wisconsin Meetings, Septem-

ber 27, 2023, https://www.wisconsinmeetings.com/2023/09/27/why-busy-is-bad-for-you.

DAY26: 쇼핑 없이 어울려 놀기

1. John Naughton, "Amazon v the High Street—Which Would You Bet On?," *Guardian*, December 31, 2011, https://www.theguardian.com/technology/2012/jan/01/amazon-versus-the-high-street.
2. Jordan Cox, "Reconsidering Retail Therapy: Is Shopping a Hobby or a Hidden Habit?," Marshmallow Challenge, June 29, 2024, https://www.marshmallowchallenge.com/blog/reconsidering-retail-therapy-is-shopping-a-hobby-or-a-hidden-habit.

DAY27: 의식적으로 여행하기

1. R. Geoffrey Lacher and Sanjay Nepal, "The Economic Impact of Souvenir Sales in Peripheral Areas: A Case Study from Northern Thailand," *Tourism Recreation Research* 36, no. 1 (2011): 27–37, https://www.researchgate.net/publication/259944817.

DAY28: 지속 가능하게 자기 돌보기

1. Chris Taylor, "You've Been Getting Self-Care All Wrong. It's a Political Act and Always Has Been," Mashable, September 25, 2019, https://mashable.com/article/self-care-history.
2. Bryony Porteous-Sebouhian, "Why Acknowledging and Celebrating the Black Feminist Origins of 'Self-Care' Is Essential," Mental Health Today, October 27, 2021, https://www.mentalhealthtoday.co.uk/blog/awareness/why-acknowledging-and-celebrating-the-black-feminist-origins-of-self-care-is-essential.
3. Laura Knowles and Jorden Cummings, "Influencers' Presentation of Self-Care on YouTube: It's Essential, but Inaccessible," *Journal of Social Media in Society* 13, no. 1 (2024): 53–74.
4. Nicole McDermott, "Practical Types of Self-Care You Can Do Today," *Forbes*, updated January 26, 2023, https://www.forbes.com/health/mind/mental-self-care.

DAY29: 물건과 관련 없는 목표 세우기

1. Tim Kasser and Aaron Ahuvia, "Materialistic Values and Well-Being in Business Students," *European Journal of Social Psychology* 32, no. 1 (2002): 137–46, https://selfdeterminationtheory.org/SDT/documents/2002KasserAhuviaEJSP.pdf; Tim Kasser, "Materialistic Values and Goals," *Annual Review of Psychology* 67 (2016): 489–514, https://www.annualreviews.org/content/journals/10.1146/annurev-psych-122414-033344.
2. Natasha Parker, "Values and Goals: Can We Intervene to Reduce Materialism?," CUSP, August 9, 2020, https://cusp.ac.uk/themes/s1/blog-np-goals-for-good.

소비 해방일지

1판 1쇄 인쇄 2026년 2월 13일
1판 1쇄 발행 2026년 3월 4일

지은이 애슐리 파이퍼
옮긴이 박선령

발행인 양원석 **편집장** 차선화 **책임편집** 이슬기
디자인 조윤주, 김미선 **영업마케팅** 윤송, 김지현, 최현윤, 유민경, 김수윤
해외저작권 임이안, 이은지, 안효주

펴낸 곳 ㈜알에이치코리아
주소 서울시 금천구 가산디지털2로 53, 20층 (가산동, 한라시그마밸리)
편집문의 02-6443-8916   **도서문의** 02-6443-8800
홈페이지 http://rhk.co.kr
등록 2004년 1월 15일 제2-3726호

ISBN 978-89-255-6959-8 (03190)